12

14 SUJETS CORRIGÉS DE L'ÉPREUVE ORALE D'ENTRETIEN (1RE ET 2DE PARTIES)

Ouvrage coordonné par Manuelle Duszynski

Corrigés établis par

Brigitte Bidal, directrice d'école

Daniel Calin, agrégé de philosophie, professeur à l'IUFM de Paris, formateur d'enseignants spécialisés

Manuelle Duszynski, ancienne élève de l'École normale supérieure (Fontenay-Saint-Cloud), certifiée de lettres modernes, formatrice à l'IUFM de Créteil

Olivier Germond, agrégé de musique, formateur à l'IUFM d'Amiens

Daniel Lagoutte, IA/IPR d'arts plastiques honoraire

Claudine Ourghanlian, professeur des écoles spécialisée, maître-formateur (Val-d'Oise)

Pascal Ourghanlian, professeur des écoles spécialisé (Val-d'Oise)

PROFESSEUR DES ÉCOLES

Vuibert concours

Couverture : Anne Bordenave & Jano de Bazoges

ISSN : 1285-2953

ISBN : 2-7117-9478-4

ISBN : 978-2-7117-9478-2

SOMMAIRE

Généralités

Les épreuves des trois concours

À compter de la session 2006, les épreuves des concours externe, externe spécial, second concours interne, second concours interne spécial et troisième concours de recrutement de professeur des écoles sont définies respectivement aux annexes I, II et III de l'arrêté du 10 mai 2005.

1. Épreuves d'admissibilité

Dans chaque épreuve écrite, il est tenu compte, à hauteur de trois points maximum, de la qualité orthographique de la production des candidats.

• Épreuve écrite de français

À partir d'un dossier composé de textes et de documents relatifs à l'acquisition et à l'enseignement de la langue française, le candidat :
– effectue une synthèse à partir d'une question relative au dossier ;
– traite un thème ayant trait à la grammaire ;
– répond à une question complémentaire sur la mise en situation d'enseignement d'une ou plusieurs notions abordées dans le dossier.

Durée de l'épreuve : 4 heures ; coefficient : 3.

L'épreuve est notée sur 20 : 8 points sont attribués à la synthèse, 4 points au thème relatif à la grammaire et 8 points à la question complémentaire.

• Épreuve écrite de mathématiques

Le candidat doit résoudre trois ou quatre exercices, puis répondre à une ou deux questions complémentaires sur la mise en situation d'enseignement d'une ou plusieurs notions abordées dans l'énoncé.

Durée de l'épreuve : 3 heures ; coefficient : 3.

L'épreuve est notée sur 20 : 12 points sont attribués à la résolution des exercices et 8 points aux questions complémentaires.

• Épreuve écrite d'histoire et géographie et de sciences expérimentales et technologie

L'épreuve porte sur les deux champs disciplinaires, histoire et géographie d'une part, sciences expérimentales et technologie d'autre part.

Elle est constituée d'une composante majeure dans l'un des champs disciplinaires et d'une composante mineure dans l'autre champ disciplinaire.

Le candidat choisit au moment de son inscription le champ disciplinaire qui constituera la composante majeure de l'épreuve.

Le candidat dispose en même temps des sujets des deux composantes de l'épreuve (majeure et mineure) et utilise à sa guise la totalité du temps de l'épreuve. Deux copies distinctes sont remises par le candidat à l'issue de l'épreuve, l'une pour la composante majeure, l'autre pour la composante mineure.

Histoire et géographie

Lorsque l'histoire et la géographie constituent la composante majeure de l'épreuve, celle-ci se compose de deux parties.

1. La première partie est destinée à évaluer les connaissances du candidat dans les domaines de l'histoire et de la géographie. Elle est formée de questions appelant des réponses concises portant sur le programme de l'épreuve.

2. La seconde partie se fonde sur un dossier constitué d'un ou plusieurs documents ou sources spécifiques à l'histoire et/ou à la géographie, de quatre pages au plus, se rapportant à un point du programme de l'épreuve et susceptibles d'être exploités par des élèves du cycle 3 de l'école primaire (textes, documents iconographiques, cartes, statistiques, graphiques).

Le candidat est invité à présenter les principaux enjeux scientifiques du sujet en analysant les textes et les documents qui l'accompagnent, puis à proposer quelques pistes d'utilisation de tout ou partie de ce dossier dans une classe de cycle 3, au regard des objectifs et du programme d'histoire et/ou de géographie de ce niveau (définition des objectifs, travail réalisable en classe, résultats attendus).

Le candidat précise les liens possibles avec les autres disciplines enseignées à l'école primaire et met en évidence les objectifs transversaux, relevant de la maîtrise de la langue française ou de l'éducation civique, que le sujet permet de poursuivre.

Lorsque l'histoire et la géographie constituent la composante mineure de l'épreuve, le candidat compose sur la première partie de la composante majeure.

Sciences expérimentales et technologie

Lorsque les sciences expérimentales et la technologie constituent la composante majeure de l'épreuve, celle-ci se compose de deux parties.

1. La première partie est destinée à évaluer les connaissances scientifiques du candidat dans les domaines des sciences expérimentales et de la technologie. Elle est formée de questions appelant des réponses concises portant sur le programme de l'épreuve.

2. La seconde partie vise à apprécier la capacité du candidat à exploiter une documentation de quatre pages au plus pour présenter à des élèves de cycle 3, en un texte d'une à deux pages, un problème donné sous l'angle d'une démarche scientifique, de façon à mettre les élèves en situation de mener une démarche d'investigation faite de questionnement, de réflexion et d'expérimentation, conduisant à une acquisition des savoirs. Le candidat prend appui sur cette documentation, qui lui est distribuée en début d'épreuve, concernant un problème scientifique ou technologique, et qui est composée d'éléments provenant d'ouvrages de vulgarisation, de journaux ou magazines scientifiques, de journaux pour enfants ou adolescents, de manuels scolaires ou d'autres sources de documentation.

Cette seconde partie permet de vérifier l'aptitude du candidat à trier l'information, à mobiliser ses connaissances scientifiques et technologiques, à comprendre différents langages (textes, tableaux, schémas, par exemple), à exercer son esprit critique pour présenter le problème de façon à conduire ses élèves à se saisir du sujet proposé.

Le candidat précise les liens possibles avec les autres disciplines enseignées à l'école primaire et met en évidence les objectifs transversaux, relevant de la maîtrise de la langue française ou de l'éducation civique, que le sujet peut permettre de poursuivre.

Lorsque les sciences expérimentales et la technologie constituent la composante mineure de l'épreuve, le candidat compose sur la première partie de la composante majeure.

Durée de l'épreuve : 3 heures ; coefficient : 2.

L'épreuve fait l'objet d'une notation unique sur 20 : 14 points sont attribués à la composante majeure (6 points à la première partie de l'épreuve et 8 points à la seconde partie) et 6 points à la composante mineure.

2. Épreuves d'admission

• Épreuve orale d'entretien

L'épreuve se déroule en deux parties :

1. La première partie prend appui sur un dossier de quatre pages maximum fourni par le jury. Elle consiste en un exposé suivi d'un entretien avec le jury. L'exposé porte sur l'étude du dossier dont le candidat dégage les idées essentielles. L'entretien avec le jury permet de vérifier, au travers de l'étude du dossier par le candidat, ses connaissances relatives au programme de cette partie de l'épreuve ainsi que son aptitude à se situer par rapport au métier de professeur des écoles et à mettre en relation ses connaissances et sa réflexion dans le domaine de l'éducation.

2. La seconde partie consiste en un exposé ou une expression musicale, suivi d'un entretien avec le jury portant sur l'un des domaines suivants, choisi par le candidat au moment de l'inscription :

– domaine des arts visuels enseignés à l'école primaire ;
– domaine de la musique (expression musicale) ;
– domaine de la littérature de jeunesse.

Exposé dans les domaines des arts visuels et de la littérature de jeunesse ou de l'expression musicale

Le candidat apporte tout le matériel nécessaire à sa prestation. Pour le domaine de la musique, le choix doit se limiter à un instrument qu'il peut transporter, ce qui exclut les pianos ou les instruments qui requièrent un temps de montage, tels que les batteries. Sont également exclus les accompagnateurs et les formations instrumentales ou les chorales.

La responsabilité de l'utilisation et de la bonne marche du matériel apporté par les candidats leur incombe. Il n'est fourni par les organisateurs du concours que l'accès à un branchement électrique usuel.

– Domaine des arts visuels

Pour les arts visuels, un support de petit format (les DVD sont admis), qui ne donne pas lieu à notation, est apporté par le candidat. Il consiste, soit en une réalisation du candidat en dehors du contexte de l'épreuve, soit en un document visuel de son choix, dans le champ plastique ou les champs photographique et cinématographique.

L'exposé prend appui sur le support apporté par le candidat de manière à faire apparaître ses centres d'intérêt et ses connaissances d'ordre artistique et culturel ainsi que ses capacités à les réinvestir dans des situations éducatives.

– Domaine de la musique : expression musicale et analyse de sa prestation par le candidat

L'expression musicale consiste en l'interprétation vocale ou instrumentale d'une œuvre choisie par le candidat (durée de 3 à 5 minutes) suivie d'une brève analyse par celui-ci de sa prestation, pour une durée totale de 10 minutes. Le candidat doit faire ressortir ses connaissances d'ordre artistique et culturel ainsi que ses capacités à les réinvestir dans des situations éducatives.

– Domaine de la littérature de jeunesse

Le candidat procède à la lecture à haute voix d'un extrait d'au moins 20 lignes (prose, poésie, théâtre) qu'il a choisi dans le domaine de la littérature de jeunesse et qu'il apporte le jour de l'épreuve.

L'exposé, qui prend appui sur ce texte, doit faire apparaître les connaissances (histoire, thèmes, tendances, relations avec la littérature) et la culture du candidat (textes, illustrations) dans ce domaine et s'attacher à montrer les apports de la littérature de jeunesse à l'enseignement à l'école maternelle et élémentaire.

Entretien avec le jury

L'entretien permet d'approfondir les points développés par le candidat, afin de vérifier ses connaissances et sa réflexion dans le domaine choisi et son aptitude à les relier à l'enseignement primaire.

Pour le domaine des arts visuels, le jury présente au candidat un document visuel afin d'élargir l'entretien à un champ différent de celui qui a été choisi pour l'exposé.

Pour le domaine de la musique, le jury présente au candidat un document sonore afin d'élargir l'entretien à un champ différent de celui qui a été choisi pour l'expression musicale.

Durée de l'épreuve :

– 1re partie : préparation : 1 heure ; exposé : 10 minutes ; entretien : 15 minutes;

– 2e partie : exposé ou expression musicale : 10 minutes incluant les 3 à 5 minutes d'interprétation ou de lecture du texte ; entretien : 15 minutes.

Chaque partie entre pour moitié dans la notation.

L'épreuve fait l'objet d'une notation unique sur 20.

Coefficient 4.

• Épreuve orale de langue vivante étrangère sans programme

L'épreuve s'appuie sur un texte d'une vingtaine de lignes dans la langue choisie par le candidat. L'épreuve débute par une présentation orale dans la langue des grandes lignes du texte, d'une durée de 5 minutes. Le candidat doit ensuite lire à haute voix quelques lignes du texte choisies par le jury. Cette lecture est suivie d'un entretien dans la langue avec le jury, qui permet au candidat de faire la preuve de sa compétence d'interaction orale. L'ensemble de l'épreuve se situe au niveau B2 du cadre européen commun de référence, correspondant à un utilisateur dit « indépendant ».

Les candidats doivent indiquer au moment de leur inscription la langue étrangère choisie parmi les six langues suivantes : allemand, anglais, arabe, espagnol, italien et portugais.

Durée de l'épreuve : 20 minutes incluant les 5 minutes de la présentation orale ; préparation : 30 minutes ; coefficient : 1.

– Épreuve d'éducation physique et sportive

L'épreuve se déroule en deux parties.

Les candidats réalisent la prestation physique qu'ils ont choisie au moment de l'inscription parmi les deux options suivantes : activité d'expression (danse) ou course de 1 500 m. Elle est suivie d'un entretien avec le jury.

Prestation physique

– Activité d'expression : danse

L'épreuve consiste en une prestation individuelle. Tous les styles de danse sont admis. Cette prestation a une durée de 2 minutes maximum.

Le candidat doit apporter tout matériel nécessaire à sa prestation et à son audition.

– Course de 1 500 m

L'épreuve consiste en une course précédée d'un échauffement. La course est notée selon le barème qui figure à l'annexe IV du présent arrêté.

Les candidats n'ayant pas satisfait à l'obligation de fournir le certificat médical mentionné à l'article 10, ou l'ayant produit hors délai, se voient attribuer la note 0 à la prestation physique.

La moyenne des notes obtenues par les candidats ayant réalisé l'une et l'autre des deux options de la prestation physique est attribuée par le président du jury aux candidats dans l'une des situations de dispense énumérées à l'article 10.

Lorsqu'un candidat, s'étant blessé en cours d'épreuve, ne peut effectuer la totalité de la prestation physique, le jury attribue la note en fonction de la prestation réalisée.

Dans les trois situations énumérées ci-dessus, les candidats doivent se présenter à l'entretien de l'épreuve d'éducation physique et sportive.

Le candidat absent à l'une des deux parties de l'épreuve, sans y avoir été autorisé, est éliminé conformément à l'article 13.

Entretien avec le jury

L'entretien prend appui sur la prestation physique, dont il est un prolongement. Au cours de l'entretien, le candidat indique ce qu'il retire de sa pratique pour lui-même et pour son enseignement. Il expose en particulier comment il peut transposer cette pratique dans son enseignement à l'école primaire, en prenant en compte les liens avec les autres disciplines et le développement de l'enfant. Puis le candidat répond à des questions du jury, destinées à élargir et approfondir sa réflexion, qui porteront sur une autre activité physique que celle qu'il a choisie, parmi les activités les plus pratiquées à l'école primaire.

Chaque partie entre pour moitié dans la notation.

L'épreuve fait l'objet d'une notation unique sur 20.

Durée de l'entretien : 20 minutes, dont 10 minutes d'exposé du candidat et 10 minutes de réponse à des questions ; préparation : 5 minutes ; coefficient : 1.

• Épreuve facultative

Les candidats peuvent demander à subir une épreuve orale facultative portant :

– soit sur une langue à extension régionale délimitée dont la liste est arrêtée par chaque recteur parmi les langues suivantes : basque, breton, catalan, corse, créole, langues régionales d'Alsace et des pays mosellans, occitan-langue d'oc ;

– soit sur l'une des langues vivantes étrangères suivantes : allemand, anglais, arabe, espagnol, italien et portugais.

Les candidats doivent choisir au moment de leur inscription la langue à extension régionale délimitée ou la langue vivante étrangère dans laquelle ils désirent subir l'épreuve facultative.

1. Lorsque l'épreuve porte sur une langue à extension régionale délimitée, elle consiste en un entretien en langue régionale avec le jury à partir d'un document sonore ou écrit authentique en langue régionale relatif à la culture ou à la langue concernée.

2. Lorsque l'épreuve porte sur une langue vivante étrangère, elle est constituée par l'épreuve orale d'admission de langue vivante étrangère du concours. Dans ce cas, les candidats doivent s'inscrire dans une langue différente de celle choisie à l'épreuve d'admission de langue vivante étrangère.

Durée de l'épreuve : 20 minutes (incluant, pour la langue vivante étrangère, les 5 minutes de présentation orale) ; préparation : 30 minutes ; coefficient 1.

Seuls les points obtenus au dessus de 10 sont pris en compte pour l'admission des candidats à l'issue des épreuves.

Attention, toutes ces épreuves d'admission sont valables pour le concours externe et le second concours interne. Une seule épreuve diffère pour le troisième concours de professeur des écoles, il s'agit de l'épreuve orale d'entretien : l'épreuve prend appui sur un dossier de quatre pages maximum fourni par le jury. Elle consiste en un exposé suivi d'un entretien avec le jury. L'exposé porte sur l'étude du dossier dont le candidat dégage les idées essentielles. L'entretien avec le jury permet de vérifier, au travers de l'étude du dossier par le candidat, ses connaissances relatives au programme de cette épreuve. Seront également évaluées son aptitude à se situer par rapport au métier de professeur des écoles et sa capacité à montrer l'apport que son expérience professionnelle constitue dans l'exercice du métier d'enseignant du premier degré ainsi que dans ses relations avec l'institution scolaire.

Durée de l'épreuve : préparation : 1 heure ; exposé : 10 minutes ; entretien : 15 minutes ; coefficient : 4.

Présentation de l'épreuve orale d'entretien

1. Composition du jury

« **Article 8** – Le jury de chaque concours est présidé par le recteur d'académie ou son représentant.

Le recteur désigne un ou plusieurs vice-présidents choisis parmi les membres du jury.

Lorsque le président du jury se trouve dans l'impossibilité de poursuivre sa mission, un vice-président est désigné sans délai par le recteur d'académie pour le remplacer.

Les autres membres du jury sont nommés par le recteur d'académie et choisis parmi les membres des corps suivants : inspecteurs d'académie-inspecteurs pédagogiques régionaux, inspecteurs de l'Éducation nationale, enseignants chercheurs, professeurs des corps du second degré, instituteurs et professeurs des écoles. Des personnes n'appartenant pas aux corps précédemment cités peuvent, en tant que de besoin, être nommées en raison de leurs compétences particulières. Le recteur d'académie veille à ce que la composition du jury permette une représentation de membres des corps ci-dessus mentionnés intervenant dans le domaine de la formation des enseignants.

Le jury de chaque concours est constitué dans le respect de la proportion minimale d'un tiers de personnes de chaque sexe justifiant des compétences nécessaires, fixée à l'article 1er du décret du 3 mai 2002 susvisé.

Les fonctionnaires stagiaires ne peuvent être nommés, en cette qualité, membres du jury.

Des correcteurs sont désignés par le recteur d'académie pour participer avec les membres du jury à la correction des épreuves. Ils n'ont pas voix délibérative.

Le jury peut se constituer en groupes d'examinateurs. Il opère, s'il y a lieu, une péréquation des notes attribuées par chaque groupe d'examinateurs et procède à la délibération finale. En cas de partage des voix lors des délibérations du jury, la voix du président est prépondérante.

Afin d'assurer l'impartialité du jury, les personnes ayant assuré la préparation aux concours de professeur des écoles dans une académie ne sont pas autorisées à interroger les candidats admissibles dans cette même académie. [...]

Article 12 – Les épreuves de chaque concours sont notées par deux examinateurs au moins et trois au plus, à l'exception de la première épreuve d'admission où ils pourront être au nombre de quatre. »

Arrêté du 10 mai 2005[1] **(Journal officiel** *du 14 mai 2005)*

---

1. Les modifications apportées par l'arrêté du 10 février 2006 à cet arrêté du 10 mai 2005 concernent uniquement son article 10, qui donne des précisions sur « la réalisation de la prestation physique de l'épreuve d'éducation physique et sportive ». L'épreuve orale d'entretien n'a donc pas été modifiée par cet arrêté récent.

Commentaire

Ce texte vaut pour toutes les épreuves de tous les concours de recrutement des professeurs des écoles. Le terme « jury » désigne l'ensemble des personnes participant à l'ensemble des épreuves du concours, hormis les « correcteurs[2] » secondaires introduits au septième paragraphe de l'article 8 pour la correction des épreuves écrites.

Les règles de composition du jury données par l'article 8 **ne s'appliquent pas** aux « groupes d'examinateurs » auxquels ont affaire directement les candidats lors des épreuves orales. Notez en particulier que la règle du tiers au moins de personnes de chaque sexe ne s'applique qu'au jury dans son ensemble, et non à chacun des « groupes d'examinateurs » : les candidats pourront parfaitement se retrouver face à un « groupe d'examinateurs » unisexe.

Toutefois, les membres des « groupes d'examinateurs » faisant partie du jury, leur nomination est soumise aux règles générales de nomination des membres du jury. Ils doivent donc appartenir à l'un ou l'autre des corps listés dans le quatrième alinéa de l'article 8. On notera aussi que le dernier alinéa de l'article 8 interdit aux formateurs qui ont contribué à préparer les concours dans une académie de participer aux épreuves orales dans la même académie.

La commission devant laquelle se déroule cette épreuve est habituellement composée de trois personnes. Il s'agit le plus souvent d'un inspecteur de l'Éducation nationale, d'un conseiller pédagogique et d'un formateur IUFM. Les examinateurs attachés au « terrain » sont donc prédominants dans les commissions chargées de la passation de l'EOE, ce qui lui confère toujours un caractère « préprofessionnel », même si elle n'a plus cette appellation. Selon l'article 12 du nouvel arrêté, les commissions de l'épreuve orale d'admission peuvent compter de deux à quatre personnes. La composition de ces commissions pour la nouvelle forme de l'épreuve d'entretien, non précisée par les textes réglementaires, a été depuis fixée par des précisions données sur le site du SIAC :

« - L'épreuve étant unique, les candidats doivent être jugés par une seule et même commission, composée des mêmes membres pour la première et la seconde partie.

- Chaque commission de l'épreuve d'entretien doit être composée de 4 membres du jury au maximum, comprenant deux spécialistes du domaine choisi par le candidat à la seconde partie de l'épreuve (arts visuels, musique ou littérature de jeunesse). » (http://www.education.gouv.fr/siac/siac1/epreuve/question.htm#entretien)

Dans les faits, en juin 2006, les commissions ont presque toujours été composées de trois personnes seulement, comme avant la réforme de cette épreuve. Elles ont de fait compté au mieux un seul « vrai » spécialiste de l'option, tantôt un formateur IUFM de la discipline, tantôt un conseiller pédagogique spécialisé. Pour se conformer au texte prescrivant deux spécialistes du domaine choisi par le candidat, les inspecteurs ont été décrétés « spécialistes de tout » ! Dans le domaine de la littérature de jeunesse, comme il n'existe pas de spécialistes officiellement reconnus, ont été réputés spécialistes à peu près n'importe qui. Notez que les deux parties de l'épreuve orale d'admission, de 25 minutes chacune, non seulement se déroulent devant la même commission, mais **s'enchaînent sans aucune pause**, soit une épreuve de 50 minutes au total. Cela tend à brouiller sérieuse-

2. Innovation pour le moins étrange de ce nouveau texte. Une telle distinction entre membres du jury et correcteurs auxiliaires n'existait, à ma connaissance, dans aucun concours de la fonction publique.

ment la notation, surtout pour les candidats du domaine de la littérature de jeunesse, sans technicité aussi affirmée que la musique ou les arts visuels. Pour eux surtout, la première partie de l'épreuve est probablement, de fait, plus déterminante que la seconde.

2. Définition de la première partie de l'EOE

NOTA : l'ancienne épreuve d'entretien préprofessionnelle (EEP) est remplacée dorénavant par une première épreuve d'admission composée de deux parties. Seule la **première partie** de cette nouvelle **épreuve orale d'entretien** correspond à l'ancienne épreuve orale préprofessionnelle. La seconde partie de cette épreuve orale d'entretien, qui n'existait pas auparavant en tant que telle, est traitée dans la deuxième partie de l'ouvrage.

« **Épreuve orale d'entretien**

L'épreuve se déroule en deux parties :

1. La première partie prend appui sur un dossier de quatre pages maximum fourni par le jury. Elle consiste en un exposé suivi d'un entretien avec le jury. L'exposé porte sur l'étude du dossier dont le candidat dégage les idées essentielles. L'entretien avec le jury permet de vérifier, au travers de l'étude du dossier par le candidat, ses connaissances relatives au programme de cette partie de l'épreuve ainsi que son aptitude à se situer par rapport au métier de professeur des écoles et à mettre en relation ses connaissances et sa réflexion dans le domaine de l'éducation.

[...]

Durée de l'épreuve :

– 1re partie : préparation : 1 heure ; exposé : 10 minutes ; entretien : 15 minutes ;

[...]

Chaque partie entre pour moitié dans la notation.

L'épreuve fait l'objet d'une notation unique sur 20.

Coefficient 4. »

Annexe I de l'arrêté du 10 mai 2005 (**Journal officiel** *du 14 mai 2005).*

« **Épreuve orale d'entretien**

Première partie de l'épreuve

Cette première partie permet, au travers du dossier proposé par le jury, d'évaluer le candidat lors de son exposé sur des sujets mettant en jeu ses connaissances sur l'histoire de l'école, ses finalités, son fonctionnement, son environnement, ses méthodes, avec une ouverture sur d'autres pays européens, ainsi que sur les obligations, les droits et les responsabilités du professeur des écoles. Dans le prolongement de cet exposé, les questions du jury doivent permettre au candidat de mettre en relation ses connaissances et sa réflexion dans le domaine de l'éducation (philosophie de l'éducation, approches psychologique et sociologique des processus d'apprentissage).

Le candidat peut prendre appui, au cours de l'entretien, sur son expérience acquise au cours d'un stage de sensibilisation au métier de professeur ou au cours d'expériences professionnelles antérieures.

Le candidat doit démontrer sa capacité à :

1. comprendre, analyser et synthétiser un document ;
2. réfléchir sur les approches didactiques et pédagogiques de l'enseignement ;
3. communiquer et exprimer une réflexion construite et argumentée sur les responsabilités des professeurs des écoles dans la transmission de valeurs, d'une culture, sur le rôle de l'école dans la société ;
4. s'exprimer oralement et communiquer. »

Note du 16 mai 2005 (**BOEN** *n° 21 du 26 mai 2005 – NOR : MENP0501031X) intitulée « Note de commentaires des épreuves des concours externe et concours externe spécial, des second concours interne et second concours interne spécial et du troisième concours de recrutement de professeurs des écoles ».*

D'un concours à l'autre

La définition de cette épreuve est exactement **la même pour tous les concours** de recrutement des professeurs des écoles : concours externe, concours externe spécial, second concours interne, second concours interne spécial, **sauf pour le troisième concours**. Pour ce dernier, l'épreuve orale d'entretien reste proche de la forme antérieure au texte de 2005, et ne comprend toujours qu'**une seule partie** :

« **Épreuve orale d'entretien**

L'épreuve comporte un exposé, suivi d'un entretien avec le jury.

L'épreuve prend appui sur un dossier de quatre pages maximum fourni par le jury. Elle consiste en un exposé suivi d'un entretien avec le jury. L'exposé porte sur l'étude du dossier dont le candidat dégage les idées essentielles. L'entretien avec le jury permet de vérifier, au travers de l'étude du dossier par le candidat, ses connaissances relatives au programme de cette épreuve. Seront également évaluées son aptitude à se situer par rapport au métier de professeur des écoles et sa capacité à montrer l'apport que son expérience professionnelle constitue dans l'exercice du métier d'enseignant du premier degré ainsi que dans ses relations avec l'institution scolaire.

Durée de l'épreuve : préparation : 1 heure ; exposé : 10 minutes ; entretien : 15 minutes ; coefficient : 4. »

Annexe III de l'arrêté du 10 mai 2005 (**Journal officiel** *du 14 mai 2005).*

Commentaire

Nous laisserons maintenant de côté le cas très particulier du troisième concours, pour nous pencher sur les caractéristiques de la nouvelle épreuve orale d'entretien des principales formes du concours de recrutement des professeurs des écoles.

La première partie de l'épreuve orale d'entretien représente la moitié du coefficient total de cette épreuve, ce qui correspond à un **coefficient 2**, sur un total de 6 pour l'ensemble des épreuves d'admission[3]. Toute note globale à l'épreuve orale d'entretien inférieure

3. Hors points au-dessus de 10 obtenus à l'épreuve facultative, qui viennent le cas échéant s'ajouter au total obtenu aux épreuves d'admission obligatoires (annexe I de l'arrêté du 10 mai 2005).

4. « Toute note égale ou inférieure à 5 sur 20 à l'une des trois épreuves d'admissibilité ou à la première épreuve d'admission du concours externe, du concours externe spécial, du second concours interne, du second concours interne spécial et du troisième concours ainsi qu'à l'une des épreuves de langue régionale du concours externe spécial et du second concours interne spécial, est éliminatoire. » (Article 13 de l'arrêté du 10 mai 2005.)

ou égale à 5 est éliminatoire[4]. Il s'agit bien là de la note **globale** de l'épreuve orale d'entretien, laquelle résulte de l'addition des notes attribuées à chacune des deux parties de cette épreuve. Même une note nulle à l'une ou l'autre de ces deux parties ne suffit pas à éliminer un candidat. L'ancienne épreuve d'entretien préprofessionnelle induisait en moyenne l'élimination de 5 % des candidats. La nouvelle organisation de l'épreuve orale d'entretien ne semble pas avoir modifié ce taux d'élimination.

Notons par ailleurs que les examinateurs n'ont aucune connaissance des notes des candidats aux autres épreuves, y compris au moment où ils décident d'infliger à un candidat une note éliminatoire. Des notes même brillantes aux épreuves d'admissibilité ou aux autres épreuves d'admission ne préservent donc en rien d'une note éliminatoire aux épreuves orales.

Nous noterons au passage que le nouveau texte divise par deux l'importance de l'épreuve du concours qui avait le caractère le plus « professionnel », et même au-delà, puisque ce qu'il en reste dans cette première partie de l'épreuve orale d'entretien ne permet plus une note directement éliminatoire. D'ailleurs, l'appellation d'épreuve « préprofessionnelle » disparaît...

Cette épreuve orale s'appuie sur un **document** de plusieurs pages, quatre au maximum, composé d'un ou plusieurs textes[5]. Ces documents sont de fait très inégaux en longueur, en nature et même en intérêt ou en qualité. Le site du SIAC[6] précise que « le choix des sujets des épreuves orales d'admission demeure de la compétence exclusive des jurys académiques[7] ». Cela signifie seulement qu'une commission composée de quelques membres du jury académique sélectionne avant les débuts de l'épreuve un ensemble de sujets, proposés au préalable par divers professionnels. Les membres de cette commission de sélection des sujets ne sont pas les rédacteurs des sujets. Les membres des commissions qui font passer l'épreuve orale d'entretien n'ont généralement pas fait partie de la commission de sélection des sujets. Ce système à double détente leur assure institutionnellement toute la distance nécessaire par rapport à ces sujets. Nombre de candidats se sentent manifestement obligés à une attitude révérencieuse vis-à-vis des textes proposés, comme si les examinateurs auxquels ils faisaient face en étaient les auteurs ! Les candidats ne doivent pas perdre de vue, sauf à se piéger eux-mêmes, qu'ils ont face à eux des personnes en situation institutionnelle de penser librement. Les documents proposés ne constituent en tout état de cause qu'un support à l'épreuve, et l'on attend bel et bien des candidats qu'ils fassent preuve d'esprit critique vis-à-vis de ces documents.

L'**exposé** doit, selon la formulation de l'annexe I de l'arrêté du 10 mai 2005, « dégager les idées essentielles » du document fourni. Même si le texte ne l'explicite pas, les examinateurs attendent des candidats que cette synthèse du document fourni les conduise à la définition d'une **problématique professionnelle** articulant références théoriques et orientations pratiques. La simple paraphrase du document, même bien structurée, ne correspond pas aux attentes de l'épreuve. Il est bon par ailleurs d'illustrer son exposé en se référant, au-delà du document fourni, d'une part à des lectures personnelles et d'autre part à des expériences éducatives ou pédagogiques. Même si le texte ci-dessus n'évoque l'appui sur un stage d'observation ou une expérience professionnelle que comme

5. Un des sujets de la session 2005 des académies de Paris-Créteil-Versailles comptait quatre textes. C'est exceptionnel, mais il faut noter que le texte officiel ne fixe aucune limite.
6. Système d'information et d'aide aux concours : http://www.education.gouv.fr/siac/.
7. http://www.education.gouv.fr/siac/siac1/epreuve/question.htm#sujets.

une possibilité et non une obligation, il est vivement conseillé aux candidats de se donner d'une façon ou d'une autre les moyens d'alimenter leurs réflexions par des pratiques éducatives ou pédagogiques au contact direct d'enfants. Une connaissance livresque remplace difficilement une expérience vécue, et les candidats inexpérimentés sont généralement défavorisés.

Les examinateurs sont tenus de se cantonner à une position d'écoute, de rester silencieux, de ne pas réagir, de ne pas interrompre le candidat. Les candidats ne doivent donc attendre d'eux aucun signe d'approbation ni *a fortiori* de connivence. Ils doivent se garder d'interpréter cette retenue imposée comme la traduction d'une perception négative de leurs propos. Ils doivent absolument éviter de solliciter directement une quelconque réaction des examinateurs.

Lors de l'**entretien**, les questions reviennent sur certains points des textes proposés, ou rebondissent sur certains aspects de l'exposé. Le candidat est incité, selon les cas, à creuser ou réinterroger ses propos. Fréquemment, surtout en fin d'entretien, les examinateurs élargissent la réflexion, voire sortent du champ strict du thème défini par le document. La réglementation ne l'interdit pas. Toutefois, les examinateurs sont tenus d'éviter toute interrogation directe du candidat sur sa formation, son parcours professionnel ou ses motivations. Nombre d'examinateurs regrettant cette limitation, il faut souligner que les candidats ne sont pas tenus à cette réserve : ils ont donc toute liberté de mettre en avant ce qui, dans leur parcours, leur semble susceptible d'intéresser les examinateurs.

Le candidat dispose, comme dans l'ancien système, d'**une heure de préparation**. Cette préparation se déroule sous surveillance, sans aucun document. Toute communication entre candidats ou avec l'extérieur est bien sûr strictement prohibée[8].

Le candidat dispose de **10 minutes** pour conduire son **exposé**. Dans l'ancien système, cette durée était de 20 minutes, mais la grande majorité des candidats ne tenait pas ce temps. La modification introduite par la réforme équivaut à un alignement sur ce que devait être la durée moyenne effective des exposés des candidats des années précédentes.

L'**entretien** doit durer **15 minutes**, au lieu de 25 minutes précédemment. On peut supposer que cela va abréger les souffrances de nombre de candidats, mais cela limitera aussi celles des examinateurs face à certains candidats fort peu loquaces. Ces normes de durée sont rigoureusement contraignantes, au nom de l'égalité de traitement entre les candidats.

En aucun cas, les examinateurs ne peuvent autoriser un candidat à faire un exposé de plus de 10 minutes. Si besoin, ils couperont d'autorité la parole au candidat. Les candidats ont donc fortement intérêt à contrôler eux-mêmes la durée de leur exposé, en par-

8. « Article 5 – Lors des épreuves, il est interdit aux candidats :

1) d'introduire dans le lieu des épreuves tout document, note ou matériel non autorisé par le jury du concours ;

2) de communiquer entre eux ou de recevoir des renseignements de l'extérieur ;

3) de sortir de la salle sans autorisation du surveillant responsable et sans être accompagnés par un autre surveillant ;

4) de perturber par leur comportement le bon déroulement des épreuves.

Les candidats doivent se prêter aux surveillances et vérifications nécessaires.

Article 6 – Toute infraction au règlement, toute fraude ou toute tentative de fraude dûment constatée entraîne l'exclusion du concours, sans préjudice, le cas échéant, de l'application des dispositions pénales prévues par la loi du 23 décembre 1901 et de la sanction disciplinaire éventuellement encourue si le candidat est déjà au service d'une administration. [...] » (Arrêté du 10 mai 2005.)

ticulier de façon à se donner le temps de conclure convenablement. Inversement, si le candidat s'arrête de lui-même avant la fin des 10 minutes qui lui sont imparties, les examinateurs lui font remarquer qu'il n'a pas utilisé tout son temps et lui indiquent le temps restant. Si le candidat ne reprend pas son exposé, ils lui demandent alors formellement s'il souhaite ou non mettre fin à son exposé, et passer à la phase d'entretien. En ce cas, le temps non utilisé pour l'exposé **s'ajoute** au temps de l'entretien, l'ensemble exposé-entretien devant en tout état de cause durer 25 minutes. La capacité à tenir la durée impartie à l'exposé et à l'utiliser à bon escient constitue un élément important dans le processus de sélection. Cela doit faire l'objet d'un entraînement suffisant de la part des candidats désireux de mettre toutes les chances de leur côté. Il serait dommage de passer beaucoup de temps à accumuler des connaissances et/ou des expériences sans se donner les moyens de les utiliser convenablement le moment venu.

Pour ce qui est de l'entretien, les examinateurs doivent eux-mêmes se cantonner précisément aux 15 minutes réglementaires. Ils ne peuvent en aucun cas prendre l'initiative ni d'abréger ni de prolonger cette épreuve. Seul le candidat peut décider de mettre fin prématurément à cet entretien. C'est à déconseiller absolument : en toute rigueur, une telle décision constitue un abandon de l'épreuve, ce qui est réglementairement éliminatoire[9].

Enfin, les rapports de jury du CERPE rappellent fréquemment aux candidats que, pour toutes les épreuves, les heures de convocation sont à respecter strictement et ne sont en droit susceptibles d'aucun aménagement. Les examinateurs ne disposent habituellement d'aucun temps de battement entre deux candidats : aucune tolérance au retard n'est possible. Chaque année, des candidats se trouvent ainsi « bêtement » éliminés. Il appartient donc aux candidats de prendre toutes leurs dispositions pour se présenter aux épreuves orales à l'heure fixée par leur convocation. Les aléas des transports, privés comme publics, ne sont pas considérés, administrativement, comme des excuses recevables. Là encore, le principe d'égalité de traitement des candidats prime sur toute autre considération. Le site du SIEC est très clair sur ce point : « Le fait de se présenter en retard à une épreuve écrite, orale ou sportive du CRPE, par rapport à l'horaire figurant sur les calendriers nationaux et les convocations individuelles, est éliminatoire. Il appartient à chaque candidat de prendre à titre personnel toutes les dispositions utiles pour éviter de se présenter en retard aux épreuves. » (http://www.education.gouv.fr/siac/siac1/epreuve/question.htm#retard.)

3. Programme de l'épreuve

« Chaque programme est commun à l'ensemble des concours : concours externe, concours externe spécial, second concours interne, second concours interne spécial et troisième concours.

Les candidats doivent maîtriser les notions permettant d'enseigner les programmes de l'école primaire et en ce sens celles inscrites au programme du concours sur lesquelles prendront appui les épreuves. La lecture des documents d'accompagnement et d'application des programmes est conseillée aux candidats.

[...]

9. « [...] Le fait de ne pas participer à une épreuve ou à une partie d'épreuve, de s'y présenter en retard après l'ouverture des enveloppes contenant les sujets, [...] entraîne l'élimination du candidat. » (4e alinéa de l'article 13 de l'arrêté du 10 mai 2005).

Programme de la première partie de l'épreuve d'entretien

L'histoire de l'école, ses finalités, son fonctionnement, son environnement, ses méthodes, avec une ouverture sur d'autres pays européens.

Connaissance dans le domaine de l'éducation.

Les obligations, les droits et les responsabilités du professeur des écoles. »

Note de service n° 2005-083 du 16 mai 2005
(BOEN n° 21 du 26 mai 2005 – NOR : MENP0501032N)

Commentaire

Comme le programme antérieur à la présente réforme, le nouveau programme offre plus des éléments de repérage dans le très large champ des problématiques de la scolarisation primaire que des contenus notionnels ou théoriques bien définis. La distinction entre les trois thèmes est d'ailleurs loin d'être claire. Le deuxième thème, « Connaissance dans le domaine de l'éducation », avec un singulier dans le texte, est particulièrement inénarrable...

L'essentiel de ce programme est repris, mot pour mot, dans la note du 16 mai 2005 : « [...] évaluer le candidat lors de son exposé sur des sujets mettant en jeu ses connaissances sur l'histoire de l'école, ses finalités, son fonctionnement, son environnement, ses méthodes, avec une ouverture sur d'autres pays européens, ainsi que sur les obligations, les droits et les responsabilités du professeur des écoles. » De même, dans l'annexe I de l'arrêté du 10 mai 2005, on trouve un passage qui fait écho aux deuxième et troisième alinéas du programme : « [...] son aptitude à se situer par rapport au métier de professeur des écoles et à mettre en relation ses connaissances et sa réflexion dans le domaine de l'éducation. »

Un des alinéas du programme antérieur a disparu : « Approches pédagogiques de l'enseignement à l'école ». Les idéologues opposés à l'idée même de pédagogie ne sont probablement pas étrangers à cette « innovation ». Cela ne changera probablement rien à la nature de cette épreuve, ni à la réalité des documents soumis à la réflexion des candidats. L'université peut peut-être se passer de réflexion pédagogique, mais certainement pas l'enseignement primaire. Les acteurs du concours utiliseront à coup sûr le très vague alinéa « Connaissance dans le domaine de l'éducation » pour continuer à s'enquérir des idées pédagogiques des candidats. D'ailleurs, si elles sont effacées des quelques alinéas de ce très mince programme, les préoccupations pédagogiques resurgissent dans d'autres passages des textes qui définissent cette épreuve.

En effet, pour prendre en compte l'ensemble des textes qui réglementent le concours de recrutement des professeurs des écoles, il faut éclairer ou compléter ce « programme » par plusieurs passages de la note du 16 mai 2005. Le premier concerne les critères d'évaluation des candidats à l'épreuve orale d'entretien. Le deuxième réintroduit **explicitement** la référence à la pédagogie : « réfléchir sur les approches didactiques et pédagogiques de l'enseignement ». Même si la pédagogie n'est plus au programme, les candidats continueront à être jugés sur leurs capacités de réflexion pédagogique : on appréciera à sa juste valeur la cohérence de ce nouveau texte ! Reste qu'un minimum de références didactiques et pédagogiques fait, raisonnablement comme réglementairement, toujours partie de ce que les examinateurs sont fondés à attendre des candidats à la nouvelle formule de ce concours.

Le troisième critère d'évaluation des candidats, toujours dans la note du 16 mai 2005, renforce et précise le troisième alinéa du programme : « communiquer et exprimer une réflexion construite et argumentée sur les responsabilités des professeurs des écoles dans la transmission de valeurs, d'une culture, sur le rôle de l'école dans la société ». On passe ici d'une formulation programmatique à coloration administrative à une approche déontologique et culturelle plus intéressante et plus profonde des missions des professeurs des écoles. Cette seconde formulation est d'ailleurs plus proche des sujets habituels : à ma connaissance, aucun sujet de pure connaissance administrative n'a jamais été donné au concours. Par contre, les sujets portant sur ces finalités générales de la scolarisation sont monnaie courante. C'est bien en ce sens que les candidats devront lire le programme pour se préparer convenablement.

Un autre passage de la même note du 16 mai 2005, destiné à cadrer le questionnement des examinateurs lors de la phase d'entretien, se réfère, entre parenthèses, à des champs de « connaissances » et de « réflexion » : « [...] Les questions du jury doivent permettre au candidat de mettre en relation ses connaissances et sa réflexion dans le domaine de l'éducation (philosophie de l'éducation, approches psychologique et sociologique des processus d'apprentissage). » On retrouve ici, comme d'ailleurs dans les textes réglementaires antérieurs, des champs théoriques plus classiques, qui ne recouvrent que très partiellement les thèmes du programme *stricto sensu*. Philosophie de l'éducation, psychologie des apprentissages et sociologie des apprentissages[10] sont donc des matières qui doivent être préparées par les candidats.

Un élément a disparu de la liste des champs de connaissances donnée par le texte antérieur : « Développement physiologique et psychologique des enfants et des adolescents ». Le refoulement de la dimension psychique de l'enseignement semble gagner d'autant plus de terrain dans les couloirs ministériels que la demande de formation psychologique monte chez les enseignants sortant des IUFM, qu'ils soient d'ailleurs professeurs des écoles ou professeurs des lycées et collèges. Quoi qu'il en soit, on voit mal comment une réflexion sur les questions didactiques et pédagogiques pourrait se passer d'une bonne connaissance des étapes du développement psychologique des enfants : on n'enseigne à l'évidence ni la même chose ni de la même manière à des enfants de 3 ans ou à des enfants de 10 ans. Malgré le silence des nouveaux textes officiels, les candidats devront pouvoir appuyer leur réflexion sur une connaissance suffisante du développement de l'enfant, aussi bien durant l'exposé qu'au fil de l'entretien.

Pour traduire l'ensemble du programme officiel en champs théoriques, il faut *a minima* ajouter aux champs définis ci-dessus la connaissance institutionnelle du système éducatif, l'histoire de l'éducation scolaire et une ouverture à l'éducation comparée. La bibliographie proposée p. 23 de cet ouvrage sera organisée pour l'essentiel en référence à ces champs théoriques classiques.

La première partie de cet ouvrage propose douze sujets corrigés. Après examen de l'ensemble des sujets donnés dans diverses académies aux sessions de 2004, 2005, 2006, il apparaît que les sujets effectivement soumis aux candidats ne peuvent être classés, ni selon les quatre alinéas du programme officiel de l'EOE, ni selon les champs théoriques défi-

10. Si l'approche psychologique des apprentissages correspond à des champs de recherche anciens et bien balisés, quoique très divers, on voit moins bien ce à quoi peut renvoyer cette approche **sociologique** des apprentissages. On peut ici hésiter à bon droit entre les analyses très générales de la sociologie de l'éducation, comme celles de Bourdieu et consorts, et des recherches plus récentes et plus pointues, mais plus proches des réalités concrètes des apprentissages, comme celles qui constituent le courant socio-constructiviste, initié en France, dans l'esprit de Vygotski, par des auteurs comme Doise et Mugny.

nis ci-dessus. Pratiquement aucun sujet, par exemple, ne porte sur « les obligations, les droits et les responsabilités du professeur des écoles ». Cela n'empêche évidemment pas la majorité des sujets d'impliquer des références aux obligations, droits et responsabilités du professeur des écoles. Une exception peut-être : la référence au développement physiologique de l'enfant est de fait peu usitée dans les discours éducatifs et pédagogiques, sauf en ce qui concerne la question récurrente de l'ajustement des rythmes scolaires aux rythmes biologiques des enfants.

Pour ce qui est de leur préparation, les candidats se référeront prioritairement aux champs théoriques, tels qu'ils sont définis ci-dessus, et tels qu'ils sont repris et complétés dans la rubrique ci-après consacrée aux indications bibliographiques.

CONSEILS GÉNÉRAUX

1. Conseils pour la préparation de la première partie de l'EOE

Les rapports de jury constatent régulièrement une préparation insuffisante, voire inexistante, de nombre de candidats. Il ne s'agit certes pas d'une épreuve disciplinaire classique, avec son ensemble bien balisé de connaissances à posséder absolument. Ce n'est pas pour autant qu'elle peut être considérée comme un aimable bavardage à propos de l'école.

Les candidats sérieux doivent donc se construire une culture de base aussi solide que possible dans le domaine de l'éducation en général, et de la scolarisation primaire en particulier. Une connaissance seulement livresque peut permettre de construire un bon exposé, mais elle est rarement suffisante pour « tenir » durant l'entretien. La préparation gagne donc à comprendre une part d'expérience du contact avec des enfants, dans un cadre scolaire ou non.

Pour ce qui est des lectures, il est certainement préférable, dans un premier temps, de s'informer sérieusement sur le système scolaire et sur son histoire : c'est à la fois le cadre d'exercice de la profession à laquelle on postule, et l'histoire dans laquelle on prétend à s'inscrire. Le sens du métier d'enseignant se construit d'abord là. Ensuite, seulement, on pourra s'intéresser aux enfants, aux modalités de leur développement psychologique, à leurs processus d'apprentissage, aux moyens pédagogiques à mettre en œuvre auprès d'eux. L'édition fournit, dans tous ces domaines, de bons ouvrages d'initiation (voir la bibliographie ci-après).

Les dossiers à plusieurs textes comprennent souvent un extrait des programmes officiels de 2002 ou de leurs documents d'accompagnement. De plus, lors de l'entretien, une bonne connaissance de ces textes est un appui souvent indispensable pour répondre à nombre de questions des examinateurs. Ils doivent donc avoir été lus de près, si possible analysés et assimilés. D'ailleurs, la note de service n° 2005-083 du 16 mai 2005 qui définit le programme de cette épreuve précise bien que « la lecture des documents d'accompagnement et d'application des programmes est conseillée aux candidats ».

Quelques auteurs reviennent très fréquemment, et il est donc bon de lire leurs principaux ouvrages. Ces dernières années, Philippe Meirieu vient très largement en tête, suivi maintenant par Alain Bentolila. Parmi les auteurs « connus », on peut citer aussi : Philippe Perrenoud, Michel Develay, Jean-Pierre Astolfi, Bernard Charlot, Jean-Yves Rocheix. On rencontre parfois des auteurs plus anciens : Michel Foucault, Gaston Bachelard, Célestin Freinet, Émile Durkheim et même Jean Jaurès ou Jules Ferry. Il faut toutefois noter que les textes d'auteurs « confidentiels » ne sont pas rares. Leur connaissance n'est évidemment pas exigée des candidats, ne serait-ce que parce que les examinateurs eux-mêmes les découvrent en même temps qu'eux. Il appartient alors aux candidats d'éclairer de tels textes en s'appuyant sur des auteurs de référence.

Les thèmes les plus fréquents des dossiers sont, approximativement dans cet ordre : la pédagogie différenciée, l'éducation à la citoyenneté, les finalités de l'école, l'entrée dans la culture écrite, la maîtrise de la langue orale, l'éducation à la démarche scientifique. Cet ordre est stable depuis plusieurs années. Des dossiers, assez nombreux, croisent deux de ces thèmes, ou plus. Les candidats doivent donc se préparer en ce sens. Il faut là une véritable culture pédagogique, bien intégrée, et non une accumulation de connaissances parcellaires. La lecture des auteurs cités précédemment fournit la meilleure entrée dans cette culture pédagogique de base. Il faut y ajouter la lecture d'ouvrages solides sur l'histoire du système éducatif, y compris récente : nombre de candidats se contentent en ce domaine d'approximations catastrophiques. Parfois, ce sont les cadres mêmes de la culture historique qui semblent manquer. Rappelons aux candidats qu'ils sont censés avoir intégré les programmes d'histoire de l'enseignement secondaire.

2. Indications bibliographiques

Les rubriques ci-après sont classées par ordre d'importance. Certes, aucune n'est à négliger, mais l'analyse des sujets d'examen, tout comme celle des rapports de jury, plaident en faveur d'une telle hiérarchisation, même si elle n'est pas inscrite dans les textes réglementaires.

Une bonne préparation passe par des lectures attentives et réfléchies. Les rapports de jury se plaignent régulièrement de la tendance de nombre de candidats à se cantonner à brasser plus ou moins laborieusement une certaine langue de bois « pédagogique ». On n'attend pas des candidats l'ingestion d'un jargon, mais l'appropriation de concepts et de théories, ainsi que la capacité à les articuler à des pratiques professionnelles.

Tous les livres sélectionnés sont disponibles en librairie au moment de la parution du présent ouvrage. Les collections de poche ont été privilégiées dans la mesure du possible. Les dates de parution indiquées sont généralement celles des éditions actuellement dans le commerce.

• Les programmes de l'école primaire

Les nouveaux programmes de l'école primaire ont été publiés en 2002. Ils sont accessibles sur le site du ministère de l'Éducation nationale, à partir de cette page :
http://www.education.gouv.fr/bo/2002/hs1/.

Le CNDP avait publié en 2002 deux brochures consacrées à ces nouveaux programmes, avec leur texte complet, précédé d'une préface de Jack Lang et d'un résumé de l'ensemble des programmes. Ces brochures ont été retirées de la vente, mais on peut toujours en consulter en ligne le fac-similé au format PDF sur le site du CNDP (http://www.cndp.fr/). Il s'agit de :

– *Qu'apprend-on à l'école maternelle ?*
(http://www.cndp.fr/ecole/quapprend/pdf/755A0211.pdf)

– *Qu'apprend-on à l'école élémentaire ?*
(http://www.cndp.fr/ecole/quapprend/pdf/755A0212.pdf)

Hachette Éducation a publié en 2003 une série de trois livres qui présentent les programmes de chaque cycle, annotés et commentés par Régine Quéva :

– *L'École maternelle PS-MS-GS* ;
– *Le Cycle des apprentissages fondamentaux, cycle 2* ;
– *Le Cycle des approfondissements, cycle 3.*

• Les documents d'application et d'accompagnement des programmes

Leur lecture est explicitement recommandée par la note de service n° 2005-083 du 16 mai 2005. Ils sont accessibles à ces adresses :
– http://eduscol.education.fr/index.php?./D0048/primacc.htm ;
– http://www.cndp.fr/doc_administrative/programmes/accueil.htm.

Il s'agit des documents suivants :

Documents d'application

– Éducation physique et sportive (école maternelle, cycle 2, cycle 3).
– Littérature, cycle 3.
– Mathématiques, cycle 2 et cycle 3 (deux volumes).
– Découvrir le monde, cycle 2.
– Histoire-géographie, cycle 3.
– Sciences expérimentales et technologie, cycle 3.
– Fiches « connaissance » associées aux programmes de sciences et de technologie à l'école, cycle 2, cycle 3.
– La sensibilité, l'imagination, la création (école maternelle) et l'éducation artistique (cycles 2 et 3).

Documents d'accompagnement

– EPS : des fiches d'accompagnement.
– Pour une scolarisation réussie des tout-petits.
– Lire au CP, cycle 2.
– Enseigner les sciences à l'école, cycles 1, 2 et 3. Ce document a été diffusé dans les écoles sous deux formes : l'une consacrée aux cycles 1 et 2, l'autre au cycle 3 ; dans tous les cas, le document est accompagné d'un CD-ROM contenant des compléments, notamment des vidéos et des animations, ainsi que la totalité du document (téléchargeable sur le site Internet du CNDP).
– Langues vivantes :
  – Allemand, cycle 3,
  – Anglais, cycle 3,
  – Arabe, cycle 3,
  – Espagnol, cycle 3,
  – Italien, cycle 3,
  – Portugais, cycle 3,
  – Russe, cycle 3.
– Mathématiques :
  – Utiliser les calculatrices en classe (cycles 2 et 3),
  – Calcul mental,

– Articulation école/collège,
– Le calcul posé,
– Les problèmes pour chercher,
– Vers les mathématiques en maternelle,
– Grandeurs et mesures à l'école élémentaire,
– Espace et géométrie au cycle 2,
– Résolution de problèmes et apprentissage.

• Connaissance du système éducatif

– Jean-Louis Auduc (2002), *L'École en France*, Hachette, Paris.
– Gérard Bouchet (1997), *Laïcité et Enseignement*, Armand Colin, Paris.
– Mohamed Cherkaoui (1999), *Sociologie de l'éducation*, Que sais-je ?, Paris.
– Claude Durand-Prinborgne (1997), *L'Éducation nationale. Une culture, un service, un système*, Nathan, Paris.
– Jean Férole (2004), *Guide pratique de législation et de réglementation scolaire : école primaire*, Hachette, Paris.
– Paul Ravel (2001), *L'École aujourd'hui. Quelles réalités ? Obstacles, réussites, perspectives*, ESF, Paris.
– Agnès Van Zanten (2004), *Les Politiques d'éducation*, Que sais-je ?, Paris.
– Maria Vasconcellos (2004), *Le Système éducatif*, La Découverte, Paris.

• Histoire de l'éducation

– Pierre Albertini (1992), *L'École en France, XIXe-XXe siècle (de la maternelle à l'université)*, Hachette, Paris.
– Jean Combes (1997), *Histoire de l'école primaire élémentaire en France*, Que sais-je ?, Paris.
– Frédéric Dajez (1997), *Les Origines de l'école maternelle*, PUF, Paris.
– François Furet, Jacques Ozouf (1977), *Lire et Écrire. L'Alphabétisation des Français de Calvin à Jules Ferry*, Éditions de Minuit, Paris.
– Claude Lelièvre (1991), *Histoire des institutions scolaires (depuis 1789)*, Nathan, Paris.
– Antoine Léon, Pierre Roche (2003), *Histoire de l'enseignement en France*, Que sais-je ?, Paris.
– Vincent Troger et Jean-Claude Ruano-Borbalan (2005), *Histoire du système éducatif*, Que sais-je ?, Paris.
– Jean Vial (2003), *Histoire de l'éducation*, Que sais-je ?, Paris.

• Philosophie de l'éducation

– Jean Lombard (1999), *Philosophie de l'éducation – Questions d'aujourd'hui – L'École et la Cité*, L'Harmattan, Paris.
– Franc Morandi (2000), *Philosophie de l'éducation*, Nathan, Paris.
– Olivier Reboul (2001), *La Philosophie de l'éducation*, Que sais-je ?, Paris.
– Olivier Reboul (1997), *Les Valeurs de l'éducation*, PUF, Paris.

• Psychologie de l'enfant

– Helen Bee, Denise Boyd (2003), *Psychologie du développement. Les âges de la vie*, De Boeck Université, Bruxelles.

– Jérôme S. Bruner (1998), *Le Développement de l'enfant : savoir faire, savoir dire,* PUF, Paris.
– Michel Deleau (2000), *Psychologie du développement,* Bréal, Rosny.
– Jean-Noël Foulin (1999), *Psychologie de l'éducation,* Nathan, Paris.
– Jean Piaget et Bärbel Inhelder (1966), *La Psychologie de l'enfant,* Que sais-je ?, Paris.
– Jean Piaget (1969), *Psychologie et Pédagogie,* Gallimard, Paris.
– Charles Tijus (2001), *Introduction à la psychologie cognitive,* Nathan, Paris.
– Bertrand Troadec (1998), *Psychologie du développement cognitif,* Armand Colin, Paris.
– Gérard Vergnaud (2000), *Lev Vygotski, pédagogue et penseur de notre temps,* Hachette, Paris.
– Henri Wallon (1941), *L'Évolution psychologique de l'enfant,* Armand Colin, Paris.

• **Approches didactiques**
– Roland Charnay (1996), *Pourquoi des mathématiques à l'école ?,* ESF, Paris.
– Jocelyne Giasson (1990), *La Compréhension en lecture,* Gaëtan Morin, Boucherville (Québec).
– Jocelyne Giasson (1995), *La Lecture. De la théorie à la pratique,* Gaëtan Morin, Boucherville (Québec).
– Anne Lalanne (2002), *Faire de la philosophie à l'école élémentaire,* ESF, Paris.

• **Approches pédagogiques**
– Jean-Pierre Astolfi (1999), *L'Erreur, un outil pour enseigner,* ESF, Paris.
– Annie Cardinet (2000), *École et Médiations,* Érès, Toulouse.
– Jean-Luc Chabanne (2003), *Les Difficultés scolaires d'apprentissage,* Nathan, Paris.
– Bernard Defrance (1993), *Sanctions et Discipline à l'école,* Syros, Paris.
– Daniel Gaonac'h et Michel Fayol (2003), *Aider les élèves à comprendre : du texte au multimédia,* Hachette, Paris.
– Michel Grangeat (1997), *La Métacognition, une aide au travail des élèves,* ESF, Paris.
– Jean Houssaye (2000), *Quinze pédagogues (leur influence aujourd'hui),* Bordas, Paris.
– Jean Houssaye (2000), *Quinze pédagogues (textes choisis),* Bordas, Paris.
– Franc Morandi (1997), *Modèles et méthodes en pédagogie,* Nathan, Paris.
– Guy Palmade (1998), *Les Méthodes en pédagogie,* Que sais-je ?, Paris.
– Michel Perraudeau (1999), *Les Cycles et la différenciation pédagogique,* Bordas, Paris.
– Jean-Paul Resweber (1999), *Les Pédagogies nouvelles,* Que sais-je ?, Paris.
– Jean-Claude Ruano-Borbalan (1998), *Éduquer et Former,* Éditions Sciences humaines, Paris.
– Gérard de Vecchi, Nicole Carmona-Magnaldi (1996), *Faire construire des savoirs,* Hachette, Paris.

• **Approche des processus d'apprentissage**
– Jean Berbaum (1999), *Apprentissage et Formation,* Que sais-je ?, Paris.
– André Giordan (2000), *Apprendre !,* Belin, Paris.
– Antoine de La Garanderie (1980), *Les Profils pédagogiques,* Le Centurion/Bayard, Paris.
– Olivier Reboul (1999), *Qu'est-ce qu'apprendre ? Pour une philosophie de l'enseignement,* PUF, Paris.

• Ouverture à l'éducation comparée

– Jacques Fialaire (1996), *L'École en Europe*, La Documentation française, Paris.
– Francine Vaniscotte (1996), *Les Écoles de l'Europe. Systèmes éducatifs et dimension européenne*, INRP.

• Quelques livres d'auteurs

Les ouvrages sélectionnés ci-dessus sont pour la plupart des ouvrages d'initiation. Pour une bonne préparation, il est bon d'y ajouter la lecture de quelques ouvrages plus approfondis ou plus prestigieux. Il est plus nécessaire de bien lire que de lire beaucoup. Il vaut mieux s'être approprié en profondeur un bon auteur au point d'être capable de penser sur ses traces, que de meubler un discours creux avec des mots d'emprunts disparates. Les ouvrages qui suivent ne sont donc que des suggestions parmi lesquelles puiser.

– Alain (1932), *Propos sur l'éducation*, PUF, Paris.
– Jean-Pierre Astolfi (2004), *L'École pour apprendre*, ESF, Paris.
– Alain Bentolila (1996), *De l'illettrisme en général et de l'école en particulier*, Plon, Paris.
– Jacques Bernardin (2002), *Comment les enfants entrent dans la culture écrite*, Retz, Paris.
– Jean-Marie Besse (2003), *Qui est illettré ?*, Retz, Paris.
– Serge Boimare (1999), *L'Enfant et la peur d'apprendre*, Dunod, Paris.
– Bernard Charlot (1997), *Du rapport au savoir. Éléments pour une théorie*, Économica, Paris.
– Michel Develay (2001), *Propos sur les sciences de l'éducation*, ESF, Paris.
– François Dubet, Danilo Martuccelli (1996), *À l'école. Sociologie de l'expérience scolaire*, Le Seuil, Paris.
– Célestin Freinet (1959), *Les Dits de Mathieu. Une pédagogie moderne de bon sens*, Delachaux et Niestlé, Neuchâtel/Paris.
– Antoine de La Garanderie (1987), *Comprendre et Imaginer. Les gestes mentaux et leur mise en œuvre*, Le Centurion/Bayard, Paris.
– Bernard Lahire (1999), *L'Invention de l'« illettrisme ». Rhétorique publique, éthique et stigmates*, La Découverte, Paris.
– Bernard Lahire (2000), *Culture écrite et inégalités scolaires. Sociologie de l'« échec scolaire » à l'école primaire*, Presses universitaires de Lyon.
– Philippe Meirieu (1987), *Apprendre... oui, mais comment ?*, ESF, Paris.
– Philippe Meirieu (2004), *Faire l'école, faire la classe*, ESF, Paris.
– Philippe Meirieu (1985), *L'École, mode d'emploi. Des « méthodes actives » à la pédagogie différenciée*, ESF, Paris.
– Philippe Perrenoud (2004), *Métier d'élève et sens du travail scolaire*, ESF, Paris.
– Jean-Yves Rochex (1995), *Le Sens de l'expérience scolaire*, PUF, Paris.
– Jean-Jacques Rousseau (1762), *L'Émile ou de l'éducation*.

D. Calin avec la participation de P. Ourghanlian

3. Conseils pour la passation de la première partie de l'EOE

Au-delà de son contenu intellectuel, comme de sa stricte définition réglementaire, cette première partie de l'épreuve orale d'entretien est considérée par la plupart des examinateurs comme un entretien d'embauche. S'il s'agit bien pour une part de vérifier les connaissances requises par le programme de l'épreuve, il s'agit également de juger la conformité des qualités personnelles des candidats aux exigences du métier d'enseignant. C'est pourquoi la qualité de l'expression orale, la capacité à communiquer et la maîtrise émotionnelle sont aussi déterminantes que les références intellectuelles[11]. Les candidats doivent autant que faire se peut se préparer dans ces deux directions.

On attend d'abord du candidat une bonne « tenue corporelle ». Éviter de se ronger les ongles, de se triturer le nez ou de s'avachir sur le bureau. Se tenir droit, bien positionné. Accompagner sa parole d'une gestuelle expressive maîtrisée. Tics, tressaillements compulsifs et autres manies corporelles sont mal perçus : les examinateurs pensent aux générations d'enfants qui auraient à subir ce genre de désagréments. Pas d'exigence vestimentaire particulière autre qu'une tenue suffisamment soignée, même s'il est préférable d'éviter une excentricité excessive. Les tenues décontractées ou sportives sont bien tolérées, dans les limites du raisonnable : tongs ou nombrils « à l'air » sont mal vus en situation de concours de la fonction publique ! Les tenues très strictes ou par trop recherchées sont assez inhabituelles dans le milieu de l'enseignement primaire, voué au contact avec l'enfance.

On attend ensuite des candidats une bonne maîtrise émotionnelle. Même si l'on peut comprendre que cette épreuve les mette « sous pression », il n'en reste pas moins qu'une forte maîtrise émotionnelle est indispensable à l'exercice du métier de professeur des écoles. On n'attend ni décontraction ni assurance à toute épreuve, plutôt mal venues en l'occurrence, mais bien pondération et maîtrise de soi. Toute agressivité vis-à-vis des examinateurs est évidemment à exclure, ce que les rapports de jury sont cependant régulièrement conduits à rappeler. On attend toutefois des candidats un minimum de tonus, de conviction, de combativité bien comprise. Une personnalité déprimante a peu de chances de convaincre les examinateurs de sa vocation à faire carrière auprès d'enfants. Mais, inversement, exubérance excessive ou histrionisme ne sont pas forcément bien reçus, même si le métier d'enseignant passe par une mise en scène de soi !

La qualité de la langue orale est particulièrement importante : les professeurs des écoles sont un modèle linguistique déterminant pour leurs élèves, en particulier pour ceux d'entre eux qui sont issus de milieux dont les pratiques langagières sont éloignées du français scolaire, *a fortiori* pour les enfants de familles non-francophones. Une langue orale relâchée ou fautive pèse lourdement sur l'appréciation du candidat. Les rapports de jury en font régulièrement une des justifications des notes éliminatoires à l'épreuve orale d'entretien. L'exposé est un exercice de parole déliée, en face à face avec les examinateurs. Il est hors de question de lire sa préparation. Il faut s'adresser aux examinateurs comme à un public, regarder chacun à son tour. La parole doit être claire, articulée. Il s'agit de déployer un discours organisé et maîtrisé.

---

11. Conformément au quatrième critère de jugement des candidats défini par la note du 16 mai 2005 : « s'exprimer oralement et communiquer. »

Sur le fond, les candidats ont une grande marge de liberté par rapport au document fourni, même s'ils sont tenus de l'utiliser autant que possible. Ils doivent certes en avoir fait une lecture suffisamment attentive pour pouvoir répondre à toute sollicitation des examinateurs lors de l'entretien, mais leur exposé n'est pas tenu de le restituer dans son intégralité. Les examinateurs apprécient au contraire la capacité à mettre suffisamment à distance le document proposé, par exemple en ne suivant pas son organisation[12]. L'attente porte d'abord sur le caractère structuré de l'exposé. Cela suppose un fil conducteur, appuyé sur le document. Incompréhension grave du document et incohérence de l'exposé sont des causes possibles de note éliminatoire. En introduction, il faut extraire le problème professionnel autour duquel l'exposé s'organisera, d'abord en utilisant le document, ensuite de façon plus personnelle. Si la justesse de l'analyse du document et la pertinence des références théoriques utilisées sont appréciées, la capacité à réfléchir à partir d'expériences personnelles est vivement souhaitée.

L'entretien est un exercice de pensée dialoguée, et non une interrogation. Les questions sont le plus souvent très ouvertes, et les examinateurs n'attendent généralement pas une réponse préconçue, qu'ils n'ont tout simplement pas à l'esprit le plus souvent. Il ne s'agit pas tant de deviner les attentes des examinateurs que de se livrer à une réflexion improvisée. Les examinateurs apprécient spécialement les candidats qui mettent en scène leur effort de pensée, y compris dans les tâtonnements et les doutes d'une réflexion vraie. Inversement, les notes éliminatoires ou très basses sont le plus souvent justifiées par ce que les examinateurs perçoivent comme une accablante incapacité à penser, de la part de candidats qui ne parviennent pas à faire autre chose qu'osciller entre la paraphrase du document et la récitation approximative de « connaissances » non digérées. Les candidats doivent en particulier se garder de percevoir le document fourni comme un texte sacré. Comme les rapports internes des jurys du concours le notent régulièrement, les examinateurs sont souvent très critiques par rapport aux documents fournis aux candidats. Distanciation et esprit critique sont des qualités toujours appréciées. Contrairement à ce que semblent croire nombre de mauvais candidats, la plupart des examinateurs n'attendent pas une quelconque déférence vis-à-vis d'on ne sait trop quel dogme perçu comme officiel, encore moins les ratiocinations d'une quelconque langue de bois. Les examinateurs sont des professionnels de l'enseignement, et non des « responsables » politiques. Oser penser à la première personne est le principal conseil à donner aux candidats à ce concours, même si, bien sûr, cette pensée personnalisée se doit d'être maîtrisée et argumentée.

Les réponses lapidaires sont à exclure : elles sont perçues comme un refus de jouer le jeu de cette épreuve, un refus de communiquer, alors que le métier de professeur des écoles exige à l'évidence de bonnes capacités à la communication, tant avec les enfants qu'avec les adultes (collègues, parents). Les rapports de jury font de l'incapacité à dialoguer avec la commission une des justifications des notes éliminatoires. De plus, comme les examinateurs sont strictement tenus de faire durer l'entretien 15 minutes[13], les candidats laconiques transforment vite cette partie de l'examen en épreuve douloureuse pour des examinateurs tenus de relancer cette pesante « conversation » jusqu'à son terme régle-

12. Ce qui ne signifie pas, évidemment, qu'il faille s'éloigner de l'organisation d'un texte bien structuré !
13. Voir plus si le candidat n'a pas tenu les 10 minutes réglementaires lors de son exposé !

mentaire. En situation de concours de recrutement, il est mal venu de mettre au supplice ses examinateurs, même si c'est un supplice partagé !

Sur le fond, pour l'ensemble de l'épreuve, certains candidats semblent ignorer l'existence d'un programme à cette épreuve, tant ils ignorent tout des quelques thèmes qui le constituent. Même si les candidats reçus recevront une formation professionnelle après leur admission, on peut difficilement admettre de candidats au professorat des écoles qu'ils ignorent tout du métier auquel ils postulent, ou de l'institution dans laquelle il s'exerce. Donner aux examinateurs l'impression qu'on ne sait pas très bien pourquoi l'on se retrouve face à eux ne peut que déboucher sur une note, sinon éliminatoire, tout du moins très médiocre. Une préparation, en termes classiques d'acquisitions de connaissances, est donc indispensable.

Enfin, les examinateurs sont particulièrement attentifs aux questions touchant à l'éthique professionnelle du métier d'enseignant. Tout positionnement ou discours du candidat non strictement conforme au principe démocratique de l'égalité entre les personnes est rédhibitoire. Les discours à connotation raciste comme les discours sociologiquement discriminatoires sont sanctionnés par l'élimination du candidat. L'incompréhension ou le refus des exigences impliquées par le principe de laïcité de l'école publique sont sanctionnés eux aussi par l'élimination du candidat. Les conceptions élitistes de l'enseignement sont également sanctionnées : les professeurs des écoles ont en charge la scolarisation de tous les élèves, y compris les élèves en grande difficulté ou les élèves handicapés. Au-delà de ces exigences minimales, les discours dogmatiques ou rigidement « militants », quels qu'ils soient, sont généralement mal reçus.

PARTIE 1

EXPOSÉ PORTANT SUR UN DOSSIER

1er SUJET CORRIGÉ

Académie d'Amiens[1], 2006

ÉNONCÉ

Documents

Document 1 : Jean-Pierre Astolfi, « Une question actuelle », in *Éducations*, « Apprentissages et Savoirs », éd. Émergences, déc. 1994 - janv. 1995.

Document 2 : Michel Develay, « Appren*tis-sages* », in *Éducations*, « Apprentissages et Savoirs », éd. Émergences, déc. 1994 - janv. 1995.

Ces deux articles étaient illustrés par des photographies, non reproduites ici.

DOCUMENT 1

Jean-Pierre Astolfi est professeur en sciences de l'éducation à l'université de Rouen et chercheur à l'INRP.

Une question actuelle

Le thème des apprentissages intellectuels, et des conditions de leur efficacité, est en fort développement ces dernières années, dans le discours pédagogique et les pratiques de formation. Si les raisons en sont multiples, on peut penser que n'y est pas étranger le retour à une conception plus « internaliste » du fonctionnement didactique après une longue période qui a vu la mise au premier plan de facteurs qui, de l'extérieur, viennent surdéterminer ce qui se joue entre les murs de la classe. On pense ici, bien sûr, au poids de l'origine sociale et des structures familiales sur le devenir scolaire des élèves, mis en avant par le courant dit de la sociologie de la reproduction, mais aussi aux apports psychologiques et psychanalytiques qui insistent, eux, sur le rôle décisif de l'histoire personnelle de l'élève, avec son désir et ses structures psychiques.

C'est sans doute le passage (en éducation comme ailleurs) d'une culture d'opposition, dénonciatrice des inégalités scolaires et de leurs fondements, à la mise en place de structures nouvelles et au développement concret de dispositifs propositionnels, qui a conduit

1. Cet ensemble documentaire de quatre pages (deux textes signés, dont un de présentation, un encadré, deux photographies) proposé à la session 2006 du CRPE (épreuve orale d'entretien) de l'académie d'Amiens fait partie d'une série de sujets de haut niveau, difficiles certes, mais à même de permettre au candidat d'élaborer une pensée autonome susceptible de mettre en valeur sa prestation. Espérons que la voie suivie cette année dans cette académie le sera dans d'autres et lors d'autres sessions…

un certain « retour de balancier » vers d'autres variables sur lesquelles on peut, dans la classe, avoir une action, même limitée.

Le renouveau de la centration sur l'acte d'apprendre intervient au moment, quelque peu paradoxal, où les grandes théories globales – et notamment l'influence piagétienne – ont fortement décliné, et où les modèles en usage au plan de la recherche se cantonnent plus modestement à rendre compte de faits partiels, d'apprentissages « régionaux », en réfrénant toute tentative généralisante.

C'est pourquoi ce dossier associe et met en relation diverses contributions qui tentent d'éclairer, chacune à leur manière, le fonctionnement didactique sur divers plans. Que dire aujourd'hui de la *mémoire,* dont on voit bien la récente réhabilitation en même temps que le renouvellement ? Comment penser la *motivation,* si souvent convoquée dans la réflexion pédagogique, sans que ses fondements soient bien assurés ? Comment situer le *désir* de savoir et la *peur* d'apprendre ? À côté de ces dimensions plutôt psychologiques, viennent d'autres questions, de nature plus épistémologique, telles qu'une réflexion sur la nature des *concepts* enseignés et plus généralement sur les *disciplines* scolaires, comme constructions théoriques qui renouvellent les « visions » du monde chez les élèves. Que signifie, sur ce plan, l'émergence récente des *didactiques* comme nouveaux champs de recherche et enjeux de formation ?

Le renouvellement sociologique est également notable, avec un développement de recherches, à un niveau d'analyse moins globalisant que dans la période antérieure (l'émergence notamment d'une sociologie de la classe et de l'établissement). Ici s'est particulièrement développé le concept de *rapport au savoir,* c'est-à-dire l'idée de rapports diversifiés que les élèves établissent avec les savoirs, et dont l'importance, pour l'efficacité des apprentissages, est au moins aussi grande que la structure des savoirs eux-mêmes.

Sans aucune recherche d'exhaustivité, ce dossier s'efforce ainsi de montrer comment, aussi bien sur des questions nouvelles que sur d'autres plus classiques, les orientations actuelles des recherches concernant l'éducation permettent de renouveler les points de vue sur l'acte d'apprendre. Surtout, il vise à identifier des apports qui peuvent être utiles du point de vue décisionnel, point de vue dont il apparaît de plus en plus nettement qu'il est celui de l'enseignant ou du formateur aux prises avec le quotidien. Les efforts d'ingénierie didactique – souvent utiles par ailleurs – butent inexorablement sur ce fait, têtu, qu'enseigner c'est constamment prendre des décisions et micro-décisions de tous ordres, qui engagent la suite du processus d'apprentissage. Les interactions et les réajustements en *situation* sont ainsi une donnée fondamentale du métier, que masque trop souvent la focalisation sur les méthodes, avec les effets de mode qui s'ensuivent. Mais pour cela, évidemment, il faut disposer d'aides à la décision, de grilles d'analyses pertinentes et diversifiées qui, sans jamais dicter ce qu'il convient de faire, contribuent à fonder les choix, à raisonner les alternatives possibles.

Quel que soit l'angle, psychologique, sociologique, épistémologique ou didactique, par lequel « on attaque » les apprentissages scolaires, il ressort que la *question du sens* est incontournable. Mais justement, où réside leur sens ? dans l'objet ? dans le sujet ? dans le social ? Pour certains, le sens réside d'abord dans le *sujet.* C'est sans doute vrai, dans la mesure où c'est bien à l'élève qu'il appartient de s'investir dans les situations qui lui sont proposées, rien n'étant possible sans une attitude positive qui mobilise ses intérêts. Mais il serait discutable d'en déduire qu'il est seul comptable de la façon dont il investit les situations d'enseignement et que les éventuels échecs ne sont imputables qu'à lui. Dans l'*objet* alors ? C'est faux en première analyse, dans la mesure où le savoir ne peut opérer seul, comme par essence, ses vertus propres n'étant pas capables d'indiquer par elles-mêmes le chemin de l'acquisition. Mais c'est pourtant vrai également si cela signifie que le savoir possède une logique spécifique, dans laquelle l'élève devra bien entrer, moyennant une indispensable rupture avec son état cognitif présent. Et il faut, pour cela, choisir avec soin les activités didactiques susceptibles de l'aider à franchir les obstacles. Dans le *social* enfin ? Là encore, on répondra différemment selon qu'on privilégiera le moment de l'ancrage dans les représentations sociales qui structurent la pensée de l'élève et dans le travail, collectif (*inter-psychique,* dirait Vygotski), ou selon qu'on a à l'esprit cet autre moment, tout aussi important mais souvent évanescent dans la classe, où ce savoir socialisé devra s'intérioriser comme une connaissance personnelle individuellement disponible.

L'apprentissage, indique Develay, ne réside en définitive, ni dans les effets d'une volonté personnelle plus ou moins contrainte, ni dans le prolongement de besoins sociaux plus ou moins spontanés. Il n'est, dit-il, ni actif, ni passif, mais *réactif.* Il réside dans les occasions offertes à l'élève d'analyser la relation qui le lie, en tant que sujet, aux objets et aux situations sociales qui lui sont proposées.

Cette question du sens, approchée diversement au travers des contributions de ce dossier, peut être reliée avec deux perspectives différentes, l'une encore prospective, l'autre plus récurrente, dans les débats relatifs aux apprentissages scolaires. La première concerne le problème du transfert et celle, liée, des compétences transversales : c'est une question vive dont on sait qu'elle est à la fois fortement discutée au plan des résultats des recherches, notamment psychologiques, en même temps qu'elle est inévitablement postulée au plan de l'éthique éducative. L'autre consiste à s'interroger sur la mobilisation si fréquente de la référence behavioriste (même quand c'est à titre de repoussoir) face au paradigme constructiviste et socio-constructiviste aujourd'hui dominant. Ce besoin permanent d'exorciser la problématique du conditionnement, obsolète au plan de la recherche, n'indique-t-elle pas qu'elle recouvre elle aussi des questions d'ordre éthique en éducation ? Ce retour récent des valeurs de l'éducation, d'une dimension axiologique qui vient nécessairement croiser celle de l'efficacité didactique et technicienne, est sans doute une autre caractéristique des débats actuels sur l'école et son projet d'apprendre.

Document 2

Michel Develay est professeur en sciences de l'éducation à l'université de Lyon II.

Appren*tis-sages*

Apprendre est un processus complexe qui met en jeu simultanément chez celui qui apprend :

- *des dimensions cognitives et affectives* (il n'existe pas d'apprentissage sans un travail sur l'image de soi),
- *des dimensions individuelles et sociales* (un apprentissage n'est possible que parce qu'un conflit interne est né qui dérange des certitudes assises, conflit déclenché et activé par la confrontation avec autrui),
- *des questions de méthode et aussi de contenu* (on ne peut apprendre sans méthode, mais il n'existe pas de méthode en soi, indépendante des contenus qu'elle traite).

On comprend alors que les regards portés sur les apprentissages sont aussi multiples et distincts que peuvent l'être ceux des psychologues, des sociologues, des psychosociologues, des psychanalystes, des didacticiens, convoquant une multiplicité de théories de référence dont aucune ne peut prétendre tout expliquer, et dont toutes, utilisées simultanément, risquent de brouiller la compréhension au lieu de l'éclairer.

Celui qui aujourd'hui quémanderait auprès de ces spécialistes les conditions facilitantes d'un apprentissage pourrait néanmoins identifier, au-delà de points de vue divergents, une tendance, un point de convergence, dans tous les discours : la place centrale qu'ils accordent au sujet qui apprend. Cette tendance est du reste illustrée par la loi d'orientation de 1989 qui place l'élève au centre du système éducatif.

Ainsi, les didacticiens avec l'importance qu'il accordent aux représentations du sujet connaissant, les psychologues cognitivistes avec leur insistance sur les activités métacognitives, les psychanalystes en redisant la place incontournable du désir dans l'apprendre, les sociologues en mettant l'accent sur le rapport au savoir de l'apprenant, tous font en sorte que le sujet de l'apprentissage devient ou plutôt redevient le « centre incontournable d'un savoir qui lui est radicalement hétérogène ». Il n'est plus possible de penser les apprentissages sans fondamentalement s'interroger sur la place qui est faite au sujet qui apprend.

Pourquoi cette tendance ?

Une première réponse est à examiner dans le fait réaffirmé que si le maître enseigne, seul l'élève apprend. Aucun enseignant ne peut apprendre à la place d'un élève. Ainsi le regard de l'enseignant s'est progressivement déplacé du savoir à enseigner à l'élève qui doit l'acquérir. L'élève émerge comme acteur de ses apprentissages, alors que longtemps il en a été spectateur.

Une seconde réponse est à lire dans l'importance accordée par les recherches en éducation à la réflexion éthique : éduquer, c'est aider à l'émergence de l'altérité. Enseigner, qui constitue un moyen pour éduquer, conduit à s'interroger sur les conditions de cette émergence de la personne. Comment est-il possible de faire exister la personne sous l'élève, comment considérer que l'élève est aussi un enfant, un fils, un frère ? Comment accepter l'idée que l'élève n'est pas d'un seul *coup* ? L'élève apprenant est aussi une personne. L'apprentissage devient respectueux de l'*apprenti sage*.

Une troisième réponse est à rechercher dans le sentiment qu'ont aujourd'hui les pédagogues de pouvoir proposer une praxéologie de l'action éducative. Au-delà des motions de principe appelant à la vigilance éthique, il existe des outils susceptibles de faciliter une *ingénierie* de l'enseignement. Procédures, stratégies, situations, activités dans le sillon de la réflexion induite par la pédagogie différenciée, par la pédagogie du contrat, par la pédagogie du projet, par l'analyse par objectifs, par l'éducabilité cognitive, matérialisent des voies de l'action. L'émergence du sujet est la conséquence de l'existence d'une instrumentalisation de l'activité d'apprentissage.

Une quatrième réponse est à scruter dans la recherche de modèles qui, au-delà des sciences humaines et sociales appliquées à l'éducation, tentent d'articuler ces champs pour montrer les apports, les limites de chacun et leur congruence dans ce qu'Ardoino a nommé une *approche multiréférentielle*, et qu'il conviendrait de poursuivre en une *approche transférentielle*. Ainsi la centration sur l'apprentissage conduit à une posture d'*apprends tissage*.

L'émergence de l'acteur oblige à relier des domaines distingués pour construire de nouvelles constellations de questionnements. Les notions récentes de « rapport au savoir », d'identité disciplinaire, ne peuvent être réellement comprises que grâce à une pluralité d'entrées : sociologique, psychologique, épistémologique, entre autres.

De nombreuses autres raisons sont sans doute au fondement de cette réémergence de l'acteur dans l'apprentissage, succédant ainsi à des grandes théories unificatrices. Ne voit-on pas aujourd'hui que seul l'acteur peut découvrir un arbitrage de finalités satis-

faisantes à la mesure de la liberté qu'il vise ? Il n'existe pas de société idéale et vertueuse en dehors de la responsabilité de chacun pour la faire exister. Ce que la recherche en éducation révèle peut-être aujourd'hui à travers les modèles d'action qu'elle propose, c'est que toute visée éducative est vouée à la glose si elle n'intègre pas la liberté et la singularité du sujet comme les seuls repères d'une pratique éducative.
Il n'existe de transformation possible de l'apprenant qu'à la condition qu'à tout moment il sente la possibilité d'échapper à l'emprise de l'éducateur. Il n'est d'éducateur et d'enseignant que celui qui cherche à rendre cette fuite possible par les dispositifs qu'il installe au quotidien. La seule manière de conserver (et non de retenir) un oiseau, c'est de laisser la porte de la cage ouverte. Il ne peut exister d'éducation pour posséder, seulement pour rencontrer.

La métacognition (Flavell)

La métacognition consiste à prendre conscience des « modes de pensée » qu'on met en jeu au cours de l'activité intellectuelle. Cette prise de conscience est nécessaire pour être en mesure de les mobiliser volontairement dans une situation d'apprentissage et de *conduire consciemment sa pensée.*

Elle joue sur deux plans :

- les *savoirs métacognitifs* (« savoir qu'il faut faire un plan ») à caractère méthodologique ou personnel,
- les *démarches métacognitives* (« savoir comment je retiens mieux ») qui conduisent à un retour sur sa conduite opératoire et (par comparaison avec celle des autres) permettent d'optimiser sa méthode et d'en dégager les critères.

J. Flavell, « Développement cognitif », in J. Bideaux, M. Richelle (dir.) (1985), *Psychologie développementale,* Bruxelles, Mardaga.

J. S. Bruner (1983), *Le Développement de l'enfant, savoir faire, savoir dire,* Paris, PUF.

CORRIGÉ

Commentaire

Si l'on met de côté la photographie servant d'illustration[2], les deux textes et l'encart composant ce dossier sont de natures différentes :

• le texte d'Astolfi[3] est le texte introducteur à l'ensemble du dossier « Apprentissages et

2. Un travail intéressant sur le statut du livre de Jean-Marc Vantournhoudt – enseignant-photographe dans une prestigieuse école belge et collaborateur du journal *Le Monde* – malheureusement peu lisible et donc peu utilisable par le candidat. Photographies non reproduites ici.

3. Jean-Pierre Astolfi est l'un des auteurs revenant le plus souvent dans le cadre de cette épreuve. À ce titre, il peut être utile que le candidat connaisse quelques éléments de ses recherches. Dans une perspective très bachelardienne, ces dernières portent essentiellement, dans le cadre de l'université de Rouen, sur la didactique des sciences, dont il est l'un des spécialistes, sur le statut de l'erreur et sur le métier d'enseignant. Lire : (1989) *La Didactique des sciences,* PUF, Que sais-je ? n° 2448 (co-écrit avec Michel Develay) ; (1998) *L'Erreur, un outil pour enseigner,* ESF et (2003) *Éducation et Formation : nouvelles questions, nouveaux métiers,* ESFF.

Savoirs » inaugurant en 1995 la nouvelle revue *Éducations – Revue de diffusion des savoirs en éducation* publiée par les éditions Émergences ; ce genre de texte a vocation à présenter l'ensemble des contributions réunies en un numéro, et donc à « brasser » quantité de concepts et de notions dont on ne peut attendre que les candidats les répertorient tous ni ne les maîtrisent ;

• le texte de Develay[4] « tisse », en une série de jeux de mots féconds, le réseau au centre duquel l'apprenant retrouve une place que les recherches des décennies précédentes lui avaient déniée ; c'est un texte brillant qui tente de faire le point sur l'une des antinomies classiques à l'œuvre dans les sciences de l'éducation : apprendre/enseigner ;

• l'encadré, intitulé « La métacognition (Flavell) », éclaire l'une des notions évoquées par Develay.

La nature même de cet ensemble documentaire interdit d'en faire une lecture suivie : il s'agira pour le candidat de faire un choix dans les notions évoquées, d'indiquer ce choix aux membres du jury, d'éclaircir et d'illustrer les concepts retenus avec des exemples si possible pris dans son expérience auprès d'enfants en situation d'apprentissage.

Le texte de Michel Develay, comme l'indique le triple jeu de mots du titre (apprentissages/apprentis sages/apprends tissage), tente d'éclairer ce qui est en jeu dans l'apprentissage ou, plus exactement, montre comment s'interroger sur celui-ci c'est rendre au sujet apprenant la place centrale qui est la sienne. La date à laquelle paraît cet article, quelques années après l'adoption de la loi d'orientation sur l'éducation de 1989 plaçant « l'élève au centre du système éducatif[5] », n'est ni anodine ni anecdotique : il est impératif que le candidat lie le texte à ce mouvement du tournant des années 1980.

Dans son introduction, Michel Develay redessine la figure du triangle pédagogique proposée par Jean Houssaye : « La situation pédagogique peut être définie comme un triangle composé de trois éléments, le savoir, le professeur et les élèves (...). Toute pédagogie est articulée sur la relation privilégiée entre deux des trois éléments (...). Changer de pédagogie revient à changer de relation ou de processus (...). Les processus sont au nombre de trois : “enseigner”, “former”, “apprendre”[6]. »

Ce que Develay, en se centrant sur **le processus « apprendre »**, décline en distinguant :

– dimensions cognitives et affectives (apprendre, c'est toujours indéfectiblement apprendre « des choses » et apprendre « des choses sur soi »),

– dimensions individuelles et sociales (« c'est à plusieurs qu'on apprend tout seul », selon la formule-choc des tenants de la pédagogie Freinet, « réinventant » ce que Vygotski mettait à jour ailleurs[7]),

4. Même remarque pour Michel Develay, professeur en sciences de l'éducation à l'université de Lyon II où ses recherches portent sur les apprentissages scolaires, la formation au métier d'enseignant et le sens de l'école. Lire : (1992) *De l'apprentissage à l'enseignement – Pour une épistémologie scolaire*, ESF ; (1994) *Peut-on former les enseignants*, ESF et (1996, rééd. 2004) *Donner du sens à l'école*, ESF.

5. Loi n° 89-486 du 10 juillet 1989 (mais publiée au *Journal officiel* le 14 juillet 1989), rapport annexé.

6. Houssaye Jean (1993), *La Pédagogie : une encyclopédie pour aujourd'hui*, ESF, pp. 13-24, « Le triangle pédagogique ou comment comprendre la situation pédagogique ».

7. « Chaque fonction psychique supérieure apparaît deux fois au cours du développement de l'enfant : d'abord comme fonction interpsychique, puis la deuxième fois comme activité individuelle, comme propriété intérieure de la pensée de l'enfant, comme fonction intrapsychique », Vygotski L. S. (1933), « Enseignement et développement mental », in Bronckart J.-P. et Schneuwly B. (1985), *Vygotski aujourd'hui*, Delachaux et Niestlé.

– questions de méthodes et de contenus (des compétences transversales générales transférables ne peuvent s'exercer que sur des contenus particuliers).

Il souligne également que chacune des grandes sciences humaines que les sciences de l'éducation appellent habituellement à leur rescousse se recentrent elles aussi sur le sujet en train d'apprendre :

– la didactique s'attache à mettre à jour les représentations initiales[8] déjà là chez l'apprenant ;

– la psychologie, sur son versant cognitiviste, met en évidence l'importance des attitudes métacognitives[9], à la fois méta-connaissances (ou connaissances sur les connaissances) et auto-contrôle (anticipation, planification, vérification), faisant du retour réflexif du sujet sur ses productions de pensée l'élément clé de la prise de conscience[10] ;

– la psychologie, dans sa version analytique, souligne le rôle moteur du désir (décliné dans le champ pédagogique sous le terme de « motivation ») ;

– la sociologie, dans sa remise en cause de l'approche bourdieusienne, s'intéresse aux parcours individuels qui, malgré les déterminismes sociaux, réinstaurent le sujet comme acteur de ses apprentissages[11].

Les sciences de l'éducation – de création récente (de trois universités pionnières en 1967, Bordeaux, Caen et La Sorbonne, à 29 départements universitaires en 2001) – restent encore aujourd'hui l'enjeu d'un combat entre les tenants de leur spécificité et les zélotes des disciplines « mères » qui leur refusent celle-ci. Sans entrer ici dans ce débat, il est important que le candidat ait une idée assez précise de l'apport de chacune des sciences-mères : didactique, psychologie et sociologie ont apporté chacune des éléments de réflexion, tels ceux rappelés ci-dessus, qu'il est bon de connaître.

Des quatre réponses apportées par Michel Develay pour expliquer ce qui est à l'œuvre dans cette centration nouvelle sur le sujet en train d'apprendre, je proposerais le réarrangement suivant. Même s'il n'est pas premier au quotidien de la classe, **l'argument éthique** qui fait de l'apprenant un être humain à part entière, un sujet acteur de ses apprentissages, qui constitue l'enfant (du latin *infans*, « qui ne parle pas ») comme une personne (d'origine étrusque, « masque de théâtre »), est celui qui fonde l'acte d'ensei-

8. C'est chez les didacticiens de l'EPS que ce concept est né, avant d'être repris par les biologistes et d'« essaimer » dans tous les champs disciplinaires. Voir Picot P. (1997), *Des représentations à l'analyse du sens des activités physiques sportives et d'expressions pour les adolescents(es)*, thèse de Doctorat s/d Rauch A., et Giordan A. (1998), *Apprendre !*, Belin.

9. L'encadré, non signé, proposé au candidat, fournit une définition succincte mais honorable d'une notion complexe mais essentielle. Aux deux références indiquées, indispensables parce que fondatrices, il est possible d'ajouter Grangeat M. (1997), *La Métacognition, une aide au travail des élèves*, ESF, particulièrement les chapitres « Métacognition et médiation à l'école » d'Anne-Marie Doly, pp. 17-61 et « Métacognition et rapport au savoir » d'Emmanuelle Yanni-Plantevin, pp. 131-152 – dont les thématiques, centrées sur la médiation et sur le rapport au savoir, sont abordées dans notre ensemble documentaire.

10. Sur cette dernière, lire : Piaget J. (1974), *La Prise de conscience – réussir et comprendre*, PUF.

11. Voir la double référence, d'une part aux travaux de Bernard Lahire [Lahire B. (1993, rééd. 2000), *Culture écrite et inégalités scolaires. Sociologie de l'« échec » scolaire à l'école primaire*, PUL et (1999, rééd. poche 2001) *Le Travail sociologique de Pierre Bourdieu. Dettes et critiques*, La Découverte], d'autre part à ceux du groupe ESCOL (pour une bibliographie complète, voir le site http://escol.univ-paris8.fr/article.php3?id_article=43 ; l'ouvrage le plus récent est Bautier É. (2006), *Apprendre l'école et apprendre à l'école. Des risques de construction des inégalités dès la maternelle*, Chronique sociale).

gner/apprendre. L'instituteur, c'est celui qui institue l'humain dans l'enfant[12], qui fait advenir l'un dans l'autre.

Cet argument éthique (le deuxième pour Develay) fonde à mes yeux, plus qu'il ne lui est second, l'observation selon laquelle « si le maître enseigne, seul l'élève apprend » ; je dirais même de préférence « seul **l'enfant** apprend », ce mouvement, dans l'école, l'instituant comme « élève » (l'école n'étant pas le seul lieu d'apprentissage, et l'enfant n'étant pas entièrement défini par son statut d'élève). Et s'ils sont souvent ceux que les maîtres « préfèrent », je ne suis pas certain que seuls les « apprentis sages » soient à prendre en compte à l'école, l'une des tâches essentielles des maîtres étant aussi (d'abord ?) que les élèves en difficulté ne soient pas niés comme enfants pouvant apprendre.

La troisième réponse proposée par Michel Develay, si elle n'est pas la plus difficile à exposer, est celle qui renvoie au plus grand nombre d'éléments hors texte, ce qui peut mettre le candidat en difficulté.

Un détour par le dictionnaire, tout d'abord, à propos d'un de ces « gros » mots que les sciences de l'éducation affectionnent : « praxéologie » de l'action éducative. Cette notion vient de Donald A. Schön qui a élaboré une théorie du « praticien réflexif[13] », celui qui s'efforce d'observer l'effet de ses propres actions afin de les modifier, si nécessaire, lors de nouvelles actions. Dans ce cadre, « la praxéologie fournit des outils pratiques pour déterminer si l'action que l'on a faite est efficace et quelles seront les autres actions à entreprendre[14] ». C'est, en quelque sorte, la « batterie » d'outils dont dispose l'enseignant, non pas pour enseigner au sens de transmettre ou de remplir une outre vide, mais pour enseigner au sens de mettre en place les conditions pour qu'un apprentissage soit possible. Cette conception marxiste des « outils », reprise de longue date par les praticiens Freinet, est déclinée ces dernières années sous de multiples appellations : pédagogie par objectifs, pédagogie du contrat et/ou du projet, situations-problèmes, dispositifs fondés sur le pari de l'éducabilité cognitive, métacognition, etc. – tous éléments sur lesquels le candidat doit avoir quelques éclairages[15].

L'« approche multiréférentielle », à laquelle Michel Develay fait allusion, renvoie à son introduction par Jacques Ardoino dans un article célèbre[16] qui reprend, dans le champ de l'éducation, le concept de complexité tel que travaillé par Edgar Morin[17] : « Cette démarche a pris naissance dans l'embarras même où se retrouvent toujours placés les praticiens, quand ils deviennent soucieux de ré-interroger leurs pratiques, sans doute pour les optimiser, avec, ainsi, une intention plus délibérément praxéologique, mais, aussi,

12. Voir *Le Sagouin* (1951) de François Mauriac : « (...) instituteur, de *institutor*, celui qui établit, celui qui instruit, celui qui institue l'humanité dans l'homme ».

13. Schön D. A. (1993), *Le Praticien réflexif – À la recherche du savoir caché dans l'agir professionnel*, Éditions Logiques.

14. Voir le site de Marie Aude Laperrière : http://www.er.uqam.ca/nobel/m231455/praxeo.htm.

15. Dans la même collection, voir le n° 3, *Épreuve orale d'entretien*, Vuibert, 2006.

16. Ardoino J. (1993), « L'approche multiréférentielle (plurielle) des situations éducatives et formatives », in *Pratiques de Formation-Analyses* n° 25-26, Université Paris VIII. Le texte complet se trouve à l'adresse http://www.barbier-rd.nom.fr/ApprMultRefJA.html.

17. Voir les six tomes de *La Méthode*, publiés entre 1977 et 2004 au Seuil, particulièrement le tome 3, *La Connaissance de la connaissance* (1986) et *Introduction à la pensée complexe* (1990), ESF.

pour tenter de mieux les comprendre, voire de les théoriser, dans une perspective qui se rapproche, alors, d'une curiosité plus scientifique, n'excluant pas, au demeurant, des préoccupations éthiques. »

Où l'éthique boucle avec l'éthique...

Par l'ensemble, complexe, des notions qu'il brasse, le texte de Michel Develay ne peut être épuisé en quelques pages, encore moins dans les dix minutes imparties au candidat pour sa présentation.

Le texte de Jean-Pierre Astolfi est plus difficile encore à traiter dans la mesure où, texte de présentation d'un dossier comprenant plusieurs contributions, il a vocation, à la fois à les présenter toutes, de manière nécessairement rapide et allusive, et à en proposer une synthèse ouverte.

Son entrée est d'abord socio-historique : il rappelle que le tournant des années 1980 a fait passer d'un paradigme sociologique fondé sur un traitement statistique des grands nombres et mettant en évidence des tendances lourdes (l'hypothèse du déficit socio-culturel et la théorie sociologique de la reproduction[18]), à des propositions fondées sur la micro-observation de parcours individuels « non conformes » (pourquoi celui-ci réussit-il à l'école alors qu'il a tout pour échouer ?) rendant aux acteurs (l'apprenant comme l'enseignant) des espaces de liberté, permettant du « jeu » pour que le « travail » soit possible.

Il liste ensuite un certain nombre de questions, dans un certain nombre de champs, intéressant actuellement la recherche :

– du côté des psychologies (*cf.* plus haut, cognitiviste/analytique) : la mémoire, la motivation, le désir de savoir/la peur d'apprendre ;

– du côté des didactiques : savoirs savants/savoirs enseignés, champs conceptuels, transfert ;

– du côté de la sociologie : rapport au savoir, effet maître, classe ou établissement.

La bibliographie qui suit tente, dans chacun de ces domaines, de donner « la » lecture à faire pour l'éclairer au mieux.

La question qu'Astolfi juge centrale, celle dont il propose qu'elle soit la synthèse des contributions du dossier qu'il présente, est **la question du sens**[19], dans sa double dimension du rapport au savoir et du métier d'élève[20].

Le rapport au savoir, c'est la façon dont un individu donne du sens à un savoir en tant que produit ou que processus. Il n'est pas la simple intériorisation d'un rapport familial ou de classe aux savoirs et aux apprentissages. C'est un ensemble de représentations, d'attitudes et de comportements qui se construit au fil des situations et des rencontres, à l'intérieur et en dehors de l'école, et qui est susceptible d'évoluer.

---

18. Voir, de Pierre Bourdieu et Jean-Claude Passeron, *Les Héritiers. Les étudiants et la culture* (1964), et *La Reproduction. Éléments d'une théorie du système d'enseignement* (1970) – dont les titres, et l'événement-rupture qu'ils encadrent, Mai 1968, disent assez l'orientation.

19. Voir le paragraphe « Ces élèves qui ne comprennent pas le sens de l'école » dans le Vuibert n° 3 déjà cité. Le dictionnaire renvoie à deux grandes entrées pour le lexème « sens » : sensation/ jugement/signification, d'une part ; direction, d'autre part. La première explicite les trois usages que j'en fais ici ; la seconde rappelle qu'un apprentissage « efficace » est un apprentissage finalisé, vers lequel l'apprenant se dirige, posé en avant, vers lequel il se projette – d'où les pédagogie de projets.

20. Perrenoud P. (1994), *Métier d'élève et sens du travail scolaire*, ESF.

Philippe Perrenoud constate que l'école demande certes aux élèves d'apprendre, mais qu'elle leur réclame aussi de se conformer à un certain nombre d'attentes, souvent implicites. Ainsi, un élève acceptable, « c'est un élève qui fait bien ou très bien son métier, c'est-à-dire qui maîtrise à peu près les rituels, les règles, les gestes, les outils, le timing, les formes, les mises en page ». Ainsi, la notion de métier d'élève permet de désigner « une forme de conformisme et de productivisme dans l'exécution de tâches répétitives ».

Même si Jean-Pierre Astolfi ne s'y arrête pas, la question du sens, et son étymologie, renvoient encore à la manière dont les sensations sont accueillies à l'école (les cinq sens, la place du corps) : ce qui donne du sens aux apprentissages, c'est aussi la manière dont nos sens filtrent le réel pour en favoriser, ou non, l'internalisation (Piaget aurait écrit : l'assimilation-accomodation). Apprentissage qui, parce qu'il renvoie à l'intra-psychique, semble ne pas concerner l'école. Et rares sont les modalités d'approche qui recueillent ce ressenti comme modalité de connaissance[21].

Comme toujours, ces considérations conceptuelles nécessitent, en cours d'épreuve, d'être illustrées par des exemples que le candidat puise dans son expérience personnelle d'apprenant ou d'accompagnant. Dans les cas où, comme ici, l'ensemble documentaire proposé ne fait appel à aucun savoir d'expérience, il est bon de prendre une part non négligeable du temps de préparation (10 à 15 minutes sur l'heure prévue) pour mettre par écrit quelques exemples auxquels revenir, soit durant le temps d'exposé, soit durant celui d'entretien.

Ce peut être le souvenir contextualisé d'un apprentissage effectué dans une discipline transféré dans une autre ; la relation du déblocage, au moins partiel, d'une situation manifeste de peur d'apprendre grâce à un dispositif particulier ; la mise en évidence d'un principe de généralisation permis par un retour métacognitif. L'essentiel est de donner aux membres du jury le sentiment que le savoir savant manifesté ne cache pas l'absence d'un savoir d'expérience : le professeur des écoles, pour « agir dans l'urgence et décider dans l'incertitude[22] », doit se situer à mi-chemin entre le bricoleur et l'ingénieur[23]...

Orientations bibliographiques

• Du côté des psychologies

– La mémoire : Lieury A. (2004), *Psychologie de la mémoire. Histoire, théories et expériences*, Dunod.

– La motivation : Famose J.-P. (1999), « L'apprentissage auto-régulé : interface entre la motivation et l'apprentissage », in *Revue EPS* n° 277.

– Le désir de savoir/la peur d'apprendre : Boismare S. (1999), *La Peur d'apprendre*, Dunod.

---

21. Voir l'utilisation de la perception dans l'entretien d'explicitation tel que proposé par Pierre Vermersch, *Entretien d'explicitation en formation initiale et continue* (rééd. 2006), ESF.

22. Perrenoud P. (1996, 2e éd. 1999), *Enseigner : agir dans l'urgence, décider dans l'incertitude. Savoirs et compétences dans un métier complexe*, ESF.

23. Lévi-Strauss C. (1960), *La Pensée sauvage*, Plon : « Le bricoleur est apte à exécuter un grand nombre de tâches diversifiées, mais, à la différence de l'ingénieur, il ne subordonne pas chacune d'elles à l'obtention de matières premières et d'outils, conçus et procurés à la mesure de son projet. Son univers instrumental est clos, et la règle de son enjeu est de toujours s'arranger avec les moyens du bord, c'est-à-dire un ensemble à chaque instant fini d'outils et de matériaux, hétéroclites au surplus, parce que la composition de l'ensemble n'est pas en rapport avec le projet du moment, ni d'ailleurs avec aucun projet particulier », p. 27.

• Du côté des didactiques

– Savoirs savants/savoirs enseignés : Perrenoud P. (1998), « La transposition didactique à partir des pratiques : des savoirs aux compétences », in *Revue des sciences de l'éducation* (Montréal), vol. XXIV, n° 3, pp. 487-514.

– Champs conceptuels : Vergnaud G. (1990), « La théorie des champs conceptuels » in *Recherches en Didactique des Mathématiques*, vol. 10, n° 2-3, pp. 133-170.

– Transfert : Coll. (nov. 2002), « Savoir, c'est pouvoir transférer ? », *Cahiers pédagogiques* n° 408.

• Du côté de la sociologie

– Rapport au savoir : Charlot B. (1999), *Du rapport au savoir. Éléments pour une théorie*, Anthropos.

– Effet maître, classe ou établissement : Bressoux P. (2001), « Réflexions sur l'effet-maître et l'étude des pratiques enseignantes », in *Les Dossiers des Sciences de l'Éducation* n° 5, pp. 35-52.

P. Ourghanlian

2e SUJET CORRIGÉ

Académies de Paris-Créteil-Versailles, 2006

ÉNONCÉ

Documents

Document 1 : Serge Boimare[1] (2004), *L'Enfant et la peur d'apprendre*, Dunod.

Document 2 : Dr Christine Egaud (2004), *Les Troubles spécifiques du langage oral et écrit*, CRDP Lyon.

Document 3 : Bernard Charlot, « Le rapport au savoir n'est pas une réponse, c'est une façon de poser le problème », entretien avec Luce Brossard, in *Vie pédagogique* n° 135, avril-mai 2005.

DOCUMENT 1

L'enfant et la peur d'apprendre

Pourquoi n'arrivons-nous pas à faire diminuer le nombre de ceux qui restent en marge de la progression scolaire alors que nous les repérons dès leur entrée à l'école maternelle ? Pourquoi n'arrivons-nous pas à changer de cap avec ceux qui, après le CE1, ont déjà pris un tel retard dans les acquis de base que nous savons qu'il ne sera pas surmontable, alors que nous avons déjà eu largement le temps de percevoir que notre message ne passera pas ?

Que peut-on raisonnablement espérer pour changer une situation regrettable pour tout le monde, qui semble perpétuer, voire accentuer, les inégalités culturelles du départ ? En tout cas, une situation qui contribue largement à alimenter le sentiment d'impuissance et de découragement des enseignants qui rencontrent ce public.

Avant de vous livrer mes idées sur le sujet, il me paraît essentiel de dire qu'il ne pourra s'agir que d'une pédagogie novatrice. Beaucoup de choses ont déjà été essayées pour lutter contre l'échec dans notre école et il faut arrêter de dire, de redire, de rabâcher à chaque rentrée, à chaque nouveau ministre de l'Éducation que c'est en augmentant le temps réservé aux savoirs fondamentaux, en revenant à des méthodes plus traditionnelles, en étant ferme et autoritaire, que l'on va résoudre ce problème.

Bien sûr qu'il faut appliquer des méthodes rigoureuses qui ont fait leur preuve ; bien sûr qu'il faut revenir à ce qui n'est pas acquis avant de passer aux étapes suivantes ; bien

1. Le document original orthographiait, à tort, « Boismare ».

sûr qu'il faut imposer un cadre qui résiste à l'agression de certains élèves. J'en suis le premier convaincu et je dirais même que, sans ce socle indispensable, rien ne sera possible.

Ne pas confondre échec et difficulté à apprendre

Mais ne mélangeons pas tout. Est-ce que nous parlons de ces enfants en difficulté qui ont besoin d'un coup de pouce personnalisé pour renouer avec l'apprentissage, ou est-ce que nous parlons de ces élèves en échec sévère ? Selon moi, c'est une erreur grave que de vouloir les superposer ; si nous parlons de ces derniers, je dis nettement qu'ils ne se contenteront pas d'une pédagogie qui propose de faire plus de ce qui ne marche pas. Même si cela se passe dans un cadre ferme et rassurant, il faudra encore trouver autre chose pour qu'ils renouent avec le chemin de l'apprentissage. Il faudra encore trouver autre chose pour qu'ils puissent se servir pleinement de leurs capacités intellectuelles.

Je n'hésite plus à dire que nous ne ferons que retarder la mise en place des vraies solutions, que nous ne ferons que culpabiliser les enseignants qui travaillent avec ces enfants si nous nous contentons de ces injonctions simplistes qui consistent à les encourager à grossir un système qui a fait les preuves de son inaptitude.

À un moment donné, il faut quand même être lucide, il y a longtemps que nous aurions atténué ce problème si l'échec scolaire n'était dû qu'à un manque d'apport initial ou à un sous-entraînement. De ce côté, nous avons beaucoup proposé, beaucoup essayé, beaucoup inventé et il est peut-être temps d'explorer d'autres pistes.

Il est peut-être temps d'accepter de prendre en compte dans notre pédagogie ce qui saute aux yeux de tous les enseignants qui fréquentent ce public : l'échec sévère est aussi accompagné de troubles du comportement, qui semblent bien avoir partie liée avec les déficits. Certains troubles, par exemple, sont réveillés spécifiquement par la situation d'apprentissage, et semblent bien avoir pour fonction de la pervertir ou de permettre de lui échapper.

Document 2

Les troubles spécifiques du langage oral et écrit

Échec scolaire et délinquance

Les enfants présentant de sérieux troubles de l'apprentissage sont des enfants en grande souffrance. Comme nous l'avons vu précédemment, l'enfant dysphasique ou dyslexique rencontre de nombreuses difficultés face à sa scolarité. Il est constamment mis en échec et finit par s'identifier à ses piteux résultats scolaires. Le « j'ai de mauvaises notes » dérive insidieusement vers le « je suis nul, je ne vaux rien ».

Chez l'enfant dysphasique[2], alors que le désir de communiquer est préservé, la communication est rendue difficile par l'inintelligibilité du langage oral. Bien sûr, ces enfants essaient de contourner leur déficience, par l'utilisation de gestes, de mimiques ou de dessins. Mais l'incapacité à communiquer est une porte d'entrée vers l'exclusion : exclusion de la communication, exclusion de la relation, pouvant aller jusqu'à l'exclusion

2. Dysphasie de développement : trouble primitif et déviant de l'acquisition du langage oral survenant chez un enfant indemne de pathologie neurologique évidente, de trouble auditif, de déficience mentale et de trouble psychiatrique envahissant.

sociale. La perte de l'estime de soi est souvent dramatique chez ces enfants intelligents et conscients de leur incapacité à communiquer par le langage. L'objectif premier de la rééducation orthophonique et des efforts entrepris est de restaurer une communication. Pour l'enfant dyslexique[3], l'apprentissage de la lecture demande un effort extrême pour des résultats souvent jugés très insuffisants. En outre, tant que la dyslexie n'est pas diagnostiquée, il n'est pas rare que l'enfant se heure à l'incompréhension de ses parents et de ses enseignants. Il entend dire : « tu pourrais faire attention », « arrête de faire n'importe quoi », ou bien « tu fais exprès de ne pas y arriver ». L'enfant en grande détresse est envahi par un sentiment de culpabilité ou de toute impuissance.

Complexe d'échec et conduites antisociales

Cette situation d'échec permanent qui gêne ou rend difficiles les autres apprentissages se double souvent d'une perte de l'estime de soi. Or, « la réussite des apprentissages scolaires nécessite une solide organisation narcissique », explique Philippe Mazet[4]. Comment un enfant pourrait-il garder une motivation intacte pour apprendre et avoir confiance en lui si on ne lui renvoie qu'une image négative de mauvais élève ou d'enfant paresseux dont on ne peut rien faire ? Mais comment l'enfant qui a perdu toute estime de soi et se considère comme incapable pourrait-il avoir envie d'entreprendre et être en mesure de réussir quoi que ce soit ? En effet, le sentiment profond d'infériorité qui s'est installé aggrave, en retour, l'échec scolaire. C'est pourquoi on parle de cercle vicieux des troubles de l'apprentissage.

La réaction au complexe d'échec qui s'installe chez l'enfant peut être de deux ordres, à type *d'inhibition* ou au contraire *d'agitation*. En effet, la souffrance morale (due à la dévalorisation de soi chez l'enfant dyslexique, ou à l'incapacité à s'exprimer de façon intelligible chez l'enfant dysphasique) peut aller jusqu'à sa démission, sur le plan à la fois scolaire et relationnel (amis), conduisant à une « rupture sociale ». Elle peut également se manifester par un trouble oppositionnel (opposition systématique, incapacité à tolérer une frustration, agressivité) entraînant des conflits aussi bien avec sa famille qu'à l'école ou avec ses amis. À l'extrême, on note l'apparition de conduites antisociales (délinquance). Je ne dis pas que l'échec scolaire est l'unique cause de la délinquance. Il existe de nombreux facteurs, plus ou moins imbriqués, qui peuvent expliquer ces troubles du comportement. Mais il est certain que l'échec scolaire, quelle qu'en soit la cause, est un facteur d'exclusion sociale et peut s'accompagner de comportements antisociaux.

DOCUMENT 3

Le rapport au savoir n'est pas une réponse, c'est une façon de poser le problème

Vie pédagogique – *Au début de votre ouvrage intitulé* Du rapport au savoir. Eléments pour une théorie, *vous dites que l'échec scolaire n'existe pas. Pouvez-vous commenter cette affirmation ?*

Bernard Charlot – Oui, mais j'ajoutais : « Ce qui existe, ce sont des élèves qui rencontrent des difficultés et qui vivent des situations dans lesquelles il y a ce qu'on appelle échec scolaire. » On a fini par créer avec un mot trop large une pseudo-réalité qui

3. Dyslexie développementale : retard de dix-huit mois à deux ans par rapport à l'âge chronologique, dans l'acquisition de la lecture, chez un enfant normalement stimulé et scolarisé, indemne de déficit visuel.

4. Propos recueillis par Catherine Faber pour *Le Quotidien du médecin* du 15 janvier 1990.

s'appellerait « échec scolaire », puis on s'est demandé : « Quelle est la cause et quelle est la solution de l'échec scolaire ? » En fait « échec scolaire » est une expression générique qui englobe des situations extrêmement différentes chez des élèves qui ont des difficultés scolaires pour des raisons différentes, des difficultés scolaires qui se sont construites à travers des histoires différentes. Il faut sortir d'un langage mythique sur l'échec scolaire pour affronter des difficultés réelles qui sont celles que l'on peut repérer et analyser chez un certain nombre d'élèves pris soit par petits groupes un peu homogènes, soit dans leur singularité.

J'ai dit aussi dans ce livre que l'on a parfois l'impression que l'échec scolaire est un monstre tapi au fond de la classe, qui va se précipiter sur les classes populaires. Poser le problème autrement me semble important parce que l'on évite ainsi de chercher une cause et une solution. Quand on cherche une cause, on veut trouver le coupable. On a le choix entre le ministre, les mauvais parents, la télévision, les mauvais enseignants... On sait bien depuis 30 ans maintenant que, en cherchant le coupable ou la solution, on ne résoudra jamais les problèmes qu'englobe l'expression très générale d'« échec scolaire ».

V.P. – *Vous affirmez que les élèves en échec ne sont pas que des élèves en échec et vous préconisez une lecture « en positif » de la situation de ces élèves. Comment peut se manifester cette lecture chez les enseignants ?*

B.C. – Cela pourrait consister à ne pas se demander uniquement ce qui manque à cet élève pour qu'il réussisse, à ne pas seulement chercher ce qu'il n'a pas ou ce qu'il n'est pas et qui lui permettrait de réussir s'il l'avait ou s'il l'était. Lorsqu'on fait cela, on regarde l'élève en creux. Il faut plutôt comprendre comment cet élève est en train de fonctionner quand je le mets devant un problème de mathématique, de quelle façon il s'y prend, quelle est sa manière de penser. On s'aperçoit parfois qu'il y a des choses fort simples où les élèves ont raté complètement l'aiguillage au départ. Alors, ils ne peuvent plus comprendre ce que l'on est en train de leur expliquer.

Il y a un sens de l'erreur. Cette dernière n'est pas simplement l'absence de vérité. C'est une façon de penser également. Les didacticiens travaillent cela à travers la notion de conception. On trouve cette notion chez Wallon aussi, qui dit que le syncrétisme, c'est de la pensée qui n'est pas mise en ordre, mais c'est de la pensée. L'élève qui fait une erreur est un élève qui pense en général. Comment se fait-il qu'il produise cet énoncé faux ? Qu'est-ce qui se passe ? Lire « en positif », c'est essayer de comprendre ce qui se passe sur le plan intellectuel, sur le plan identitaire, etc., qui permet de comprendre que cette situation advienne et non pas se demander simplement ce qui manque à l'élève et qui lui permettrait de réussir. Généralement cela ne mène à rien. Lorsque l'élève n'a pas compris une notion, en général on refait un cours sur cette notion, et cela ne marche toujours pas. S'il n'a pas compris, ce n'est pas parce qu'il n'a pas écouté, c'est parce qu'il y a dans sa tête un travail de réinterprétation de ce qu'on lui a dit. Il faut voir ce qu'est cette réinterprétation.

V.P. – *S'agirait-il donc de prendre les élèves un par un, chacun dans son histoire ?*

B.C. – Si l'on pouvait oui, mais l'on ne peut pas. Ce ne serait quand même pas tout à fait un par un. Les recherches que nous avons menées en milieux populaires parisiens – et elles ont été refaites à Sao Paulo et à plusieurs endroits – montrent qu'il y a des logiques d'interprétation de la situation scolaire qui reviennent régulièrement. À titre d'exemples, j'indiquerai trois points.

1) Le fait que, pour les élèves, on va à l'école pour « passer » et non plus pour appren-

dre. Voilà une première difficulté. Qu'en est-il alors du savoir à l'école, du sens, du plaisir ? Ces aspects sont à prendre en considération.

2) L'idée partagée par beaucoup d'élèves des milieux populaires, à savoir que, dans l'acte d'enseignement-apprentissage, celui qui est actif c'est l'enseignant et non l'élève. Ce dernier doit venir à l'école, se tenir tranquille et écouter le professeur. S'il fait cela, il a fait ce qu'il avait à faire.

Ensuite, tout dépend du professeur. Si ce dernier explique bien, l'élève va savoir ; s'il n'explique pas bien, l'élève ne va pas savoir. Ce point de vue des élèves génère un sentiment d'injustice parce que, après, le professeur qui n'a pas bien expliqué met une mauvaise note à l'élève, alors que c'est lui qui devrait avoir la mauvaise note.

3) Ce que j'appelle le « rapport binaire au savoir ». Je vais le traduire d'abord par les propos d'un élève qui avait de grosses difficultés concernant la lecture. Il devait avoir 7 ans. Une de mes étudiantes lui demande : « Quand tu ne sais pas lire un mot, qu'est-ce que tu fais ? » Il lui répond : « Quand je ne sais pas lire un mot j'en lis un autre. » On a réfléchi à cette réponse et on a trouvé ce que j'appelle le « rapport binaire au savoir » : on sait ou on ne sait pas. Il n'y a rien entre les deux. Si je sais, je peux lire ; si je ne sais pas, je ne peux pas lire. Les élèves qui réussissent en classe ou les élèves moyens, eux, sont dans une logique de progressivité du savoir. On peut savoir tous les jours un peu plus.

Il s'agit là d'une question très ancienne, qui a été posée il y a 25 siècles. On la trouve dans un dialogue de Platon, le Ménon, où Platon pose la question à travers Socrate : « Comment peut-on apprendre la vertu ? » Et de façon plus générale : « Comment peut-on apprendre quelque chose ? » Si l'on sait déjà cette chose, on ne cherchera pas à l'apprendre ; si on ne la connaît pas, on ne peut pas chercher à l'apprendre. C'est une difficulté philosophique fondamentale, mais c'est aussi une difficulté pratique parce qu'on a tendance, les parents notamment, à présenter la lecture à l'enfant qui entre en classe d'alphabétisation ou en première année (l'appellation varie selon les pays) comme une chose extraordinaire qui va modifier sa vie. C'est une grave erreur pédagogique parce qu'on entraîne alors l'enfant dans ce rapport binaire au savoir, comme s'il allait franchir un précipice et qu'il allait passer d'une situation de ne pas savoir lire à une situation de savoir lire. L'insistance sur cette modification paralyse l'enfant. Il faut au contraire expliquer à l'enfant qu'il sait déjà lire un peu, ce qui est vrai puisqu'il sait lire quelques mots ou écrire son nom, qu'il ne va pas passer du non-savoir au savoir, mais d'une situation où il lit un peu, lentement, à une situation où il lira bien davantage et beaucoup plus vite.

Voilà donc des exemples qui permettent de repérer un certain nombre de logiques fondamentales présentes chez les élèves. Si l'on comprend que les élèves ont d'autres logiques, on peut essayer de travailler ces dernières avec eux. On peut partir de la logique dans laquelle ils sont pour construire avec eux, peu à peu, une logique d'appropriation du savoir par des activités intellectuelles.

Corrigé

Commentaire

Ce regroupement propose à la réflexion des textes récents (2004 et 2005) qui s'organisent autour de la question complexe de l'échec scolaire, sujet permanent de préoccupation et de réflexion pour les parents, les enseignants, les chercheurs, mais aussi enjeu sociologique, économique et politique pour la communauté.

• Actualité de la question de l'échec scolaire

La notion d'échec scolaire a pris véritablement naissance avec la perte d'une illusion : celle que le libre accès à l'enseignement permettrait d'assurer l'égalité des chances.

Dans les années 1970, les théories sociologiques de la reproduction répondaient à la théorie du don, dominante jusque-là[5]. Il a été reproché à ces recherches, qui montraient l'importance de la composante culturelle du statut social dans la détermination de la réussite scolaire, à la fois leur caractère défectologique et leur incapacité à rendre compte des cas atypiques[6].

La question de l'échec scolaire tend à devenir toujours plus vive en raison d'une situation économique caractérisée par un fort taux de chômage et une précarité de l'emploi touchant particulièrement les jeunes les moins diplômés. Cette acuité est également due à la démocratisation de l'enseignement qui a entraîné des aspirations, individuelles et collectives, trop souvent déçues. Les préoccupations sociales, économiques et politiques portent essentiellement sur deux points :

– un nombre trop important d'élèves quittent chaque année l'école sans les diplômes et les compétences nécessaires pour trouver une place dans le monde du travail et l'illettrisme n'a pas disparu ;

– les inégalités de réussite scolaire entre les catégories sociales se maintiennent.

Quant au débat, il questionne à la fois les causes de l'échec scolaire et la pertinence des réponses apportées par l'école (efficacité du redoublement, de la mise en place des cycles et des projets d'école, efficacité du soutien scolaire, des remédiations apportées par les enseignants du RASED, des classes fermées, ou du dispositif des ZEP).

Par ailleurs, la conscience augmente que la question de l'échec scolaire ne se pose pas seulement en termes d'échéances, ne se mesure pas que par les ratés de l'entrée dans la vie active, les statistiques de la délinquance, l'exclusion sociale et professionnelle. L'échec se met en place précocement, dès le CP et même auparavant.

• Quelles causes ?

On peut établir un petit catalogue des causes les plus souvent invoquées pour ne pas voir le problème dans sa complexité.

---

5. Voir, de Pierre Bourdieu et Jean-Claude Passeron, *Les Héritiers. Les étudiants et la culture* (1964) et *La Reproduction. Éléments d'une théorie du système d'enseignement* (1970) – dont les titres, et l'événement-rupture qu'ils encadrent, Mai 1968, disent assez l'orientation.

6. Voir, de Bernard Lahire (1990, rééd. poche 2001), *Le Travail sociologique de Pierre Bourdieu. Dettes et critiques*, La Découverte.

• Du côté de l'élève :

– le manque d'intelligence, de potentialités (« il peut peu ») ;

– des défauts « neuro-psychologiques » (manque de maturité, hyper-activité, dyslexie...) ;

– le manque d'attention, de concentration, d'efforts, associé à une absence de motivation.

• Du côté de la famille :

– des défauts de l'éducation familiale : milieu peu structurant ou rigidement structuré, carence ou instabilité affective, manque de stimulations et d'apports culturels, absence d'accompagnement scolaire, relation fusionnelle qui ne laisse pas d'espace d'autonomie à l'enfant pour grandir ;

– un conflit entre les valeurs de la famille et celles de l'école ;

– un problème de langue (« c'est parce que les parents ne font pas l'effort de s'intégrer, ne parlent pas le français à la maison »).

• Du côté de l'école :

– la non-prise en compte des différences ;

– le choix des méthodes ;

– un excès de pédagogie et de « pédagogisme » qui consiste à vouloir mettre l'enfant au centre au lieu de se préoccuper de la transmission des savoirs ;

– des aides inadaptées ;

– des règles implicites que seuls certains peuvent décoder ;

– une culture d'élitisme, la croyance au don et au mérite ;

– l'effet Pygmalion[7].

• Plan individuel ou plan collectif ?

Lorsque la question de l'échec a commencé à émerger, les chercheurs se sont penchés sur les causes propres à l'enfant (les débilités, les dyslexies, les immaturités affectives notamment). Ce point de vue a contribué à répandre l'idée implicite d'un enfant inadapté au fonctionnement de l'école et qu'il s'agissait de réadapter.

Puis les études statistiques ont montré que l'échec scolaire n'atteignait pas de façon équivalente les différentes classes sociales. Ce sont alors majoritairement les explications socioculturelles qui ont été données à l'échec. Selon Bourdieu et Passeron, le système scolaire vise la reproduction des hiérarchies et des inégalités sociales. Aujourd'hui, on considère moins le plan individuel et le plan social comme des alternatives opposées, on accepte la complexité du phénomène pour s'intéresser aux façons dont le social et le psychologique interagissent.

Les textes, dont une lecture possible est proposée ici, écrits par un psychologue, un médecin et un sociologue, se rapprochent dans leur façon d'aborder la question de l'échec davantage sur le plan individuel que sur le plan collectif, tout en s'intéressant aux inter-

---

7. Mis en évidence en milieu scolaire par Robert Rosenthal et Lenore Jacobson, l'effet Pygmalion tend à formuler des hypothèses sur la scolarisation d'un élève et voir ces hypothèses (ces prédictions) se réaliser : un élève réputé « médiocre » voit ses résultats augmenter sous le regard systématiquement positif de l'enseignant, un élève « brillant » voit ses résultats baisser dans le cas inverse.

actions entre le psychologique et le social. Ils se caractérisent par une même approche centrée sur l'expérience du sujet qui attribue une signification à ce qu'il vit, aux situations dans lesquelles il est placé en tant qu'élève. Ils prennent en compte les dimensions affective (celle qui permet l'investissement, l'engagement, qui permet de s'attribuer de la valeur et d'être sa propre ressource) et relationnelle (parce que le réseau social de l'enfant contribue à la façon dont il donne du sens aux événements et détermine son désir de devenir membre d'une communauté, d'en partager les valeurs).

La présence dans ce regroupement d'un texte écrit par un médecin et portant sur l'échec scolaire des enfants ayant un trouble spécifique du langage, devrait conduire le candidat à pointer le retour en force de la médicalisation de l'échec (dyslexie, dyspraxie, dyscalculie, hyperactivité, conduites agressives, etc.). Le Dr Olivier Revol, qui publie *Même pas grave, l'échec scolaire, ça se soigne*[8], avance ainsi que l'échec scolaire a presque toujours une cause médicale et plaide pour un dépistage précoce[9].

Le risque existe, et tout enseignant doit en être conscient, de rejeter l'échec entièrement du côté de l'enfant, de déresponsabiliser chacun (l'enfant n'est pas responsable, ses parents non plus, le maître non plus, puisqu'il y a une explication médicale) et de faire de l'école un lieu de repérage pour orienter le plus tôt possible vers des structures de soin et des relais éducatifs, les plus fragiles, les plus « déviants ».

• De l'échec scolaire à l'élève en échec ?

Les auteurs des textes qui nous sont soumis s'intéressent moins à l'échec scolaire comme phénomène statistique inquiétant qu'à l'échec de l'élève singulier. Mais, pour les uns, qui se situent d'emblée dans une logique individuelle, il importe de différencier échec et difficulté pour apporter des réponses pertinentes. Alors que pour Bernard Charlot[10], il faut renoncer à la notion d'échec pour prendre de la distance par rapport au fatalisme sociologique qui s'appuie sur de fortes corrélations entre le milieu socio-culturel et la réussite scolaire, pour Serge Boimare[11], l'échec est une réalité insuffisamment prise en compte. Une confusion perdure entre difficulté et échec et empêche la mise en place de réponses adaptées.

L'échec scolaire s'accompagne de troubles du comportement sur lesquels l'extrait proposé ne s'étend pas. Cet extrait signale cependant qu'ils n'ont pas tous d'existence hors de la situation d'apprentissage, que certains sont réveillés par elle. Les élèves en échec nous rappellent qu'apprendre ne relève pas uniquement de compétences intellectuelles ou de stratégies cognitives, qu'il s'agit d'un processus sous-tendu par une importante

---

8. Lattès (2006). À feuilleter, pour se faire peur…

9. Voir les débats récents autour d'un certain rapport de l'INSERM et, surtout, la réponse argumentée qui y est apportée dans l'ouvrage collectif préfacé par le professeur Albert Jacquard (2006), *Pas de 0 de conduite pour les enfants de trois ans*, Érès.

10. Bernard Charlot est un auteur dont la lecture est indispensable. Voir, par exemple, le livre « fondateur » : *Du rapport au savoir – Éléments pour une théorie* (1997), Anthropos et, plus facile d'accès, et riche d'exemples variés, en collaboration avec Élisabeth Bautier : *Écoles et savoir dans les banlieues… et ailleurs* (1992), Bordas.

11. Le livre de Serge Boimare, dont est extrait le texte de cet ensemble documentaire, est de lecture incontournable. Les éléments qu'il présente d'une anthropologie culturelle de la dialectique de l'envie de savoir et de la peur d'apprendre sont parmi les plus éclairants produits ces dernières années, au-delà de ces élèves qui n'entrent pas dans l'apprendre, sur l'apprentissage.

dimension affective et qui nécessite la mise en œuvre d'un ensemble de forces psychiques propres à supporter le doute, l'erreur, la remise en cause, les déstabilisations qui sont inhérentes à tout apprentissage.

Dans son texte, Christine Ergaud décrit des difficultés comportementales liées à l'échec scolaire d'un public particulier, les enfants ayant un trouble spécifique du langage. Elle traite des conséquences de la dysphasie[12] au niveau de l'identité et de l'intégration sociale. Les échecs répétés de ces élèves entraînent une importante dévalorisation de soi ainsi que des problèmes comportementaux (inhibition ou, au contraire, agitation, opposition, agressivité, voire délinquance) qui aggravent fortement l'exclusion sociale déjà générée par les difficultés de communication. Ce qu'elle décrit, c'est en fait un véritable cercle vicieux : l'échec entraîne une perte d'estime de soi qui aggrave en retour l'échec et entraîne d'importants troubles du comportement et de la socialisation.

L'élève en échec est souvent décrit comme un élève qui ne s'implique pas, qui montre peu de tolérance vis-à-vis des situations d'apprentissage qui lui sont proposées et face aux frustrations, qui a des conduites de fuite ou de rejet vis-à-vis des savoirs et de la pensée ; la relation d'aide est pour lui source de malentendus. Il s'enferme dans le rôle de l'élève « différent » et tout effort pour l'en sortir sera ressenti comme dangereux pour son intégrité, son identité s'étant construite sur des repères insuffisants et instables.

Ces deux textes mettent en évidence que ces aspects ne sont pas préalables, qu'ils se mettent en place, se renforcent en situation scolaire en fonction du regard porté et des aides données.

Bernard Charlot, lui, en tant que sociologue qui prend position par rapport à des théories antérieures, réfute au contraire la notion d'échec scolaire comme étant un concept flou, une expression générique qui ne rend pas compte de la diversité des difficultés individuelles réelles et qui fait obstacle pour les affronter. Il avance un autre motif de réfutation : selon lui, parler d'échec scolaire et d'élèves en échec, c'est avoir une approche négative de ceux-ci, omettre que ce sont des sujets qui ont des émotions, qui pensent, qui donnent du sens à ce qu'ils vivent. Il est vrai que l'élève qui échoue est le plus souvent décrit en termes négatifs, dans une démarche d'attribution de causalité, qu'il s'agisse de pointer un manque d'intelligence, d'attention, de motivation, une défaillance éducative, une privation culturelle, etc.

Pour dépasser les corrélations statistiques portant sur les inégalités des parcours et des réussites scolaires en fonction du milieu socio-culturel, Bernard Charlot propose de situer les causes de l'échec, ou de la réussite, dans l'expérience scolaire de l'individu. D'où une approche en terme de rapport au savoir. Cette approche qui s'intéresse aux interactions permet de penser le rôle de l'institution scolaire dans la production des difficultés scolaires et des inégalités.

On retrouve certraines constantes dans le rapport au savoir des élèves qui échouent à l'école ; Bernard Charlot en donne quelques exemples :

– leur présence à l'école est conçue en termes de parcours d'obstacles, il s'agit de passer dans la classe supérieure, pas d'apprendre ;

– c'est le maître qui est responsable de la réussite ou de l'échec de l'élève ;

12. Il y aurait lieu de parler **des** « dysphasies » tant le tableau clinique qui les définirait est « divers et ondoyant », et ne parvient ni à faire l'unanimité de ceux qui les dressent, ni à catégoriser ceux qui en relèvent.

– ils n'ont pas acquis une logique de progressivité des savoirs.

Ces auteurs, avec des réflexions différentes, rappellent en fait tous trois que l'échec scolaire n'est pas uniquement un écart à la norme que l'on peut mesurer, mais aussi une réalité individuelle constitutive de l'identité individuelle et sociale[13]. Et ils se rejoignent pour inviter à un autre regard sur la difficulté.

• Quelles réponses ?

L'inadaptation des idées, des conceptions, mais aussi du regard porté par l'enseignant est mise en évidence par les trois textes. Christine Ergaud et Bernard Charlot soulignent les lectures en négatif que font les enseignants des élèves en situation d'échec.

Quant à l'inadaptation des réponses de l'école, elle est pointée par Serge Boimare et Bernard Charlot. Pour tous deux, on fait fausse route si l'on pense qu'il faut proposer à ces enfants plus de temps, plus d'entraînement, plus de la même chose.

Pour Serge Boimare, cela peut peut-être convenir à des élèves en difficulté mais pas à ceux qui font tout pour pervertir la situation d'apprentissage ou lui échapper. L'extrait proposé ne dévoile pas ce qu'il propose mais rien n'interdit au candidat de l'évoquer s'il en a connaissance. Selon Serge Boimare, il existe de fortes angoisses derrière le refus du travail de la pensée. Il propose une médiation culturelle par les contes et les mythes, pour ne plus ignorer ces angoisses mais au contraire les inclure dans un thème qui les contiendra, et montrer la bataille permanente de l'homme pour canaliser ses pulsions.

Bernard Charlot, lui, nous invite à nous intéresser aux conceptions de l'élève ainsi qu' à sa manière de fonctionner. Il propose également de s'intéresser aux logiques dans lesquelles sont ces élèves vis-à-vis de l'apprendre et de l'école, afin de construire éventuellement avec eux de nouvelles logiques.

• Dérives actuelles

Les réponses apportées par l'école ont été très longtemps le redoublement, le rabâchage et le soutien. Puis on a assisté à une diversification des réponses, l'Éducation nationale « traitant » l'échec scolaire à la fois sur le plan collectif avec, notamment, la mise en place des ZEP (1981) dans une logique de compensation, et sur le plan individuel, avec notamment les réseaux d'aides spécialisées (1990). Depuis une quinzaine d'années, elle cherche surtout, à travers la mise en place d'une culture de l'évaluation, de la différenciation et du projet individualisé, à modifier le regard de l'enseignant et à adapter les rythmes et les méthodes scolaires à la diversité des enfants. On parie davantage sur la prévention que sur la remédiation, et celle-ci s'exerce d'abord au sein de la classe.

Remarquons toutefois que l'on assiste actuellement à un mouvement de retrait. Si les dispositifs (éducation prioritaire, CP renforcés, etc.) sont maintenus *a minima*, les moyens spécifiques sont peu à peu retirés. Cela peut s'expliquer par une logique d'économie, par une politique qui privilégie les aides en faveur des enfants ayant un handicap reconnu, mais aussi par le fait que les évaluations de ces dispositifs ne sont pas suffisamment concluantes.

Quant à l'élève en échec, il est de plus en plus fréquemment assimilé, dans les discours politiques actuels, au perturbateur, au délinquant. Selon nos gouvernants, les mauvais

13. Il y aurait lieu, ici, de reprendre la théorie des « champs », telle qu'empruntée par Bernard Lahire à Pierre Bourdieu, et retravaillée, dans *L'Homme pluriel – Les ressorts de l'action* (1998), Armand Colin/ Nathan (rééd. Poche Pluriel, Hachette, 2001).

élèves ne doivent pas contrarier la bonne marche du système sous peine de sanction financière pour leurs parents.

• Conclusion

Ce regroupement de textes d'idées et d'horizons divers présente selon moi deux intérêts :

– il met en garde contre la tentation toujours forte de revenir à des explications simplistes de l'échec ;

– il pose que – sans vouloir être dans l'illusion de la toute-puissance, sans renoncer ni à un travail auprès de la famille, ni aux soins, ni aux remédiations – des réponses sont à rechercher d'abord dans le rapport de l'enseignant à l'élève, au savoir, à la difficulté scolaire ; c'est en modifiant ce rapport, en faisant évoluer les conceptions et les logiques, que l'on permettra aux élèves les plus fragiles de trouver leur place à l'école et de penser qu'ils peuvent être leur propre ressource pour apprendre.

C. Ourghanlian

3e SUJET CORRIGÉ

Académies de Paris-Créteil-Versailles, 2006

ÉNONCÉ

Documents

Document 1 : Jean Julo, « Presque tout est à inventer », in *Cahiers pédagogiques*[1] n° 436, octobre 2005.

Document 2 : Gérard Chauveau[2], « L'aide peut-elle gêner l'apprentissage ? », in *Cahiers pédagogiques* n° 436, octobre 2005.

DOCUMENT 1

Jean Julo est enseignant-chercheur à l'UFR de mathématiques et à l'IREM de l'université de Rennes I.

Il s'agit ici de mathématiques, mais le lecteur pourra transposer à d'autres résolutions de problèmes cette analyse qui explore dans le détail les composantes de l'acte d'aide et les outils indispensables.

1. *Cahiers pédagogiques* est l'une des revues professionnelles les plus roboratives et les plus continûment de qualité. Publiés par le Cercle de recherche et d'action pédagogiques (CRAP), leur « devise » est « Changer la société pour changer l'école ; changer l'école pour changer la société », dans la droite ligne, non de Mai 68 comme une lecture rapide et anachronique pourrait le laisser penser, mais de la Libération, du plan Langevin-Wallon et des mouvements d'éducation nouvelle, dont ils perpétuent l'héritage exigeant. Ce numéro 436 d'octobre 2005 consacré à l'aide est l'un de ces numéros repères dont la connaissance, sinon la possession personnelle, est nécessaire, au même titre que les numéros 280, 281 et 288 consacrés à l'apprentissage, le numéro 336 consacré, déjà, à l'aide, le numéro double 344-345 sur l'apprentissage du raisonnement (les prémisses de la métacognition), le numéro 381 (« L'intelligence, ça s'apprend ? ») et le numéro 408 sur l'épineuse question du transfert. Pour plus de détails, voir le site : http://www.cahiers-pedagogiques.com/.

2. Gérard Chauveau est de ces auteurs dont la connaissance est indispensable, de manière générale lorsqu'on aborde le métier de professeur des écoles, comme de manière particulière pour préparer et passer l'épreuve orale d'entretien. Il est, en effet, avec quelques autres, omniprésent dans les ensembles documentaires proposés aux candidats. Gérard Chauveau, longtemps chercheur au CRESAS, unité de recherche de l'INRP qui se consacre aux « conditions psychopédagogiques et [aux] contextes institutionnels et sociaux favorisant les apprentissages de tous les élèves, et [aux] conditions qui permettent aux enseignants et éducateurs de s'engager dans la transformation en ce sens de leurs pratiques », est l'un des plus éminents spécialistes de l'entrée dans l'écrit. À lire : *L'Enfant apprenti lecteur – Entrée dans le système écrit* (1993), L'Harmattan et *Comment l'enfant devient lecteur* (2003), Retz.

Presque tout est à inventer

Nous proposons ici un aperçu des avancées qui nous semblent les plus significatives sur la question de l'aide à la résolution de problèmes. Personnellement, nous nous intéressons à cette question dans le cas particulier des mathématiques ; nous avons toujours eu la conviction, en effet, que la didactique de cette discipline est la plus simple à conceptualiser et que c'est là que nous devrions réussir, en premier, à combattre la discrimination qui s'opère par les difficultés d'apprentissage.

Les progrès réalisés récemment dans ce domaine sont indéniables. Conjugués à d'autres, ils devraient permettre, à terme, d'améliorer la compréhension et de renforcer la maîtrise des savoirs chez ceux qui ont des difficultés en mathématiques. Nous évoquons ci-dessous cinq idées importantes qui orientent les travaux en cours dans ce secteur de recherche. Nous posons aussi, en conclusion, une question plus générale mais qui reste cruciale pour nous : ces démarches d'aide que nous cherchons, comme d'autres, à développer contribueront-elles vraiment à faire reculer l'échec scolaire ? Ou celui-ci s'inscrit-il dans une logique institutionnelle qui a besoin d'une telle discrimination entre ceux qui réussissent presque toutes les tâches proposées et ceux qui « échouent » presque toujours ?

Aider en situation plutôt qu'apprendre à résoudre

C'est le premier choix fondamental en matière d'aide à la résolution de problèmes :

- soit on agit au coup par coup, en aidant l'élève à surmonter les difficultés particulières qu'il rencontre dans le contexte d'un problème donné ; c'est ce que nous appelons *l'aide en situation* ;
- soit on agit plus globalement, en aidant l'élève à surmonter ses difficultés au moyen d'un apprentissage de méthodes ; c'est l'approche du *apprendre à résoudre*.

Cette seconde option a longtemps été privilégiée, d'abord parce qu'elle correspond à une sorte d'idéal pédagogique que l'on peut appeler celui de la « tête bien faite », mais aussi parce qu'elle a pu s'appuyer sur des courants de recherche importants comme ceux de l'éducation cognitive ou du *apprendre à apprendre*. Il semble que nous soyons désormais sortis d'une longue période dominée par cette conception « généraliste » de la manière d'aider. D'une part, les modèles théoriques ont beaucoup évolué, d'autre part, au niveau empirique, les approches privilégiant des méthodes, compétences ou modes de pensée déconnectés des savoirs et des situations en jeu n'ont pu faire la preuve de leur efficacité.

En ce qui concerne spécifiquement l'aide à la résolution de problèmes en mathématiques, deux orientations principales caractérisent les recherches actuelles.

Celle de l'aide en situation a des origines très anciennes, car dès les premiers travaux psychologiques sur la résolution de problèmes, les chercheurs ont commencé à manipuler des variables de situation (changer une formulation, ajouter ou enlever une donnée, etc.) et ont constaté à quel point l'activité de résolution de problème est sensible à ces variations ; il restait à mieux connaître les mécanismes du fonctionnement cognitif qui expliquent cette sensibilité et à analyser le sens didactique que peut avoir telle ou telle variable que l'on manipule ; les progrès réalisés à ces deux niveaux nous conduisent, personnellement, à penser que c'est l'orientation la plus prometteuse.

La deuxième est celle du développement de compétences liées à des classes de problèmes bien identifiées et restreintes. Elle se situe dans l'option du « apprendre à résoudre » mais en évitant les défauts maintenant bien connus de l'intervention généraliste et en intégrant des données précises issues de certains travaux théoriques en psychologie cognitive et en didactique des mathématiques.

Aider à se représenter le problème plutôt qu'aider à trouver la solution

Après avoir fait le choix d'une aide en situation, il reste à savoir comment aider. Pour cela il faut être au clair sur le but poursuivi ; or ce but n'est pas simple à penser et à énoncer clairement, si nous voulons qu'il prenne en compte nos connaissances actuelles sur les processus cognitifs et didactiques. Donnons un aperçu des deux principales composantes de ce but.

D'abord permettre à tout prix à l'élève d'enclencher une véritable activité de résolution de problème, c'est-à-dire lui permettre d'*inventer* une procédure de résolution pour le problème proposé et non lui proposer des démarches de simple application routinière ; cette première finalité, de type constructiviste, est essentielle pour la formation des connaissances et va bien au-delà de la simple « mise en activité » des élèves. Le second versant, indissociable du premier, concerne ce qu'on a longtemps appelé la compréhension du problème. Pour qu'il y ait invention d'une procédure, la première condition à réaliser est que l'élève ait une *représentation opérationnelle* du problème en jeu ; nous connaissons mieux, désormais, les processus qui permettent à une telle représentation de se mettre en place et nous avons de bonnes raisons de penser que c'est au niveau de ces processus que débute souvent l'engrenage de l'échec ; du point de vue didactique, ils constituent un lieu très favorable pour la mise en relation de connaissances anciennes et de connaissances nouvelles, ainsi que pour le développement d'une véritable activité de modélisation.

On voit on quoi une telle approche se distingue de l'aide spontanée que l'on apporte à un élève « en panne » et qui consiste presque toujours à le mettre sur la voie de la solution, en lui fournissant un indice ou un coup de pouce. Apporter une aide du côté de la solution a l'inconvénient de réduire fortement l'enjeu de l'activité de résolution et d'annihiler par là même les processus essentiels de représentation du problème et d'élaboration de procédure (on a « tué » le problème).

Concevoir et expérimenter des formes d'aide variées

Le plus urgent nous semble de disposer des outils qui permettraient d'aider vraiment car ces outils n'existent pas, alors que la forme d'aide évoquée ci-dessus ne peut relever que d'une *pratique instrumentée.*

La fabrication de ces aides est donc une démarche qui relève typiquement du domaine de l'ingénierie didactique : à partir des données théoriques disponibles (principalement en psychologie cognitive et en didactique des disciplines), il faut analyser et modéliser chaque situation de résolution de problème avant de concevoir et d'expérimenter les aides qui permettront à un maximum d'élèves de parvenir à une procédure de résolution. Presque tout est à inventer à ce niveau, puis à soumettre à l'expérimentation qui est le seul critère pour décider si une aide est vraiment pertinente.

Soulignons le fait que les aides à fabriquer ne peuvent pas, dans l'état actuel de nos connaissances, être simplement déduites de l'étude du problème en jeu et des difficultés observées. Il faut, le plus souvent, adopter un point de vue radicalement différent sur la situation, car la logique des représentations n'est pas la logique des actions (celle des procédures et des stratégies de résolution) à laquelle on a toujours tendance à se référer dans un premier temps.

Structurer problèmes et aides sous forme d'environnements spécifiques

Dans la pratique de l'enseignement, il est difficile de maîtriser ce processus que les didacticiens nomment la dévolution du problème : il faudrait que le problème devienne véritablement l'affaire de l'élève, c'est-à-dire qu'il se l'approprie, en fasse un enjeu personnel. Il faudrait aussi lui laisser beaucoup de temps pour essayer, se tromper, recommencer, tout simplement : chercher.

Il est vrai que dans les conditions actuelles, les enseignants hésitent toujours à perdre trop longtemps la main au profit d'une activité de recherche réelle, donc forcément longue et risquée. Nos habitudes d'enseignement sont sans doute en cause, mais il n'y a pas que cela, et nous sommes persuadés que les pratiques évolueront très vite lorsque les enseignants disposeront des outils qui leur permettront d'intégrer de véritables moments de résolution de problème à leur cours. Or, il apparaît que la forme la plus pertinente pour de tels outils est celle d'environnements intégrant un *ensemble structuré de problèmes* (une base de problèmes) et un *ensemble de ressources* : principalement des aides (avec une place privilégiée pour les aides à la représentation), mais aussi d'autres éléments qui peuvent être très variés, comme des explications conceptuelles.

Cette idée d'un environnement pour lequel l'enseignant abandonne provisoirement la main et qui sollicite autant que possible une authentique activité de recherche de solution tout en permettant d'éviter l'échec nous semble, personnellement, l'une des plus intéressantes à creuser à l'heure actuelle.

Combiner activités de résolution de problèmes et interactions sociocognitives

Nous utilisons ici le concept d'interactions sociocognitives pour désigner toutes les interactions sociales qui peuvent intervenir lors de la résolution d'un problème donné : entre l'enseignant et l'élève qui résout, mais aussi entre deux ou plusieurs élèves travaillant sur le même problème.

Deux pistes explorées actuellement intéressent la problématique de l'aide en situation telle que nous l'avons présentée ici.

La première s'appuie sur la notion de *métacognition* ; les derniers travaux de recherche s'intéressent surtout aux liens existant entre la nature des interventions métacognitives en situation et les changements éventuels de comportement dans des problèmes ultérieurs. Certains résultats, obtenus en particulier auprès d'élèves jeunes et en difficulté, sont beaucoup plus encourageants que ceux obtenus avec l'approche méthodologique évoquée plus haut ; ils ouvrent des perspectives nouvelles en permettant d'envisager, sous un autre angle, la question plus ancienne des interactions de tutelle dans les tâches de résolution de problèmes.

La seconde piste, en relation assez directe avec le questionnement présenté ici, est celle du *travail collaboratif* ; il ne fait pas de doute que les interactions entre pairs (éventuellement réalisées « à distance ») doivent désormais être envisagées comme des éléments constitutifs importants lors de la conception de ces environnements spécifiques que nous avons évoqués dans le paragraphe précédent.

Pour finir, la question qu'on ne peut pas éviter de poser...

Nous devrions disposer, sans trop tarder, de moyens théoriques et pratiques permettant d'aider chaque élève à *mieux comprendre*. La question qu'on ne peut pas éluder, alors, est de savoir ce que cela changera pour ceux qui sont en situation d'échec : en les aidant à mieux comprendre, les aiderons-nous aussi à *mieux réussir* et contribuerons-nous, de la sorte, à réduire les inégalités scolaires ? Rien n'est moins sûr, tant la pression pour continuer à classer et hiérarchiser les élèves reste énorme dans notre système d'enseignement.

Nous voudrions juste poser, pour terminer, cette question concrète directement liée à la problématique de l'aide en situation : sommes-nous prêts, lors des contrôles qui servent à l'évaluation dite sommative (notes conduisant aux fameuses « moyennes »), à aider de manière significative les élèves qui en ont besoin ?

En somme, jusqu'où avons-nous le droit d'aider ? Est-ce permis tant que cela ne remet pas en cause la fonction sélective de l'école ? Pour qu'il soit bien clair que c'est d'abord notre propre pratique que nous questionnons, précisons que non seulement nous n'aidons pas nos étudiants pendant les examens mais, qu'en outre, la répartition de leurs notes épouse toujours cette magnifique courbe « normale » qu'affectionnent tous les systèmes de sélection...

Document 2

Gérard Chauveau est chercheur associé à l'INRP et au laboratoire ERTE à l'université de Paris V.

L'aide peut-elle gêner l'apprentissage ? Dix risques majeurs

Pavée de bonnes intentions, l'aide institutionnelle peut pourtant être néfaste. Faut-il alors tout abandonner ? Pourtant non, mais un effort de lucidité est indispensable.

Pour beaucoup, la notion d'aide est *a priori* associée au bien et au progrès, et les destinataires en sont forcément des bénéficiaires. Nous disposons pourtant de nombreuses données, par exemple dans le domaine de l'adaptation et intégration scolaire (AIS), qui montrent qu'en réalité, dans bien des cas, en voulant le bien nous réalisons le mal. C'est la nature même de certaines aides accordées à des sujets « à problème » ou en « difficulté » qui entrave leur succès ou qui, plus grave encore, peut générer de l'échec ou aggraver la situation.

Dix façons de ne pas aider

1. Le saupoudrage : l'aide se limite fréquemment à une intervention fragmentée, émiettée, épisodique. Son impact est alors superficiel, voire insignifiant. Par exemple, l'aidant prend en charge un élève une fois (une heure) par semaine, alors que celui-ci aurait besoin qu'on concentre les forces et les efforts ou qu'on lui apporte un soutien intense et continu. Selon cette conception, le meilleur professionnel de l'aide est celui qui « papillonne » ou « s'éparpille » : on apprécie son travail au nombre d'enfants « suivis » et au nombre d'écoles « couvertes » (ou visitées).

2. La substitution : l'aide se situe souvent à la place d'une séquence pédagogique. Alors que les élèves aidés sont en difficulté en lecture-écriture et/ou en mathématiques, on remplace certaines activités scolaires de lecture-écriture ou de mathématiques par des aides dans d'autres domaines : comportement, socialisation, psychomotricité, etc.

3. La diversion : on détourne l'attention du problème qu'on prétend traiter (conduite d'évitement), on distrait. Par exemple, on va offrir à un élève en difficulté en lecture-écriture toutes sortes d'activités éloignées de la langue écrite, ou bien on va axer les aides sur l'ambiance (ou le climat, le relationnel), alors qu'un annonçait vouloir améliorer les apprentissages scolaires.

4. La sous-stimulation. Certaines aides relèvent des pédagogies « d'attente » ou des enseignements « allégés ». Elles sont fondées sur l'idée que ces enfants-là – les élèves à risques, à problème, en difficulté – ne peuvent pas recevoir autant de stimulations ou de prestations intellectuelles que les sujets dits normaux. En guise du « plus » annoncé (une aide

psychologique, un soutien, une rééducation, un enseignement mieux adapté), on donne « moins » à ceux qui ont moins : moins d'enseignement, moins d'activités cognitives, moins d'ambition pédagogique, moins d'occasions d'apprendre et de résoudre des situations-problèmes (voir aussi les risques 2 et 3 ci-dessus).

5. La dépendance. La personne s'accoutume à l'aide qu'elle reçoit et ne peut plus « s'en passer ». À moins que ce ne soit l'aidant qui ne puisse interrompre sa relation d'aide ! On voulait aider le sujet à devenir plus autonome et on produit un « assisté », un individu un peu plus dépendant et déresponsabilisé.

6. Le désengagement. La déresponsabilisation peut également « toucher » les autres intervenants ou professionnels concernés. Par exemple, des parents ou des enseignants ont tendance à se décharger du problème (ou de l'enfant-problème) sur les spécialistes ou sur le service spécialisé (RASED[3], CMPP[4], etc.). Quelques-uns, qui avaient su faire face jusqu'à l'arrivée des professionnels de l'aide spécialisée, se retirent ou se démobilisent.

7. La ségrégation. On a souvent tendance à mettre à part ou à l'écart la personne en difficulté (ou « à problème ») avant ou afin de lui apporter l'aide jugée indispensable. On commence par séparer et marginaliser l'aidé en le plaçant dans une structure « spéciale » et peu valorisée. Dès le départ, l'aidant est en pleine ambiguïté ou en plein dilemme : son action va-t-elle favoriser la réussite et l'intégration du sujet aidé ou entériner sa relégation (par exemple dans une filière de l'éducation spécialisée ou dans une structure perçue à tort ou à raison comme « voie de garage », « classe ghetto », etc.) ? Ces procédures « ségrégatives » sont étroitement liées aux logiques différentialistes (celles qui se focalisent sur « la différence », la particularité ou la spécificité de celui qu'on veut aider). Elles reposent sur un postulat : le destinataire de l'aide se caractérise essentiellement par des traits et des besoins spécifiques, il nécessite donc des mesures complètement spécifiques ou particularistes (un « traitement » à part).

8. La stigmatisation. À partir du moment où, dans une population tout venant, on isole un sujet particulier (repéré et choisi à partir de ses difficultés, ses problèmes...) pour lui donner une aide particulière avec un spécialiste, on risque de faire deux choses opposées en même temps. Ainsi, dans nombre de prises en charge psychopédagogiques classiques, on mêle le traitement et le signalement ; celui-ci « montre du doigt », officialise et légitime la catégorisation négative de la personne aidée (« handicapé », « inadapté », « inapte », etc.). On apporte à la fois un plus (une aide, un soutien) et un moins (l'étiquetage négatif, la dévalorisation) ; on enclenche deux processus contradictoires qui s'annulent ou s'annihilent.

9. La pathologisation. Il n'est pas rare que les aides et les aidants polarisent uniquement sur les déficiences, les déficits, les « défauts » (défaillances, défectuosités) du sujet à aider. En négligeant les potentiels, les ressources, les acquis, voire les atouts de l'aidé, l'approche déficitariste (ou défectologique) rend difficile le déclenchement d'une dynamique positive. Celle-ci suppose qu'on prenne appui sur les points forts de celui qu'on aide. Si l'on ne prend en compte pour le définir et pour l'aider que ses manques et ses carences, on se contentera le plus souvent de « gérer l'échec » au lieu de générer la réussite ; et l'on sera tenté de « renvoyer » l'aide aux élèves en difficulté aux intervenants du secteur psycho-médical ou de l'enseignement spécialisé.

---

3. Réseau d'aide spécialisée aux élèves en difficulté.
4. Centre médico-psycho-pédagogique.

10. L'ambivalence. Certains enseignants sont à la fois très demandeurs d'aides (et d'aidants) aux élèves en difficulté et très durs, parfois à la limite de la violence et du rejet, dans la présentation de ces derniers. Les élèves aidés ont alors l'impression d'entendre un double langage, de recevoir deux messages simultanés et opposés : « viens, on va t'aider, tu vas y arriver, tu dois y arriver » et « tu es incapable d'y arriver, tu as trop de handicaps, trop de défauts ». Ils sont pris au piège de l'injonction paradoxale : « il faut de l'aide, c'est indispensable, voire urgent » et « ça ne servira à rien ».

Et pourtant, il en faut

On le voit : si l'on n'est pas très vigilant et rigoureux, le remède peut être inefficace ou pire que le mal.

Mais ces constats n'ont d'intérêt que s'ils permettent de repérer ou de proposer des types d'aides et des modes d'intervention plus efficaces... ou/et de réduire ou d'éliminer les risques et les effets pervers les plus fréquents. Sinon la réflexion – c'est le cas de la sociologie critique – produit à son tour des effets pervers. Elle incite, par exemple, professionnels et décideurs à « jeter le bébé avec l'eau du bain ». C'est ainsi que les discours dénonçant « la stigmatisation-ségrégation » servent aujourd'hui à justifier la non-intervention et l'indifférence aux différences. La grande majorité des élèves qui relevaient hier des classes d'adaptation et de perfectionnement ne reçoivent plus (ou quasiment plus) d'aides actuellement, et celui qui propose des aides intenses ou une structure d'aide pour les élèves en grande difficulté de l'école primaire et du collège se voit aussitôt accusé d'être « un agent de la stigmatisation-ségrégation » et un partisan du retour aux « filières de relégation ».

Les élèves en grande difficulté *ont besoin* d'aides spécialisées supplémentaires et de mesures spécifiques : c'est ce qui manque généralement, en élémentaire et au collège, aux 15 % d'élèves qui passent en 6e sans maîtriser les compétences de base de la lecture. Les aides spécialisées peuvent certes être inopérantes ou contre-productives, mais leur effet pervers n'est pas une fatalité : le déterminisme n'existe pas plus dans l'échec de certains élèves que dans l'échec de certains types d'aides.

Corrigé

Commentaire

Les deux textes qui sont soumis à la lecture du candidat proviennent d'un même numéro récent des *Cahiers pédagogiques* sur la question de l'aide aux élèves, mais leurs objets semblent au premier abord si éloignés qu'il convient avant tout de se demander si la notion d'aide n'est pas un fourre-tout privé de toute réelle signification.

Aide sociale, psychothérapie, accompagnement aux mourants, médiation conjugale, assistance juridique, parrainage, cours particuliers, écoute, entraide, petits services entre voisins, entre amis : l'aide concerne en fait tous les aspects de la vie sociale. Elle dépend de particuliers, d'associations, d'institutions. Comment expliquer cette abondance ? D'abord en observant que tout être humain est d'une certaine façon dépendant des autres tout en développant un certain sentiment de responsabilité vis-à-vis d'eux. Puis en constatant que les évolutions de la société, les contraintes de la modernité, génèrent de l'exclusion.

Alors même que les formes d'aide continuent à se multiplier dans bien des champs, on constate non seulement que les résultats obtenus ne correspondent pas toujours à l'investissement, mais aussi que certaines aides produisent des effets pervers.

À l'école, l'idée même d'aide est en fait relativement récente. Elle émerge réellement dans les années 1970, avec le constat que la démocratisation de l'enseignement ne signifie pas la réussite de tous[5], pas plus que la disparition des inégalités sociales devant l'école. Elle se renforce avec la diffusion de la thèse de l'éducabilité cognitive[6] (chacun peut apprendre et progresser si on croit en lui et si on lui apporte l'aide nécessaire), puis avec la scolarisation des enfants et des jeunes handicapés.

Gérard Chauveau propose une réflexion sur les dispositifs d'aide institutionnelle mis en place à l'école. S'il s'intéresse plus particulièrement aux réseaux d'aides spécialisées (les RASED[7]), il serait bon toutefois que le candidat puisse citer quelques-uns des dispositifs existants :

– l'aide préventive à visée compensatoire pour améliorer les résultats scolaires dans des zones défavorisées sur les plans économique et culturel avec les ZEP[8] et les REP, les CP renforcés[9] ;

– les PPAP[10] puis les PPRE[11] ;

---

5. Le collège unique a été mis en place en 1975. Son but est d'accueillir dans un même type d'établissement tous les élèves de la 6e à la 3e et de leur offrir un enseignement identique afin d'élargir et de démocratiser l'accès à l'éducation. Cependant, la difficile gestion de l'hétérogénéité des élèves, le bilan contrasté de la démocratisation, l'insuffisante définition des objectifs du collège unique alimentent le débat qui va jusqu'à remettre en cause la pertinence de la scolarisation obligatoire jusqu'à 16 ans.

6. L'éducabilité cognitive est un courant pédagogique dont le postulat central est que l'intelligence est éducable, c'est-à-dire qu'il est possible de développer, au moyen de démarches et de méthodes spécifiques, des stratégies mentales permettant la réussite dans des apprentissages et l'adaptation à des situations nouvelles. Les trois points d'ancrage de ce courant sont : l'intérêt porté aux **processus d'apprentissage** autant qu'aux résultats ; la valorisation des **démarches métacognitives**, sous leurs deux aspects de métaconnaissances et d'autocontrôle ; la mise en œuvre d'une **pédagogie de la médiation**, que celle-ci soit introduite par l'adulte tuteur, le pair expert ou le savoir lui-même. C'est le « Tous capables ! » du GFEN, Groupe français d'éducation nouvelle, créé en 1922, et présidé, tour à tour, par Paul Langevin, Henri Wallon, et quelques novateurs célèbres.

7. Créés en 1990 à la suite des GAPP, rénovés par la circulaire n° 2002-113 du 30 avril 2002, les RASED ont pour missions, dans le cadre de la cohérence garantie par le projet d'école, de « prévenir les difficultés durables d'apprentissage [et d'] aider à leur dépassement ».

8. Créées en 1981, remplacées par les REP en 1998, les ZEP visent « à renforcer par des moyens sélectifs (…) l'action éducative dans les zones qui concentrent les plus grandes difficultés ». C'est le mot d'ordre « donner plus à ceux qui ont moins » de la discrimination positive appliqué à l'éducation.

9. Dans le cadre de la prévention de l'illettrisme, trois modalités de CP à effectifs réduits ou à encadrement renforcé ont été définies : **les CP à effectifs réduits** (effectifs limités à une douzaine d'élèves par classe) ; **les CP renforcés** par un maître supplémentaire ; **les CP accompagnés** par un assistant d'éducation (qui travaille en co-intervention avec le maître titulaire ou prend des groupes hétérogènes d'élèves lors des activités de lecture et d'écriture).

10. Les PPAP, mis en place en 1998 dans le droit fil des évaluations nationales CE2 et 6e, visent à mettre en place une action spécifique en faveur des élèves en difficulté. Elle prend la forme d'un « programme personnalisé d'aide et de progrès » construit avec l'élève en partenariat avec ses parents. Il s'appuie sur les difficultés particulières de l'élève, mais aussi sur ses réussites et ses motivations.

11. La loi d'orientation du 23 avril 2005 prévoit qu'« à tout moment de la scolarité obligatoire, lorsqu'il apparaît qu'un élève risque de ne pas maîtriser les connaissances et les compétences indispensables à la fin d'un cycle, le directeur d'école ou le chef d'établissement propose aux parents ou au responsable légal de l'élève de mettre en place **un programme personnalisé de réussite éducative** » (article 16).

– l'aide à des publics spécifiques avec les postes CLIN[12], les classes pour les enfants du voyage ;
– l'aide aux élèves en situation de handicap avec les CLIS[13], les enseignants itinérants.

La loi d'orientation de 1989 posait que l'école « ne doit négliger aucun élève ». Dans une politique de prévention des situations d'échec, les cycles sont mis en place et les enseignants sont invités à reconnaître et accepter les différences. Ils sont incités à s'intéresser aux démarches nécessairement singulières des élèves, à mettre en place une pédagogie différenciée où elles pourront pleinement s'exprimer, où chacun pourra atteindre les mêmes objectifs à des rythmes et par des itinéraires variés. Il est demandé à l'école de s'adapter aux élèves qu'elle accueille afin qu'ils tirent profit de leur scolarité. Répondre aux besoins de ceux qui éprouvent des difficultés particulières pour les aider à les surmonter devient un mot d'ordre et justifie, en 1990, la mise en place des réseaux d'aides spécialisées aux élèves en difficulté (RASED). Le réseau doit apporter un élargissement et un enrichissement des possibilités d'ajuster la réponse aux besoins particuliers de l'élève en difficulté. Dans une logique partenariale, son action ne se substitue pas à l'aide apportée par le maître de la classe, elle la complète. Différents rapports se sont interrogés sur la réalité de cette complémentarité et sur l'aide réelle apportée par ce dispositif aux élèves concernés. Gérard Chauveau reprend à son tour cette interrogation. Dans certains cas, le remède n'est-il pas pire que le mal, l'aide mise en place ne contribue-t-elle pas parfois à aggraver la situation ? Il relève, au sujet de l'aide institutionnelle, dix risques majeurs.

Reprenons ici certains d'entre eux qui peuvent concerner toute mesure d'aide à l'école :

– **Le risque de dépendance** : notre système d'éducation vise, au-delà d'apprentissages spécifiques, à développer l'autonomie de l'enfant. Or, toute relation d'aide, en ce qu'elle implique une centration plus grande sur l'enfant, entraîne une dépendance spécifique qui ne pourra être dépassée que si l'aide apportée est intériorisée. La question de l'intériorisation de l'aide a été posée, entre autres, par de nombreuses recherches sur la métacognition. Elles ont étudié comment des mécanismes de régulation externe, visant l'ajustement de l'action mais aussi l'engagement du sujet, pouvaient déboucher sur l'autorégulation, en remettant au sujet de plus en plus de contrôle sur ses propres activités, jusqu'à ce que la tutelle soit intériorisée. Or toutes les aides ne préparent pas leur propre disparition.

---

12. Des structures d'accueil spécifiques ont été mises en place à l'école afin de répondre de façon temporaire et selon des modalités précises aux problèmes rencontrés par les élèves non-francophones nouvellement arrivés en France et qui ne maîtrisent pas suffisamment la langue française, ni les apprentissages (à la différence d'enfants étrangers nés en France ou déjà installés sur le territoire et qui possèdent des acquis). Créées dès 1970, **les classes d'initiation (CLIN)** regroupent des élèves du CP au CM2 pour leur dispenser un enseignement de français langue seconde. Leur rôle est de conduire au plus tôt les enfants à une intégration complète dans les classes ordinaires. Elles fonctionnent en structures ouvertes sur les autres classes de l'école.

13. Les classes d'intégration scolaire (CLIS) ont pour vocation d'accueillir des élèves handicapés dans des écoles ordinaires afin de leur permettre de suivre totalement ou partiellement un cursus scolaire ordinaire. Elles ont été créées par la circulaire n° 91-304 du 18 novembre 1991, remplacée par la circulaire n° 2002-113 du 30 avril 2002. Il existe quatre types de CLIS, différenciées en fonction du handicap des enfants accueillis. Les CLIS 1 accueillent des enfants présentant des troubles importants des fonctions cognitives. Les CLIS 2 accueillent des enfants présentant une déficience auditive grave ou une surdité. Les CLIS 3 accueillent des enfants présentant une déficience visuelle grave ou une cécité. Les CLIS 4 accueillent des élèves présentant une déficience motrice.

– **Le risque de stigmatisation** : c'est le phénomène par lequel une propriété de l'individu le signale comme différent des autres, et le risque existe de ne plus voir en lui que cette propriété. Or mettre en place une aide suppose d'avoir identifié un élève comme ayant des besoins plus importants que ses camarades et le désigne ainsi à leurs yeux. L'élève qui rencontre des difficultés peut devenir un élève en difficulté en acceptant l'identité que lui renvoie le regard des autres. Prendre le risque de la stigmatisation ne se justifie que si l'on apporte de réelles compensations.

– **Le risque de sous-stimulation** : identifier un élève comme étant en difficulté peut conduire à lui proposer moins en quantité et en qualité, à lui proposer des exercices systématiques, à le questionner sur des choses simples, cela sous les bonnes intentions de ne pas le mettre davantage en difficulté, de lui redonner confiance, de lui donner « les bases ». On sollicite moins sa pensée. On ne le met pas en réelle situation d'apprendre.

Tout en faisant une analyse des effets négatifs de ces aides, Gérard Chauveau ne pense pas qu'ils sont de l'ordre de la fatalité. Les connaître, avoir conscience des risques, ne doit pas conduire à la disparition de ces aides mais permettre d'agir avec prudence, de faire des choix responsables.

Jean Julo, chercheur en didactique des mathématiques, milite pour une toute autre forme d'aide, une aide intégrée à l'enseignement même et visant donc l'ensemble des élèves. Son texte, ardu, s'organise en fait autour de deux idées simples.

– Et si aider c'était d'abord mettre en réelle situation d'apprendre, de construire des concepts ?

– Être en situation d'apprendre, c'est être confronté à une situation-problème et disposer à la fois d'un dispositif structurant les interactions et de certaines aides matérielles permettant d'affronter et de résoudre le problème.

Ce texte conduit donc à poser la distinction entre l'aide qui est à la fois un cadre structuré où vont pouvoir se dérouler certaines interactions et l'acte même, et les aides, ponctuelles, verbales, kinesthésiques ou matérielles qui sont fournies par l'enseignant.

On peut synthétiser ainsi ce que Jean Julo propose : le droit des enseignants à aider les élèves reste limité par les exigences de l'institution en termes d'évaluation normative et de sélection.

Ces contraintes limitent aussi les démarches des enseignants qui restent centrés sur la réussite et ne laissent pas suffisamment de temps aux élèves pour qu'ils s'approprient véritablement le problème.

Cela doit donc être la tâche des didacticiens de proposer des outils aux enseignants pour une pratique instrumentée. Ces outils peuvent prendre la forme d'une base de problèmes et d'un ensemble structuré de ressources pour l'élève, conçu à partir de l'analyse des nœuds conceptuels et de l'étude des représentations des enfants sur un savoir donné. Ces ressources seraient notamment des aides à la représentation du but de la tâche.

Les enseignants qui accepteront de mettre en place ces activités de résolution de problème seront invités à favoriser certains types d'interactions, entre eux et les élèves mais également au sein du groupe d'élèves.

Cette démarche de résolution de problème a été proposée par différents auteurs, Britt-Mari Barth[14] ou Philippe Meirieu[15]. Elle a donné lieu à la création de certains outils

14. Voir Barth B.-M. (1987), *L'Apprentissage de l'abstraction*, Retz et (1999), *Le Savoir en construction*, Retz.

15. Voir Meirieu P. (1987), *Apprendre… oui, mais comment ?*, ESF (19e éd., 2004).

(Catégo[16], par exemple). Mais il faut observer que ces outils sont utilisés surtout par les enseignants spécialisés, qu'ils travaillent en réseau, en CLIS ou en établissement.
Quelques grandes questions découlent de ce rapprochement textuel.

– Qui doit aider ?
La réponse institutionnelle est claire. La première aide que doit recevoir l'élève est celle de son maître dans le cadre d'une pédagogie différenciée. Lorsqu'elle s'avère insuffisante, le réseau d'aides spécialisées peut être sollicité et apporter, si cela s'avère pertinent, sa contribution qui est à la fois une aide à l'élève et une aide au maître, notamment par la prise de distance que permettent les échanges. L'intervention du réseau ne signifie en aucun cas que l'élève, étiqueté « en difficulté », ne relève plus des compétences de son enseignant. Par ailleurs, le dispositif n'a de sens que si l'enfant et sa famille sont parties prenantes de ce projet d'aide ou si celui-ci vise d'abord leur implication dans le projet scolaire.

– L'aide vient-elle après une situation d'apprentissage ou fait-elle partie intégrante de cette situation ?
De cette question découle toute la politique actuelle de prévention. Les enseignants doivent connaître les difficultés inhérentes à la construction de certains savoirs, être formés à l'observation du fonctionnement des élèves, à l'analyse de leurs erreurs de manière à prévoir d'emblée des approches diversifiées d'une notion.

– Comment aider les enseignants à aider ?
Les enseignants sont victimes d'injonctions paradoxales. Ils doivent à la fois respecter les rythmes différents des élèves et les amener tous au collège avec au maximum, et cela seulement dans des cas très exceptionnels, deux années de plus que l'âge théorique (un maintien au cycle 1, un autre à l'école élémentaire). Il s'agit d'aider à faire évoluer les représentations, lors de la formation initiale et continue. Sauf que la restriction de l'une comme de l'autre laisse peu de temps pour ce qui ne saurait être une seule diffusion de la « bonne parole », mais qui nécessite de mettre à jour ses propres représentations et de faire un véritable travail sur soi.

Quoi qu'il en soit, qu'elle soit extérieure à l'élève ou qu'elle soit intériorisée, il n'y a pas lieu d'opposer ces deux modalités de l'aide, qui ont tout à gagner à être travaillées dans la complémentarité : l'élève y gagnera une meilleure connaissance de ses modalités d'apprentissage, qui en retour l'aideront à mieux apprendre ; l'enseignant y gagnera des gestes professionnels qui lui permettront de prendre appui sur les stratégies de ses élèves et sur les savoirs déjà là, afin d'être celui qui met en place les conditions de l'aide, pour que l'élève sache y accéder, et pour en être lui-même l'une des modalités.

C. Ourghanlian

---

52 Voir Cèbe S. et Goigoux R. (2002), *Catégo – Apprendre à catégoriser*, Hatier.

4e SUJET CORRIGÉ

Académies de Paris-Créteil-Versailles, 2006

ÉNONCÉ

Dossier : l'exposé porte sur l'étude du document joint.
Le candidat en dégage les idées essentielles (un document peut comprendre un ou plusieurs textes).

Documents
Document 1 : Rabaut Saint-Étienne (1743-1793), *Projet d'éducation nationale.*
Document 2 : Marie, Jean, Antoine Condorcet, *Les Principes de l'instruction publique,* discours à l'Assemblée nationale législative, 2 avril 1792.
Document 3 : François Dubet, Danilo Martucelli (1996), *À l'école,* Seuil.

DOCUMENT 1

Projet d'éducation nationale

L'instruction publique demande des lycées, des collèges, des académies, des livres, des instruments, des calculs, des méthodes, elle s'enferme dans des murs ; l'éducation nationale demande des cirques, des gymnases, des armes, des jeux publics, des fêtes nationales, le concours fraternel de tous les âges et de tous les sexes, et le spectacle imposant et doux de la société humaine assemblée. Elle veut un grand espace, le spectacle des champs et de la nature ; l'éducation nationale est l'aliment nécessaire à tous, l'instruction, le partage de quelques-uns. Elles sont sœurs mais l'éducation nationale est l'aînée. Que dis-je ! c'est la mère commune de tous les citoyens, qui leur donne à tous le même lait, qui les élève et les traite en frères, et qui, par la communauté de ses soins, leur donne un air de ressemblance et de famille qui distingue un peuple ainsi élevé de tous les autres. Toute sa doctrine consiste donc à s'emparer de l'homme dès le berceau, et même avant sa naissance ; car l'enfant qui n'est pas né appartient déjà à la patrie. Elle s'empare de tout homme sans le quitter jamais, en sorte que l'éducation nationale n'est pas une institution pour l'enfant, mais pour la vie tout entière.

Rabaut Saint-Étienne (1743-1793)
Pasteur, il est ami avec Boissy d'Anglas. Il est élu aux états généraux par le tiers de Nîmes. Il préside la Constituante et milite pour la liberté de culte. Il publie une

histoire de la Révolution française en 1791. Il est élu en septembre 1792 à la Convention où il siège parmi les Girondins. Il est opposé à l'exécution de Louis XVI et fait partie de la Commission des Douze, chargée d'enquêter sur la Commune de Paris. Décrété d'arrestation le 2 juin 1793, il se cache mais finit par être pris et exécuté le 5 décembre 1793.

DOCUMENT 2

Les principes de l'instruction publique

Messieurs,

Offrir à tous les individus de l'espèce humaine les moyens de pourvoir à leurs besoins, d'assurer leur bien-être, de connaître et d'exercer leurs droits, d'entendre et de remplir leurs devoirs. Assurer à chacun d'eux la facilité de perfectionner son industrie, de se rendre capable des fonctions sociales auxquelles il a droit d'être appelé, de développer toute l'étendue des talents qu'il a reçus de la nature, et par là, établir entre les citoyens une égalité de fait, et rendre réelle l'égalité politique reconnue par la loi. Tel doit être le premier but d'une instruction nationale et, sous ce point de vue, elle est pour la puissance publique un devoir de justice. Diriger l'enseignement de manière que la perfection des arts augmente les jouissances de la généralité des citoyens et l'aisance de ceux qui les cultivent, qu'un plus grand nombre d'hommes deviennent capables de bien remplir les fonctions nécessaires à la société, et que les progrès toujours croissants des lumières ouvrent une source inépuisable de secours dans nos besoins, de remèdes dans nos maux, de moyens de bonheur individuel et de prospérité commune.

Cultiver enfin, dans chaque génération, les facultés physiques, intellectuelles et morales, et, par là, contribuer à ce perfectionnement général et graduel de l'espèce humaine, dernier but vers lequel toute institution sociale doit être dirigée.

Tel doit être l'objet de l'instruction ; et c'est pour la puissance publique un devoir imposé par l'intérêt commun de la société, par celui de l'humanité entière. (...) Nous avons pensé que, dans ce plan d'organisation générale, notre premier soin devait être de rendre, d'un côté, l'éducation aussi égale, aussi universelle ; de l'autre, aussi complète que les circonstances pouvaient le permettre ; qu'il fallait donner à tous également l'instruction qu'il est possible d'étendre sur tous, mais ne refuser à aucune portion de citoyens l'instruction plus élevée, qu'il est impossible de faire partager à la masse entière des individus ; établir l'une, parce qu'elle est utile à ceux qui la reçoivent ; et l'autre, parce qu'elle l'est à ceux même qui ne la reçoivent pas. La première condition de toute instruction étant de n'enseigner que des vérités, les établissements que la puissance publique y consacre doivent être aussi indépendants qu'il est possible de toute autorité politique. (...) Nous avons observé, enfin, que l'instruction ne devait pas abandonner les individus au moment où ils sortent des écoles ; qu'elle devait embrasser tous les âges ; qu'il n'y en avait aucun où il ne fût utile et possible d'apprendre, et que cette seconde instruction est d'autant plus nécessaire, que celle de l'enfance a été resserrée dans des bornes plus étroites.

Condorcet (1743-1794)

Encyclopédiste, ami de Turgot, il publie à 22 ans un essai sur le calcul intégral. Il mène des recherches en mathématiques, en économie et en philosophie. Il est nommé en 1774 inspecteur général des Monnaies. Il est membre fondateur de la Société des amis des Noirs avec Brissot, Mirabeau, et Clavière en 1788. Puis il devient membre d'un club constitutionnel, la Société des Trente, qui se réunit chez Duport en novembre 1788. Il publie le 3 juillet 1790 un essai sur l'admission des femmes au droit de cité, favorable au vote des femmes. Le 8 juillet 1791, il fait l'apologie de la république dans un essai intitulé *De la République, ou un roi est-il nécessaire à la conservation de la liberté ?*. Il présente à l'Assemblée législative les 20 et 21 avril 1792 son rapport sur l'instruction publique sans convaincre l'assemblée. Il est élu au bureau de la Convention le 20 septembre 1792, avec Pétion pour président, et au comité de Constitution le 11 octobre 1792. Après l'arrestation des Girondins, il est dénoncé le 8 juillet 1793 pour ses amitiés girondines et son opposition à la Constitution de 1793, et décrété d'arrestation. Il se réfugie chez Mme Vernet. Il rédige dans la clandestinité son *Esquisse d'un tableau historique des progrès de l'esprit humain*. Il en achève la rédaction le 4 octobre 1793. Arrêté le 27 mars 1794, il se suicide le lendemain[1].

Document 3

À l'école

Tout système scolaire doit remplir trois « fonctions » essentielles et peut être défini par la manière dont il les hiérarchise et les articule. Ici le mot fonction reste largement métaphorique ; il désigne moins une nécessité du système social dans son ensemble, que l'ensemble des problèmes que tout système scolaire est tenu de régler et par rapport auxquels il ne peut éviter de se définir. Si ce n'étaient ses connotations « fonctionnalistes », justement, le mot fonction est parfaitement acceptable et utile pour décrire les contraintes imposées à toute action organisée.

– La « fonction » de distribution tient au fait que l'école attribue des qualifications scolaires possédant une certaine utilité sociale dans la mesure où certains emplois, positions ou statuts sont réservés aux diplômés. L'école répartit des « biens » ayant une valeur sur les marchés professionnels et la hiérarchie des positions sociales. Longtemps limitée par l'étroitesse du recrutement des cycles secondaire, professionnel et supérieur, cette fonction n'a cessé de s'élargir avec le double mouvement de multiplication des diplômes et des emplois qualifiés. C'est le plus souvent par le biais de cette fonction que la sociologie s'est intéressée à l'école, en lui posant deux questions essentielles. La première est celle du rapport entre la distribution des qualifications scolaires et la distribution des positions sociales des élèves entrant dans le système : quelles sont les chances des enfants issus des divers groupes sociaux d'accéder aux qualifications scolaires ? En aval du système, quels sont les effets des qualifications scolaires sur la stratification sociale ? Ces questions sont moins centrées sur l'école elle-même que sur la place du système scolaire dans les mécanismes globaux de mobilité sociale.

– La deuxième « fonction » de l'école est celle que nous pouvons qualifier d'éducative, afin de la démarquer le plus nettement possible de la fonction de socialisation. Alors que la socialisation vise l'intégration dans un système et une société, la fonction d'éducation est liée au projet de production d'un type de sujet qui n'est pas totalement adé-

1. Note de Daniel Calin : idée répandue, mais fausse, puisque Condorcet est mort dans sa cellule, deux jours après son arrestation, victime d'un œdème pulmonaire.

quat à son « utilité » sociale. Dans l'évolution pédagogique en France, Durkheim souligne fortement cette dimension de l'école, produit du projet chrétien de transformation des individus, et c'est pour cette raison que toute école est nécessairement « hors du monde » et qu'elle en appelle à des principes généraux qui fondent une capacité critique et d'individualisation. Les débats sur la culture scolaire, sur les « valeurs », sur l'autonomie de l'école et de la société, sur les projets éducatifs ne peuvent pas être tenus pour de simples expressions idéologiques des fonctions « réelles » de l'école ; ils participent de la construction d'une double distance de l'école à la structure sociale d'une part, à la culture quotidienne de l'autre. Même si cette dimension du système scolaire n'est parfaitement visible que dans les moments de changement et de rupture propices aux affirmations de principes, comme dans les grandes époques de la « guerre scolaire » en France ou dans les ruptures révolutionnaires, il reste que cette fonction éducative est présente dans tout système éducatif, dans une mesure qui ne peut être considérée comme une simple adaptation au monde tel qu'il est.

– La troisième « fonction » scolaire est celle de la socialisation. L'école produit un type d'individu adapté à la société dans laquelle il vit et reprenant l'héritage que toute éducation transmet. En même temps que l'école est un appareil de distribution des positions sociales, elle est un appareil de production des acteurs ajustés à ces positions. C'est pour cette raison que les théoriciens de la reproduction ont souligné le fait que celle-ci était à la fois sociale et culturelle ; reproduction des individus et reproduction des positions qu'ils occupent. La socialisation scolaire, qui n'est pas toute la socialisation, se déroule dans une organisation scolaire caractérisée par une « forme » scolaire, un ensemble de règles, d'exercices, de programmes et de relations pédagogiques résultant de la rencontre d'un projet éducatif et d'une structure des « chances sociales ». L'acteur est considéré comme un élève tenu d'apprendre des rôles et un « métier » à travers lesquels il intériorise des normes et des aptitudes qui implantent les dispositions lui permettant d'entrer dans la société.

François Dubet

François Dubet est sociologue, professeur à l'université de Bordeaux II et chercheur au CADIS (Centre d'analyse et d'intervention sociologique) à l'École des hautes études en sciences sociales. Il a publié *Les Lycéens* dans les dossiers « Éducation et Formation » de la division de l'évaluation et de la prospective au ministère de l'Éducation nationale – mai 1991. *Les Quartiers d'exil,* co-écrit avec Didier Lapeyronie – Seuil, collection « L'épreuve des faits », septembre 1992 ; « Les mutations du système scolaire et les violences à l'école » dans les *Cahiers de la sécurité intérieure* – n° 15, 1er trimestre 1994.

Danilo Martucelli

Danilo Martucelli est chercheur en sociologie au CNRS (CLERSE, Lille).

Corrigé

Commentaire

Ce dossier porte sur une problématique souvent abordée à l'épreuve orale des concours de recrutement de professeurs des écoles : la question des finalités de l'école. Il s'agit d'un document de bonne tenue, composé de textes d'auteurs significatifs : Condorcet est un philosophe majeur et François Dubet un sociologue contemporain largement reconnu. Le dossier a l'intelligence de placer la question des finalités de l'école dans une perspective historique, en juxtaposant deux textes typiques de la période révolutionnaire et un texte d'auteurs contemporains représentatifs des conceptions dominantes actuelles en ce domaine.

De par cette structure du dossier, les examinateurs attendaient à l'évidence du candidat qu'il tire profit de cette intéressante mise en perspective historique. Cela supposait une culture historique suffisante, étonnamment rare chez les candidats, alors même que **l'histoire de l'école** figure explicitement au programme de l'épreuve[2]. Il fallait donc, après avoir explicité rapidement la problématique très évidente de ce dossier, dégager les continuités et souligner les évolutions, en particulier entre le texte de Condorcet et celui de François Dubet et Danilo Martucelli.

Un candidat subtil aurait pu commencer par mettre au jour les différences entre les deux textes de la période révolutionnaire. Rabaut Saint-Étienne[3] comme Condorcet sont des Girondins, qui ont payé de leur vie leur commune modération, chacun à sa façon. Pourtant, le texte de Rabaut Saint-Étienne a par certains côtés des accents beaucoup plus radicaux que celui de Condorcet, à la fois plus visionnaire et plus réaliste. Lorsque Rabaut Saint-Étienne affirme que l'éducation nationale doit « s'emparer de l'homme dès le berceau », il anticipe sur le projet montagnard radical de Le Peletier de Saint-Fargeau, qui prévoyait, pour assurer l'obligation scolaire primaire universelle, d'imposer un **internat obligatoire** pour tous les enfants sans exception, de 5 à 12 ans pour les garçons, 11 ans pour les filles. Le Peletier de Saint-Fargeau proposait d'« opérer une entière régénération, et, si je peux m'exprimer ainsi, de créer un nouveau peuple » : comme dans le texte de Rabaut Saint-Étienne, le projet éducatif primait absolument sur la volonté d'instruire. Rabaut Saint-Étienne est d'ailleurs clairement favorable à une **éducation nationale** universelle, mais pas du tout à une **instruction publique** universelle : « l'éducation nationale est l'aliment nécessaire à tous, l'instruction, le partage de quelques-uns. » De telles positions sont aujourd'hui difficilement compréhensibles. Il faut savoir, à l'encontre de représentations fort répandues, que nombre de révolutionnaires étaient méfiants par rapport à l'instruction. Beaucoup de révolutionnaires modérés, comme Rabaut Saint-Étienne, se situent dans la lignée de Voltaire, qui a écrit : « On n'a besoin que d'une plume pour deux ou trois cents bras. » Pour ces républicains « bourgeois », l'instruction de la population laborieuse est au mieux inutile, au pire dangereuse. Mais nombre de révolutionnaires radicaux, pour des raisons opposées, sont tout aussi réticents par rapport à l'instruction des milieux populaires : ils craignent que l'instruction ne lamine les ardeurs révolutionnaires des sans-culottes. La Révolution a donc souvent vu une étrange alliance entre les républicains les plus modérés et les révolutionnaires les plus radicaux pour limiter les perspectives de développement de l'instruction populaire, à l'encontre de visionnaires comme Condorcet, somme toute alors très minoritaires. Par contre, tous les

---

2. Voir Daniel Calin, Claudine Ourghanlian et Pascal Ourghanlian (2006), n° 3, *L'Épreuve orale d'entretien*, coll. « Concours professeur des écoles », Vuibert. L'ouvrage comporte un chapitre intitulé « Histoire de la scolarisation ».

3. De son vrai nom : Jean-Paul Rabaut de Saint-Étienne.

républicains s'accordaient sur la nécessité d'une éducation populaire pour lutter contre les obscurantismes et la menace monarchiste en façonnant les citoyens ardents dont la République en armes avait grand besoin.

Condorcet propose bien, lui, une **instruction** nationale universelle. Il anticipe ainsi sur le grand mouvement de démocratisation de la scolarisation qui va prendre son essor au fil du XIXe siècle, et qui est toujours en cours. Par rapport à Rabaut Saint-Étienne, l'originalité de Condorcet, et probablement sa « modernité », est de n'opposer jamais instruction et éducation. Il est même impossible, dans son texte, de dissocier ces deux concepts, tant « les progrès toujours croissants des lumières » et le « perfectionnement général et graduel de l'espèce humaine » semblent aller de pair. Plus fondamentalement peut-être, il ne sépare pas « les facultés physiques, intellectuelles et morales », qu'il propose de développer également et conjointement. Approche globale de l'homme, dirait-on aujourd'hui. On pouvait noter que, si Condorcet ne croit pas à l'égalité des « talents (...) reçus de la nature », il exige cependant que « l'instruction la plus élevée » soit accessible à tous les citoyens en mesure de la recevoir : c'est ici sur l'élitisme républicain, très caractéristique de la société française contemporaine, qu'il anticipe[4]. Autre anticipation, certainement la plus remarquable, Condorcet évoque la notion d'éducation permanente : « l'instruction (...) devait embrasser tous les âges. »

Des trois fonctions de la scolarisation distinguées par François Dubet et Danilo Martucelli, seule la seconde est en relation claire avec les deux textes précédents : il s'agit de ce que ces auteurs proposent de nommer la « fonction éducative », dont ils écrivent d'ailleurs qu'elle ne devient clairement perceptible que « dans les ruptures révolutionnaires ». Ces auteurs distinguent soigneusement cette fonction éducative de la « fonction de socialisation ». Cette distinction méritait une explication, tant elle prend à contre-pied des confusions théoriques très en vogue ces dernières décennies. La « socialisation » dont il est question pour cette troisième question est centralement adaptative. Elle consiste à façonner les individus en fonction des exigences de leurs futurs rôles sociaux, métier inclus. Au contraire, « la fonction d'éducation est liée au projet de production d'un type de sujet qui n'est pas totalement adéquat à son "utilité" sociale ». Autrement dit, la « fonction éducative », telle que la définissent François Dubet et Danilo Martucelli, est irréductible à la seule adaptation aux nécessités de la vie dans la société en place. Ancrée historiquement dans le « projet chrétien de transformation des individus[5] », elle ne cesse d'être reprise, sous des formes plus ou moins visibles, par la majorité des discours éducatifs contemporains. Ce projet a une dimension politique récurrente : de la période révolutionnaire à nos jours, l'école est toujours chargée de forger un esprit républicain, d'éduquer à la citoyenneté, ce qui passe par la promotion de valeurs fort éloignées des réalités sociales dominées par une course aux profits et aux pouvoirs sans fin et sans frein. *A minima*, l'école est chargée de la promotion du rationalisme et de l'esprit critique, alors que les médias dominants ne cessent de promouvoir les obscurantismes de toutes sortes et la servilité à l'égard de l'idéologie « libérale ».

4. Voir Éric Maurin, « La véritable idéologie française, c'est l'élitisme républicain », *Le Monde Économie*, mardi 4 octobre 2005.

5. Voir sur ce point les travaux, aussi essentiels que méconnus, de Louis Dumont (1911-1998) : (1977) *Homo æqualis I*, Gallimard et (1983) *Essais sur l'individualisme*, Seuil.

La « fonction de distribution » de François Dubet et Danilo Martucelli fait écho au premier paragraphe du texte de Condorcet. Condorcet justifie en premier lieu son « instruction nationale » par les avantages liés à une meilleure préparation de chacun à « son industrie », à son « art », à ses « fonctions sociales », par le développement de ses « talents » : on est bien proche des liens entre les « qualifications scolaires » et la distribution des emplois évoqués par François Dubet et Danilo Martucelli. Évidemment, la perspective n'est pas du tout la même. Condorcet voit dans la préparation scolaire aux futurs emplois à la fois un puissant ressort de l'augmentation des « jouissances de la généralité des citoyens » par l'amélioration de la production des biens et des services induite par une meilleure qualification de tous ceux qui concourent à cette production, et le meilleur moyen de « rendre réelle l'égalité politique reconnue par la loi » par cet ennoblissement de tous les métiers. On pense ici au saint-simonisme et à ses illusions concernant une convergence d'intérêts entre industriels et ouvriers.

Condorcet écrit avant l'industrialisation de la France, qui, loin de reposer sur le développement des qualifications de chacun, a détruit les qualifications artisanales traditionnelles, déqualifié et « prolétarisé » la grande majorité des ouvriers. Si les modes contemporains de production, avec le développement explosif de tous les automatismes, induisent un vif mouvement de requalification d'une bonne partie des emplois, il n'en reste pas moins que cela n'induit aucun resserrement de l'organisation hiérarchique des métiers, bien au contraire. Loin de prolonger l'égalité politique par une égalisation progressive des emplois, l'histoire post-révolutionnaire a été marquée par la substitution d'une hiérarchie des fonctions dans l'appareil productif à la hiérarchie ancienne de la naissance, une nouvelle hiérarchie de la naissance resurgissant d'ailleurs par le biais de la propriété capitalistique. De ce fait, en préparant aux métiers, le système scolaire prépare à l'insertion dans un monde extrêmement hiérarchisé, aux antipodes des espérances égalitaires et démocratisantes exprimées par Condorcet. D'où sa mise en accusation comme instrument-clé de la reproduction des inégalités sociales, dès lors que l'on peut aisément constater que la différenciation naturelle des talents évoquée par Condorcet tend à se calquer étrangement sur les appartenances socioprofessionnelles des parents[6]. Mise en accusation d'autant plus forte que la seconde moitié du XXe siècle a connu, comme le notent François Dubet et Danilo Martucelli, un « double mouvement de multiplication des diplômes et des emplois qualifiés ».

On le voit, ce document, relativement simple en première lecture, est nettement plus complexe qu'il n'y paraît. Les textes qui le composent se rencontrent beaucoup moins que ne peut le laisser supposer une lecture paresseuse. Or, c'est sur les écarts entre ces textes que les candidats pouvaient le plus intelligemment rebondir pour construire la réflexion personnelle qui leur était demandée.

Plusieurs directions étaient envisageables.

Le candidat pouvait reprendre la distinction entre « instruction » et « éducation », relancée depuis une vingtaine d'années par des débats idéologiques virulents. Ce n'était peut-être pas le meilleur choix. D'abord, ces débats sont essentiellement l'affaire d'enseignants du secondaire et du supérieur : à l'école primaire, la distinction entre instruire et édu-

6. Voir Pierre Bourdieu et Jean-Claude Passeron (1970), *La Reproduction (Éléments pour une théorie du système d'enseignement)*, Éditions de Minuit.

quer n'a au mieux qu'une pertinence limitée, surtout dans les petites classes ! Ensuite et surtout, ces débats semblent d'autant plus flamboyants qu'ils sont inconsistants sur le fond. Les candidats ne pouvaient s'aventurer dans ces eaux troubles qu'à la condition de faire preuve d'intelligence : dans un contexte qui ne s'y prête guère, cela supposait de leur part un solide esprit critique, appuyé sur des références sérieuses. Il était par exemple tentant de faire remarquer que les partisans de la pure « instruction » ne cessent de se référer à un passé dont les textes de Rabaut Saint-Étienne et Condorcet montrent clairement à eux seuls à quel point il relève d'une reconstruction mystificatrice. Non seulement la préoccupation « éducative » n'est pas une aberration des évolutions récentes, « post-soixante-huitardes », de notre système éducatif, mais cette préoccupation est profondément ancrée, depuis la Révolution elle-même, dans l'histoire de notre système éducatif, dans laquelle elle a joué un rôle plus ancien et plus moteur que la volonté d'instruire. Pour Condorcet, on l'a vu, l'opposition entre éducation et transmission des savoirs est même strictement incompréhensible. Il est en cela le parfait héritier des Lumières, autre référence choyée des « républicains » prétendus, zélotes de la pure instruction, qui se caractérisaient en réalité par une confiance absolue dans le caractère éducatif de la transmission des « Lumières » des savoirs rationnels et scientifiques.

Les candidats pouvaient aussi se risquer à des réflexions, très politiques, autour de la rupture entre les convictions de Condorcet concernant la distribution naturelle de talents différenciés et l'évocation par François Dubet et Danilo Martucelli des théories bourdieusiennes concernant la construction des hiérarchies sociales et le rôle éminent du système scolaire dans leur reproduction. Une certaine forme de pensée politique de gauche, fort présente chez les professeurs des écoles, même les moins politisés, tend à promouvoir un idéal d'égalité absolue entre les enfants, qui leur fait rejeter toute différenciation un tant soit peu significative comme discriminatoire et anti-démocratique. Même la promotion de la différenciation pédagogique par les ministères successifs depuis une quinzaine d'années se fait toujours seulement au nom de voies différentes pour parvenir **au même but**, de préférence **au même moment** qui plus est. La notion récente de « socle commun » est le dernier avatar de cette idéologie égalitariste. On peut faire remarquer l'opposition flagrante entre la montée en puissance de cet égalitarisme éducatif et la réalité d'un monde professionnel qui ne cesse d'accentuer le mouvement de technicisation et de spécialisation des métiers. À moins d'admettre que ce « socle commun » soit le dernier rempart face à l'atomisation sociale induite par l'explosion de la différenciation des métiers, conception pour le moins incertaine. Face à cette idéologie égalitariste, qui résiste si mal à la confrontation aux réalités chatoyantes des enfants, l'évocation par Condorcet de la diversité naturelle des talents peut passer pour de simple bon sens. À condition d'interroger sérieusement cette « nature », dont les dimensions sociologiques, culturelles et psychologiques peuvent aisément se montrer. Même en étant attaché au principe éthique de l'égale dignité des êtres humains et au principe politique de l'égalité universelle des droits et devoirs, il peut sembler possible, voire souhaitable, de conserver l'idéal éducatif esquissé par Condorcet, dans lequel il s'agit plus d'aider chacun à développer au mieux ses talents, d'où qu'ils viennent et quels qu'ils soient, que de couler chacun dans on ne sait trop quel « socle commun », ou quelle « culture commune ». Le professeur des écoles comme jardinier des différences ?

Plus « classique » ou plus « pédagogique », les candidats pouvaient aussi, à partir des deux premiers textes et de la notion de « fonction éducative » dans le texte de François Dubet et Danilo Martucelli, proposer une réflexion sur l'éducation à la citoyenneté à l'école primaire. Selon Rabaut Saint-Étienne, « l'éducation nationale demande des cirques, des gymnases, des armes, des jeux publics, des fêtes nationales, le concours fraternel de tous les âges et de tous les sexes, et le spectacle imposant et doux de la société humaine assemblée ». On pouvait partir de cette affirmation. Elle est certes fortement connotée par la situation politique agitée de l'époque où Rabaut Saint-Étienne écrit, mais elle n'est pas sans échos actuels. On peut en retenir l'idée qu'une éducation citoyenne ne saurait être seulement ni même essentiellement livresque, mais qu'elle exige au contraire une expérience directe de la vie d'une société, en particulier de ses moments collectifs les plus forts. Pour des élèves plus âgés, on pouvait avoir l'impertinence de soutenir que c'est leur participation à des mouvements sociaux qui constitue pour eux la meilleure école de la citoyenneté : c'est bien là l'exact équivalent actuel de l'affirmation de Rabaut Saint-Étienne. Pour des enfants, pour les élèves de l'école primaire, en particulier ceux de l'école élémentaire, déjà spontanément très engagés dans une vie groupale à leur échelle, c'est la participation à la vie collective de la classe et de l'école qui est effectivement la meilleure école de la citoyenneté. Encore faut-il souligner que cela engage tout autre chose que l'injonction magistrale rituelle concernant le ramassage des papiers dans la classe ou dans la cour, comme on l'entend trop souvent lors des épreuves orales du concours ! Être citoyen, ce n'est pas se soumettre à une norme sociale, aussi justifiée soit-elle. Être citoyen, ce n'est pas non plus être gentil et respectueux avec les autres. Être citoyen, c'est, exclusivement, concourir à la définition des lois qui régissent la société dans laquelle on vit. Par le vote, certes, mais aussi par la participation à des associations, à des pétitions, à des débats publics, à des manifestations, voire même à des révolutions !

À l'échelle de l'enfant, se préparer à devenir citoyen, c'est concourir à la définition des règles de vie dans les groupes auxquels il participe, et non pas se soumettre aux règles en place dans ces groupes sans avoir jamais participé en rien à leur élaboration. Il est assez étonnant, et affligeant, d'entendre tant de jeunes candidats à l'enseignement continuer à confondre conformité et citoyenneté, et plus encore civilité et citoyenneté ! Les pratiques pédagogiques à évoquer ici étaient donc nécessairement à enraciner dans les grands modèles en ce domaine que sont la pédagogie coopérative initiée par Freinet, ou la pédagogie institutionnelle[7]. N'éduquent à la citoyenneté que les activités à travers lesquelles les enfants participent à la régulation de leur cadre collectif de vie : conseils d'enfants, gestion par les enfants de la coopérative de la classe, élaboration et conduite de projets par les enfants eux-mêmes, etc.

D. Calin

7. Voir par exemple Aïda Vasquez, Fernand Oury (1981), *De la classe coopérative à la pédagogie institutionnelle*, La Découverte.

5e SUJET CORRIGÉ

Académie d'Amiens, 2006

ÉNONCÉ

Document

Jean-François Vincent, président de l'OCCE, « La construction du rapport à la loi », article paru dans la revue *Animation et Éducation,* janvier/février 2005, n°184.

DOCUMENT

Dans un ouvrage à paraître, en 2005, chez Delagrave[1], Jean-François Vincent, auteur et président de l'Office central de la coopération à l'école, consacre un chapitre au thème de « la construction du rapport à la loi », dont nous reproduisons, ici, un extrait avec son aimable autorisation.

La construction du rapport à la loi

Faire apparaître la loi et les règles, non comme un (but) absolu mais comme un moyen nécessaire à la vie en société, est une des tâches que l'institution scolaire se doit d'assumer aujourd'hui. Mais respecter la loi et les règles suppose, aussi, pour chacun – adulte ou jeune –, non seulement de les connaître, mais aussi et surtout de pouvoir participer à leur élaboration, de pouvoir mettre en œuvre des procédures de modification.

En effet, si l'exercice des libertés du citoyen responsable implique nécessairement l'existence de contraintes, de sanctions, de dispositifs de réparation et d'indemnisation, on peut dire que, réciproquement, les devoirs, les interdits, les règlements n'ont de sens que parce qu'ils viennent réguler, encadrer l'exercice des libertés individuelles ou collectives. (...)

Donner du sens à la loi

Donner du sens à la loi, c'est faire apparaître cette dernière comme un élément indispensable de la vie en commun, comme une garantie de l'exercice des libertés. Encore faut-il que les élèves « apprentis-citoyens » aient effectivement la possibilité de s'exercer à la responsabilité dans un espace leur permettant une réelle liberté d'action.

Le statut d'élève apprenti-citoyen et sujet de droit

Si les élèves de maternelle, d'élémentaire et de collège ne sont pas des citoyens à part entière, ils sont déjà des sujets de droit et nombre de lycéens, quant à eux, sont déjà, pour leur part, adultes.

1. Titre provisoire : *Éduquer activement à la citoyenneté solidaire.*

La loi du 10 juillet 1989 et le décret du 18 février 1991 définissent les droits des élèves au sein de l'Éducation nationale : droit d'expression, de réunion, d'association, de publication... Ces textes reprennent les éléments clés de la Convention internationale des droits de l'enfant qui stipule, par exemple, concernant le droit d'expression, que les États-membres « garantissent à l'enfant qui est capable de discernement le droit d'exprimer librement son opinion sur toute question l'intéressant, les opinions de l'enfant étant dûment prises en considération eu égard à son âge et à son degré de maturité ».

Voici pour les aspects législatifs, mais qu'en est-il au juste de l'application de ces principes dans les établissements scolaires ? Les élèves sont-ils effectivement considérés comme des « apprentis citoyens », sujets de droit ? (...)

L'espace de liberté et de responsabilité des élèves

Les droits légalement reconnus aux élèves doivent, « en principe », se trouver dans tous les règlements scolaires et guider l'écriture des « règles de vie » des classes.

Mais il y a, parfois, une distance assez grande entre le principe formel et sa réalité. En fait, l'espace de liberté et de responsabilité (c'est-à-dire le cadre à l'intérieur duquel les élèves vont pouvoir progressivement s'exercer à devenir libres et responsables) varie de façon assez sensible.

Cet espace de liberté est délimité par un certain nombre d'éléments.

D'abord, il est encadré par des textes constitutionnels, législatifs et réglementaires qui s'imposent à tous, dans et hors l'école. Les principes qu'ils exposent ne sont pas négociables dans le cadre scolaire : le respect des biens et des personnes, l'obligation d'assiduité ou le contenu des programmes de mathématiques, par exemple, ne sont pas dépendants de la volonté des enseignants et des élèves ; ils ne sont pas négociables.

À l'intérieur de ce cadre contraint, l'espace de liberté et de responsabilité des élèves est également défini par un certain nombre d'interdits, de droits, de devoirs caractéristiques du projet éducatif (explicite ou non) de l'enseignant ou de l'établissement : l'interdiction ou le droit de jouer au ballon durant la récréation, l'interdiction ou le droit de se rendre seul aux toilettes, l'obligation de se lever quand un adulte entre dans la classe, etc. Autant de variables qui rendent l'espace de liberté des élèves plus que fluctuant.

L'espace de liberté : des contours fluctuants

Les différentes définitions de l'espace de liberté, de l'espace d'autonomie et de responsabilité des élèves peuvent s'expliquer, bien entendu, par les différences d'âge, de discernement ou de maturité des élèves : il peut, par exemple, être strictement interdit à des élèves de cycle 1 de sortir seuls de la classe, alors que cela peut être autorisé dans une classe de cycle 3. Il peut être interdit à des élèves de sixième de rester seuls en classe, alors que cela peut être accepté pour des élèves de seconde.

Mais les différences de définition de l'espace de liberté dépendent bien souvent, avant tout, du seul arbitraire d'enseignants « souverains », décidant sans négociation, en fonction de leur projet éducatif (explicite ou non) ou de leurs conceptions éducatives (quand ce n'est de leurs lubies ou manies), des droits, des interdits, des obligations des élèves.

Dans de telles conditions, il est logique que cet espace de liberté, pourtant encadré par des contraintes législatives et réglementaires identiques, fluctue d'un établissement à l'autre, quand ce n'est d'une classe à l'autre : ce qui est toléré par tel enseignant peut très bien être rigoureusement interdit par tel autre enseignant d'une même discipline ou d'une même classe. Certains droits reconnus « légalement » aux élèves peuvent s'exercer de façons fort différentes d'un établissement à l'autre (prenons, par exemple, la place et le rôle des délégués en collège ou lycée).

Comment espérer, dans de telles conditions, faire apparaître la « loi » comme un élément « régulateur » de la vie sociale ? (...)

L'école, espace de droits effectifs et affectifs

Respecter les principes fondamentaux du droit et mettre en œuvre, de façon effective et progressive, l'apprentissage de la liberté et de la responsabilité devraient être des objectifs prioritaires de nombreux projets d'établissements, tant ils sont porteurs de modifications en profondeur du climat de l'école, des pratiques pédagogiques et représentent les conditions nécessaires d'une réelle construction du rapport à la loi.

Mais si la mise en œuvre de ces droits et principes « légaux », déclinaison pour mineurs « des droits de l'homme et du citoyen », est nécessaire à l'action éducative, elle est loin d'en définir la condition suffisante.

Les élèves, tout au moins pour leur majeure partie, sont, avant tout, des enfants ou des adolescents et, à ce titre, ils doivent pouvoir bénéficier d'un certain nombre de droits liés à des besoins affectifs, physiologiques… spécifiques.

Philippe Perrenoud a établi la liste des droits imprescriptibles des élèves.

Les droits imprescriptibles des élèves[2]

1. Le droit de ne pas être constamment attentif.
2. Le droit à son for intérieur.
3. Le droit de n'apprendre que ce qui a du sens.
4. Le droit de ne pas obéir six à huit heures par jour.
5. Le droit de bouger.
6. Le droit de ne pas tenir toutes ses promesses.
7. Le droit de ne pas aimer l'école et de le dire.
8. Le droit de choisir avec qui l'on veut travailler.
9. Le droit de ne pas coopérer à son propre procès.
10. Le droit d'exister comme personne.

Quels droits ajouteriez-vous ou quels sont ceux que vous supprimeriez ? Pour quelle raison ?

« On peut avoir l'impression que, même s'il y adhère intellectuellement, un enseignant ne saurait respecter intégralement les droits de l'apprenant sans compromettre sa mission. Est-ce bien sûr ? Nul n'apprend vraiment, durablement, sous la contrainte, dans la peur ou le stress, l'ennui ou le non-sens. La véritable difficulté, c'est d'aller seul à contre-courant. On "hérite" alors d'élèves que leur culture, produit de leur expérience scolaire, rend incapables de revenir à un rapport ludique et détendu au savoir. Le temps d'une année scolaire est trop court pour défaire la passivité, la résignation, le cynisme ou les stratégies de fuite qu'ont engendrés des années de scolarité. D'où l'importance d'aller vers les pédagogies actives et les didactiques nouvelles dans le cadre d'une équipe et d'un projet d'établissement, avec une cohérence sur l'ensemble du cursus et l'accord de l'institution...[3] »

2. Philippe Perrenoud, « Les droits imprescriptibles de l'apprenant ou comment rendre le métier d'élève plus vivable », *Éducations* n° 1, déc. 1994-janv. 1995.

3. Philippe Perrenoud, « Les droits imprescriptibles de l'apprenant ou comment rendre le métier d'élève plus vivable », *Éducations* n° 1, déc. 1994-janv. 1995.

L'articulation droits/obligations : règles de vie et règlements

La liste de ces droits est évolutive. La classe étant un lieu d'émancipation, la capacité d'autonomie des élèves augmentant avec l'âge, la liberté et les responsabilités vont croître au cours de la scolarité. Il est donc tout à fait logique que l'espace de responsabilité des élèves diffère entre le début et la fin de l'année, entre une classe de cycle 2 et une classe de cycle 3 ou de collège.

En s'inspirant des travaux issus de la pédagogie institutionnelle, des enseignants symbolisent ces différences de droits au moyen des ceintures de comportement : un élève ayant une ceinture noire dispose d'un degré d'autonomie plus grand qu'un élève ayant une ceinture orange, lequel dispose d'un espace de liberté plus grand que ses camarades ayant une ceinture blanche.

Il s'agit de ceintures symboliques, attribuées en conseil après demande de l'élève et analyse de son comportement. Si l'élève a fait la preuve du respect des engagements liés à son niveau de liberté et de responsabilité, il peut accéder à de nouveaux droits.

Les sanctions : la responsabilité « pénale »

Les règles de vie envisagent également les « sanctions » liées au non-respect des obligations ou interdits.

Les sanctions doivent respecter un certain nombre de principes.

Il convient de distinguer deux types de sanctions :

– celles qui relèvent du non-respect d'une obligation liée à l'exercice d'un droit : un élève n'a pas rangé les livres empruntés à la bibliothèque alors que c'était une obligation ;

– celles qui concernent le non-respect d'une interdiction : un élève est remonté seul dans la classe durant la récréation alors que c'était interdit.

Dans le premier cas, la sanction consistera en la privation de l'exercice du droit.

L'élève n'aura plus le droit d'aller à la bibliothèque durant « x » jours, si c'est la première infraction, « y » jours si c'est la seconde, etc.

Dans le second cas, la sanction sera sans lien « objectif » avec l'action. L'élève n'ayant pas respecté un interdit aura une sanction dont la nature et le « barème » seront, là encore, connus auparavant.

Il pourra s'agir d'un devoir écrit (copier l'article du règlement scolaire ou des règles de vie concerné par l'infraction) ou d'un travail d'intérêt général (l'enfant qui a jeté des papiers pourra, par exemple, être tenu de ramasser les papiers de la classe).

Les élèves peuvent-ils être associés à la définition des sanctions ?

La participation des élèves au traitement des transgressions suscite des approches diverses. Pour certains, au nom de la légitimité du conseil, il est normal que les élèves définissent ces sanctions.

De notre point de vue, cette participation des élèves n'offre qu'un intérêt secondaire et peut, même, être « contre-éducative ». Si le tâtonnement expérimental est essentiel dans l'apprentissage, il est, dans ce domaine, inacceptable puisqu'il ne pourrait être toléré que des élèves envisagent des « sanctions » contraires au droit.

Les réparations : la responsabilité « civile »

« Tout fait quelconque qui cause à autrui un dommage oblige celui par la faute duquel il est arrivé à le réparer. »
(Article 1382 du Code civil.)

« Chacun est responsable du dommage qu'il a causé, non seulement par son fait, mais encore par sa négligence ou par son imprudence. »

(Article 1383 du Code civil.)

En exerçant sa « liberté », c'est-à-dire dans l'exercice de ses droits, un élève peut « créer un dommage » à un camarade (bousculer un camarade en se déplaçant dans la classe, par exemple, ou tacher le cahier de son voisin en changeant sa cartouche d'encre).

Ce « dommage » peut être intentionnel ou pas mais, dans tous les cas, il devra être « réparé ».

Dans le domaine des réparations, en cas de « dommage » important, c'est l'État ou l'assurance civile du responsable (quand il est identifié) ou de la victime qui entrent en jeu.

Dans la vie de tous les jours, la principale unité de dédommagement est monétaire.

Plus le dommage est considéré comme important, plus la somme versée augmente.

Mais, pour ce qui concerne les « dommages » de la vie scolaire quotidienne, les petites tracasseries, bousculades, réflexions, etc., « l'arsenal scolaire » est assez limité.

Le dédommagement ne pouvant bien évidemment pas s'effectuer en monnaie sonnante et trébuchante, les élèves et l'enseignant doivent trouver d'autres gestes symboliques.

En dehors de la demande d'excuses : « Je te demande pardon, je te prie de m'excuser », les élèves de maternelle proposent assez spontanément de « faire un bisou », « de faire un dessin », mais la palette des dédommagements est, en général, assez limitée à l'école élémentaire ou secondaire.

Il n'en demeure pas moins que le fait de « s'excuser » dépasse la simple politesse formelle. Il est le témoignage, d'une part, de la prise de conscience du tort causé à autrui, et peut, d'autre part, quand les excuses sont présentées spontanément, être le témoignage de la non-intentionnalité de l'acte.

Cette réflexion autour du « tort causé à autrui » et des actes symboliques de « dédommagement » est tout aussi importante que celle menée sur la sanction.

Les règles n'ont de sens que si elles sont appliquées

Élaborer les règles à partir d'un projet de vie, associer les élèves à leur définition dans les temps de conseil, les réécrire ou les préciser si besoin est, etc., sont des éléments nécessaires pour que ces dernières prennent sens.

Mais la démarche d'élaboration n'est pas, à elle seule, garante de leur respect.

Bien entendu, les élèves qui ont élaboré les règles les connaissent, mais le respect des règles n'est pas seulement lié à la connaissance de ces dernières.

Tous les adultes connaissent le « code de la route », les limitations de vitesse, les dangers de la conduite après un repas un peu trop arrosé, ils connaissent également les risques qu'ils courent et font courir aux autres en les enfreignant, mais ils respectent d'autant mieux ces règles que les sanctions prévues en cas d'infraction sont effectivement appliquées.

Il en est de même pour les élèves.

Quelques principes concernant les sanctions

– Les sanctions respectent les principes fondamentaux du droit : en droit français, la violence physique ou l'humiliation ne font pas partie de ces principes.

– Elles sont connues de tous et elles sont les mêmes pour tous : il est nécessaire qu'elles soient affichées.

– Elles sont progressives : on est puni moins sévèrement la première fois que la seconde, moins sévèrement la seconde fois que la troisième.
– Les sanctions scolaires s'effectuent dans le cadre scolaire : pas de « transfert » de la sanction scolaire dans le cadre familial (accepterait-on de voir un élève se livrer, en classe, à une « sanction » donnée à la maison par les parents, pour un problème s'étant déroulé au domicile familial ?).

L'application effective des règles de vie implique :
– qu'elles se réfèrent à un projet de vie explicite : c'est ce qui leur donne sens ;
– la participation des élèves à leur élaboration : c'est ce qui permet leur appropriation ;
– leur permanence : au travers des affichages ;
– leur rappel : particulièrement au moment des transgressions ;
– leur régulation : comme une loi de la République, une règle peut être modifiée ;
– la définition claire des sanctions : nature et « barème » ;
– l'exemplarité des adultes : les règles sont les mêmes pour tous, même pour les adultes.

Corrigé

Commentaire

Le document original fourni aux candidats était la photocopie, de médiocre qualité, d'un article paru dans la revue *Animation et Éducation*, tiré d'un ouvrage alors à paraître de Jean-François Vincent[4]. Les illustrations photographiques de l'article, sans grand intérêt, ne sont pas reprises ici. En revanche, nous avons repris les trois encadrés inclus dans les quatre pages de l'article original. Nous avons positionné le premier, intitulé « Les droits imprescriptibles des élèves », à la place impliquée par le corps de l'article. Nous avons reporté les deux autres, plus indépendants du texte, à la fin du document. Ces trois encadrés constituent en effet des compléments significatifs de l'article. Le premier reprend un petit texte percutant de Philippe Perrenoud. Il présente l'avantage de limiter quelque peu le caractère monolithique de ce document constitué d'un seul texte, ces encadrés mis à part. D'autant que les propositions de Philippe Perrenoud sont loin de coller pleinement à l'esprit de l'article : nous y reviendrons. Les deux autres encadrés n'ont pas d'auteur désigné : proches du texte, complémentaires à lui, on peut indifféremment supposer qu'ils sont de Jean-François Vincent lui-même, ou des ajouts des responsables de la revue.

Conformément aux objectifs de la collection de Delagrave pour laquelle l'ouvrage de Jean-François Vincent a été écrit, vouée à publier des « guides de poche de l'enseignant »,

4. Ce livre est paru chez Delagrave le 10 avril 2006, dans la collection « Un Projet pour... », mais sous le titre *Éduquer à la citoyenneté* (et non pas sous le titre provisoire donné dans le document : *Éduquer activement à la citoyenneté solidaire*). Les ouvrages de la collection « Un Projet pour... » se présentent eux-mêmes comme des « guides de poche de l'enseignant ».

le texte est d'une excellente lisibilité. Son thème, le rapport à la loi, est lui-même très classique. C'est une des préoccupations majeures des enseignants, souvent envahissante, surtout chez les jeunes professeurs des écoles ou professeurs des lycées et collèges, auxquels ce texte s'adresse indifféremment. C'est aussi un des thèmes les plus fréquents des documents soumis à la sagacité des candidats aux concours de recrutement de professeurs des écoles.

Le texte, à lui seul, pose les principes et les modalités essentielles d'une **pédagogie de l'éducation à la citoyenneté**, basée sur un certain type de régulation de la vie scolaire elle-même. L'auteur du texte, Jean-François Vincent, est le président de l'OCCE, l'Office central de la coopération à l'école. Concernant la question de l'éducation à la citoyenneté, c'est loin d'être anodin. L'OCCE se définit lui-même ainsi : « L'Office central de la coopération à l'école a été créé en 1928, sous l'impulsion de membres de l'enseignement et de militants de la coopération, adultes convaincus de la nécessité d'enseigner, dès l'école, les principes et les vertus de la coopération, définie comme l'alternative non violente, à la fois au libéralisme et à la dictature du prolétariat.[5] » Association reconnue d'utilité publique, implantée sur tout le territoire, elle regroupe 55 000 coopératives scolaires et foyers coopératifs. Il ne faut pas la confondre avec l'ICEM, l'Institut coopératif de l'école moderne, qui regroupe les praticiens de la pédagogie Freinet. Toutefois, même si l'OCCE est une association très « institutionnelle », alors que l'ICEM reste une association militante, ces deux associations présentent une parenté pédagogique certaine, surtout dans le domaine qui nous occupe ici.

Le principe directeur de l'éducation à la citoyenneté telle que la conçoit Jean-François Vincent est « donner du sens à la loi ». Plus rigoureusement, il s'agit de donner un sens **réfléchi et explicite** à toute règle mise en place à l'école, dans la classe comme dans l'établissement. C'est pourquoi l'auteur a des mots très durs pour les enseignants qui font de « leurs lubies ou manies » la source ou des sources des règles qui s'imposent. Ces propos peuvent sembler excessifs. Ils correspondent pourtant à des pratiques banales, sinon massives, en particulier dans les injonctions les plus ordinaires concernant les modalités de tenue des cahiers, les rangements dans la classe et les modalités des déplacements. Dans l'immense majorité des écoles, par exemple, les enfants se mettent régulièrement en rangs par deux. Pour quelle raison ? Qui, seulement, se pose la question de la « raison » de cette règle ? Inconséquence pédagogique ordinaire, qui sape au quotidien toute possibilité d'une éducation efficace à l'esprit citoyen.

Pour « donner du sens à la loi », l'auteur affirme, d'emblée, qu'il est indispensable de « pouvoir participer à leur élaboration, de pouvoir mettre en œuvre des procédures de modification », ce qui constitue le second principe de l'éducation à la citoyenneté telle qu'il la conçoit[6]. Derrière cette affirmation, on trouve évidemment le principe **pédagogique** général des méthodes actives, qui veut que les élèves n'apprennent bien qu'en agissant et en expérimentant. Mais on trouve aussi une option **politique**, mal explicitée par l'auteur du texte, celle du choix d'un fondement strictement démocratique de la loi. Il faut faire ici remarquer que la démocratie n'est pas un cadre indispensable pour que la loi et les règles puissent apparaître « non comme un (but) absolu mais comme un moyen

5. Présentation donnée sur le site de l'OCCE : http://www.occe.coop/.

6. Le premier dans l'ordre du texte, mais l'ordre adopté ici nous semble plus logique.

nécessaire à la vie en société ». C'est le cas dans toute forme d'organisation politique, à l'exception des régimes purement tyranniques. Le débat n'est pas hors sujet ici : on peut à bon droit se demander s'il est souhaitable, voire possible, de commencer une éducation à la loi en entrant d'emblée dans ses modalités démocratiques, alors même que l'humanité n'a accédé que bien tardivement, partiellement et fragilement à l'ordre démocratique. Nous y reviendrons.

L'auteur aborde ensuite la question de l'application concrète de ces principes, en commençant par un état des lieux, très négatif, puis en proposant les lignes directrices d'une mise en œuvre conséquente de ces principes. Nous n'entrerons pas dans le détail de ses propositions. Lors d'un exposé de dix minutes, il est clair que les candidats ne pouvaient pas non plus s'attacher à ces détails, tout comme l'entretien d'un quart d'heure ne permettait pas aux examinateurs eux-mêmes d'entrer dans des discussions approfondies sur les propositions de Jean-François Vincent. De plus, les deux derniers encadrés offrent un bon résumé des principes directeurs d'une bonne construction des règles et d'un bon usage des sanctions tels que les définit l'article.

Nous allons maintenant revenir sur certains points qui offraient aux candidats la possibilité de proposer une réflexion originale sur la thématique de ce document. Exercice difficile, en l'occurrence : le texte n'ouvre pas une problématique, ou il ne l'ouvre que pour la refermer aussitôt en développant un système structuré de solutions. Comme le texte est clair et que les propositions de Jean-François Vincent sont manifestement intelligentes, il était difficile pour les candidats de faire autre chose qu'une mauvaise paraphrase du texte. Ils risquaient, dans le pire des cas, de descendre sévèrement en-dessous du niveau de réflexion de l'article pour aller vers des justifications douteuses d'un autoritarisme borné. Rappelons que les discours considérés comme contraires à l'éthique professionnelle des enseignants sont normalement sanctionnés par des notes éliminatoires.

La première direction possible pour une réflexion distanciée par rapport à l'article était ouverte par l'encadré qui reprend un petit texte de Philippe Perrenoud s'efforçant à définir « les droits imprescriptibles des élèves ». Certains de ces droits sont en lien direct avec le texte de Jean-François Vincent, comme « le droit de n'apprendre que ce qui a du sens » et « le droit de ne pas obéir six à huit heures par jour », injonctions qui reprennent les deux principes de la pédagogie proposée par l'auteur de l'article pour une éducation à la citoyenneté, tels que nous venons de les dégager : donner du sens aux règles et faire participer les élèves à leur construction[7]. Les autres « droits imprescriptibles des élèves » proposés par Philippe Perrenoud ouvrent des perspectives très différentes. Plusieurs, probablement déroutants pour nombre de candidats, vont clairement **à l'encontre de la rigueur dans la définition et l'application des règles** prônée par Jean-François Vincent, en autorisant très clairement les élèves à faire des écarts par rapport à leurs obligations ordinaires : « ne pas être constamment attentif », « ne pas tenir toutes ses promesses », et même, plus généralement, « ne pas obéir six à huit heures par jour ». Ce dernier point est particulièrement intéressant, de par son ambiguïté même. Il peut renvoyer à la nécessité de participer à l'élaboration des règles, et non pas de seulement s'y soumettre : on reste alors dans la logique des propositions pédagogiques de Jean-François Vincent. Mais

7. Et non les maintenir dans une position constante de pure soumission à des règles auxquelles ils n'auraient jamais qu'à obéir.

il ouvre également un certain droit, assez paradoxal, à des écarts par rapport aux règles, au nom de la pression énorme exercée sur les élèves par les « six à huit heures » quotidiennes de vie dans le cadre strict et pesant de la vie collective à l'école.

Plusieurs autres droits proposés par Philippe Perrenoud, les plus originaux, donnent à cette autorisation à s'écarter de l'obéissance constante un contenu plus positif, que résume bien la dixième et dernière proposition : « le droit d'exister comme personne ». L'esprit général de l'article de Jean-François Vincent est totalement « collectiviste », en ce sens que l'élève n'y est jamais pensé que comme membre de la collectivité scolaire. Cette approche collectiviste est très prégnante dans les pédagogies actives, qu'il s'agisse de celle esquissée ici dans l'article, ou qu'il s'agisse de la pédagogie coopérative de Freinet ou de la pédagogie institutionnelle qui en dérive et qui la radicalise, précisément dans cette direction « collectiviste ». Ce collectivisme pédagogique « moderne » rejoint très bien, au fond, le collectivisme pédagogique le plus traditionnel, d'inspiration à la fois ecclésiale, bonapartiste et, au fond, militariste, celui-là même qui fait mettre les enfants en rangs par deux. Philippe Perrenoud, comme toujours remarquablement sensible aux besoins psychiques des enfants, perçoit ce qu'il y a d'irrespirable dans tous ces collectivismes pédagogiques. C'est pourquoi il pose ces « droits » étonnants à ne pas toujours être attentif, à ne pas toujours obéir, à ne pas toujours tenir ses promesses, droits qui prennent tout leur sens avec cet extraordinaire « droit à son for intérieur ». Cela engage, bien au-delà des principes pédagogiques, une conception de l'humanité. L'élève, comme l'adulte, ne sont pas des « personnes » seulement à travers leurs engagements dans des liens sociaux. Être une personne exige au contraire de disposer d'un espace de retrait sur soi, ce « for intérieur », d'une possibilité de distanciation par rapport à toute relation sociale, c'est-à-dire, au fond, d'un espace de liberté personnelle, sans lequel, probablement, les libertés citoyennes, les libertés politiques ne sont qu'un leurre, une modalité masquée du totalitarisme.

L'autre voie possible de réflexion distanciée par rapport aux propositions du texte concerne la pertinence du principe sous-jacent à la réflexion pédagogique de Jean-François Vincent, qui veut qu'il faille calquer les cadres de l'éducation des enfants à la loi sur les modalités sociales de la loi dans le monde adulte. Même si elle n'est pas formalisée dans l'article, cette idée émerge fréquemment au fil du texte, en particulier par de fréquentes références à des textes législatifs ou réglementaires. Plus directement, Jean-François Vincent appelle à « respecter les principes fondamentaux du droit ». Bien sûr, à certains égards, c'est une évidence. Il est hors de question que les enseignants se mettent hors la loi dans le cadre de l'exercice de leur métier. Mais il s'agit au fond dans le texte d'autre chose. Il s'agit de fonder l'éducation citoyenne sur la référence aux droits du monde adulte, comme on le voit, par exemple, lorsque l'auteur reprend deux articles du Code civil pour régler la question des réparations en milieu scolaire… pour reconnaître aussitôt que cette référence est très peu applicable en milieu scolaire : en droit civil, les réparations se règlent quasi uniquement par des transactions monétaires inenvisageables en milieu scolaire, autrement qu'en impliquant directement les adultes, en particulier par la mise en jeu, banale, des assurances scolaires. Dès lors, il n'est plus guère question d'éducation, et Jean-François Vincent finit par reconnaître que « la palette des dédommagements est, en général, assez limitée à l'école élémentaire ou secondaire », puisqu'il ne trouve guère comme possibilité que le rite des excuses, voire la fort suspecte proposition des bisous !

Comme le remarque l'auteur lui-même, « les élèves de maternelle, d'élémentaire et de collège ne sont pas des citoyens à part entière », et on ne peut ignorer « les différences d'âge, de discernement ou de maturité des élèves » dès lors qu'il est question « de l'espace de liberté, de l'espace d'autonomie et de responsabilité des élèves ». On est très proche de l'injonction paradoxale : premièrement, il faut traiter les élèves comme des adultes pour les préparer à devenir pleinement adultes ; deuxièmement, ce ne sont pas des adultes et on ne peut ni ne doit les traiter en adultes. Ce paradoxe n'est certainement pas propre à l'auteur. Il me semble être consubstantiel à la notion même d'éducation à la citoyenneté, surtout envisagée précocement. C'est probablement au fond, très généralement, le paradoxe fondamental de l'éducation, voire le paradoxe **fondateur** de l'éducation. Éduquer ne prend sens que comme propédeutique à une vie adulte. Mais, comme le fait remarquer Hannah Arendt[8], on n'éduque pas des adultes, ou, si on l'entreprend, on les infantilise, on les nie comme adultes. Si l'on éduque bien pour amener à l'âge adulte, on n'éduque pas un enfant en le considérant comme un adulte, on ne peut au contraire l'éduquer qu'en ne le traitant pas comme un adulte ; en particulier, en assumant qu'il n'est pas responsable de lui, mais que c'est à l'inverse nous adultes, éducateurs, enseignants, parents, qui sommes responsables de lui, et plus encore de son devenir.
La question est difficile, toujours ouverte : comment éduquer à la responsabilité un enfant dont on porte soi-même, et non lui, la responsabilité ? Ou encore : comment exercer l'autorité sur un enfant tout en le préparant à assumer lui-même par la suite sa propre responsabilité ? Exercer l'autorité, précisément : l'article de Jean-François Vincent n'a de cesse d'éviter cette question en appelant à lui substituer la responsabilisation des élèves, sans cesser cependant d'apporter des restrictions à ce principe pédagogique ; par exemple, il est très réticent à « la participation des élèves au traitement des transgressions », probablement à juste titre. Il nuance aussi constamment ses propositions en fonction de l'âge des enfants, à juste titre également, bien sûr. Plus radicalement, on peut se demander ce que peut bien être l'application concrète de ses principes pédagogiques pour une éducation citoyenne dans une petite section d'école maternelle, *a fortiori* quand les enfants y ont plutôt deux ans que trois ans ! Avec des enfants très jeunes, la référence politique fonctionnelle pour des pratiques pédagogiques sensées semble plus être de l'ordre du despotisme éclairé que de l'ordre de la démocratie avancée...
À partir de ces constats, nous laisserons nos lecteurs suivre leurs propres cheminements. L'essentiel est d'ouvrir les yeux, et de ne pas trop vite les refermer dans les routines du quotidien du métier et les brumes des modes idéologiques.

Daniel Calin

8. Arendt H. (1972), *La Crise de la culture*, Gallimard, Paris.

6e SUJET CORRIGÉ

Académie de Caen, 2005

ÉNONCÉ

Thème : les finalités de l'école

Dossier : l'exposé porte sur l'étude du document joint. Le candidat en dégage les idées essentielles (un document peut comporter un ou plusieurs textes).

Documents

Document 1 : Jean Jaurès (1859-1914), « Aux instituteurs et institutrices », *La Dépêche de Toulouse*, 15 janvier 1888, Jean Jaurès, *Libertés*, Ligue des droits de l'homme/EDI, 1987, page 69, in *L'Idée républicaine aujourd'hui, Guide républicain*, pages 242 à 244, Scéren CNDP/Éditions Delagrave, 2004.

Document 2 : Edgar Morin (2000), *Les Sept Savoirs nécessaires à l'éducation du futur*, Seuil.

Document 3 : *Guide de l'instituteur et du professeur d'école*, coordonné par Guy Faucon (1996), CDDP des Pays de la Loire, Hachette Éducation.

DOCUMENT 1

Aux instituteurs et institutrices

Vous tenez en vos mains l'intelligence et l'âme des enfants ; vous êtes responsables de la patrie. Les enfants qui vous sont confiés n'auront pas seulement à écrire et à déchiffrer une lettre, à lire une enseigne au coin d'une rue, à faire une addition et une multiplication. Ils sont français et ils doivent connaître la France, sa géographie et son histoire : son corps et son âme. Ils seront citoyens et ils doivent savoir ce qu'est une démocratie libre, quels droits leur confère, quels devoirs leur impose la souveraineté de la nation. Enfin, ils seront hommes et il faut qu'ils aient une idée de l'homme, il faut qu'ils sachent quelle est la racine de toutes nos misères : l'égoïsme aux formes multiples ; quel est le principe de notre grandeur : la fierté unie à la tendresse. Il faut qu'ils puissent se représenter à grands traits l'espèce humaine domptant peu à peu les brutalités de la nature et les brutalités de l'instinct, et qu'ils démêlent les éléments principaux de cette œuvre extraordinaire qui s'appelle la civilisation. Il faut leur montrer la grandeur de la pensée ; il faut leur enseigner le respect et le culte de l'âme en éveillant en eux le sentiment de l'infini qui est notre joie, et aussi notre force, car c'est par lui que nous triompherons du mal, de l'obscurité et de la mort.

Eh ! Quoi ! Tout cela à des enfants ! Oui, tout cela, si vous ne voulez pas fabriquer simplement des machines à épeler. Je sais quelles sont les difficultés de la tâche. Vous gardez vos écoliers peu d'années et ils ne sont point toujours assidus, surtout à la campagne. Ils oublient l'été le peu qu'ils ont appris l'hiver. Ils font souvent, au sortir de l'école, des rechutes profondes d'ignorance et de paresse d'esprit, et je plaindrais ceux d'entre vous qui ont pour l'éducation des enfants du peuple une grande ambition, si cette grande ambition ne supposait un grand courage. J'entends dire, il est vrai : « À quoi bon exiger tant de l'école ? Est-ce que la vie elle-même n'est pas une grande institutrice ? Est-ce que, par exemple au contact d'une démocratie ardente, l'enfant devenu adulte ne comprendra point de lui-même les idées de travail, d'égalité, de justice, de dignité humaine qui sont la démocratie elle-même ? » Je le veux bien, quoiqu'il y ait encore dans notre société, qu'on dit agitée, bien des épaisseurs dormantes où croupissent les esprits. Mais autre chose est de faire, tout d'abord, amitié avec la démocratie par l'intelligence ou par la passion. La vie peut mêler, dans l'âme de l'homme, à l'idée de justice tardivement éveillée, une saveur amère d'orgueil blessé ou de misère subie, un ressentiment et une souffrance. Pourquoi ne pas offrir la justice à des cœurs tout neufs ? Il faut que toutes nos idées soient comme imprégnées d'enfance, c'est-à-dire de générosité pure et de sérénité.

Comment donnerez-vous à l'école primaire l'éducation si haute que j'ai indiquée ? Il y a deux moyens. Il faut d'abord que vous appreniez aux enfants à lire avec une facilité absolue, de telle sorte qu'ils ne puissent plus l'oublier de la vie et que, dans n'importe quel livre, leur œil ne s'arrête à aucun obstacle. Savoir lire vraiment sans hésitation, comme nous lisons vous et moi, c'est la clé de tout. Est-ce savoir lire que de déchiffrer péniblement un article de journal, comme les érudits déchiffrent un grimoire ? J'ai vu, l'autre jour, un directeur très intelligent d'une école de Belleville, qui me disait : « Ce n'est pas seulement à la campagne qu'on ne sait lire qu'à peu près, c'est-à-dire point du tout : à Paris même, j'en ai qui quittent l'école sans que je puisse affirmer qu'ils savent lire. » Vous ne devez pas lâcher vos écoliers, vous ne devez pas, si je puis dire, les appliquer à autre chose tant qu'ils ne seront point par la lecture aisée en relation familière avec la pensée humaine. Qu'importent vraiment à côté de cela quelques fautes d'orthographe de plus ou de moins, ou quelques erreurs de système métrique ? Ce sont des vétilles dont vos programmes, qui manquent absolument de proportion, font l'essentiel. J'en veux mortellement à ce certificat d'études primaires qui exagère encore ce vice secret des programmes. Quel système déplorable nous avons en France avec ces examens à tous les degrés, qui suppriment l'initiative du maître et aussi la bonne foi de l'enseignement, en sacrifiant la réalité à l'apparence ! Mon inspection serait bientôt faite dans une école. Je ferais lire les écoliers, et c'est là-dessus seulement que je jugerais le maître. Sachant bien lire, l'écolier, qui est très curieux, aurait bien vite, avec sept ou huit livres choisis, une idée, très générale il est vrai, mais très haute de l'histoire de l'espèce humaine, de la structure du monde, de l'histoire propre de la Terre dans le monde, du rôle propre de la France dans l'humanité. Le maître doit intervenir pour aider ce premier travail de l'esprit ; il n'est pas nécessaire qu'il dise beaucoup, qu'il fasse de longues leçons ; il suffit que tous les détails qu'il leur donnera concourent nettement à un tableau d'ensemble. De ce que l'on sait de l'homme primitif à l'homme d'aujourd'hui, quelle prodigieuse transformation ! Et comme il est aisé à l'instituteur, en quelques traits, de faire sentir à l'enfant l'effort inouï de la pensée humaine. Seulement, pour cela, il faut que le maître lui-même soit tout pénétré de ce qu'il enseigne. Il ne faut pas qu'il récite le soir ce qu'il a appris le matin ; il faut, par exemple, qu'il se soit fait en silence une idée claire du ciel, du mouvement des astres ; il faut qu'il se soit émerveillé tout bas de l'esprit humain qui, trompé par les yeux, a pris tout d'abord le ciel pour une voûte solide et basse, puis a deviné l'infini de l'espace et a suivi dans cet infini la route précise des planètes et des soleils ; alors, et alors seulement, lorsque, par la lecture solitaire et la méditation, il sera tout plein d'une grande idée et tout éclairé intérieurement, il communiquera sans peine aux enfants, à la première occasion, la lumière et l'émotion de son esprit. Ah ! Sans doute, avec la fatigue écrasante de l'école, il vous est malaisé de vous ressaisir ; mais il suffit d'une demi-heure par jour pour maintenir la pensée à sa hauteur et pour ne pas verser dans l'ornière du métier. Vous serez plus que payés de votre peine, car vous sentirez la vie de l'intelligence s'éveiller autour de vous. Il ne faut pas croire que ce soit proportionner l'enseignement aux enfants que de le rapetisser. Les enfants ont une curiosité illimitée, et vous pouvez tout doucement les mener au bout du monde. Il y a un fait que les philosophes expliquent différemment suivant les systèmes, mais qui est indéniable : « Les enfants ont en eux des germes, des commencements d'idées. » Voyez avec quelle facilité ils distinguent le bien du mal, touchant ainsi aux deux pôles du monde ; leur âme recèle des trésors à fleur de terre : il suffit de gratter un peu pour les mettre à jour. Il ne faut donc pas craindre de leur parler avec sérieux, simplicité et grandeur.

Je dis donc aux maîtres, pour me résumer : lorsque d'une part vous aurez appris aux enfants à lire à fond, et lorsque d'autre part, en quelques causeries familières et graves, vous leur aurez parlé des grandes choses qui intéressent la pensée et la conscience humaine, vous aurez fait sans peine, en quelques années, œuvre complète d'éducateurs. Dans chaque intelligence, il y aura un sommet, et, ce jour-là, bien des choses changeront.

Document 2

De la pertinence dans la connaissance

La connaissance des problèmes clés du monde, si aléatoire et difficile soit-elle, doit être tentée sous peine d'infirmité cognitive. L'ère planétaire nécessite de tout situer dans le contexte et le complexe planétaires. La connaissance du monde en tant que monde devient nécessité à la fois intellectuelle et vitale. C'est le problème universel pour tout citoyen du nouveau millénaire : comment acquérir l'accès aux informations sur le monde et comment acquérir la possibilité de les articuler et de les organiser ? Comment percevoir et concevoir le Contexte, le Global (la relation tout/parties), le Multidimensionnel, le Complexe ? Pour articuler et organiser les connaissances, et par là reconnaître et connaître les problèmes du monde, il faut une réforme de pensée. Or, cette réforme est paradigmatique et non pas programmatique : c'est la question fondamentale pour l'éducation, car elle concerne notre aptitude à organiser la connaissance.

En effet, il y a inadéquation de plus en plus ample, profonde et grave entre, d'une part, nos savoirs disjoints, morcelés, compartimentés et, d'autre part, des réalités ou problèmes de plus en plus polydisciplinaires, transversaux, multidimensionnels, transnationaux, globaux, planétaires.

Document 3

Faire comprendre le monde d'aujourd'hui

« On naît citoyen ; on devient citoyen éclairé. » La citoyenneté s'édifie par des savoirs, mais aussi par des conduites. Le jeune enfant en fera l'apprentissage en évoluant dans un cadre scolaire lui-même structuré sur un modèle de vie sociale démocratique.

Comme il lui appartient d'enseigner et de faire vivre la démocratie, l'école a pour mission d'éduquer au respect des droits et libertés de la personne.

L'élève y acquiert des connaissances, en particulier sur la Déclaration des droits de l'homme et du citoyen de 1789 et la Déclaration universelle des droits de l'homme de 1948. Il y vit au quotidien selon les principes fondamentaux affirmés dans ces déclarations : principes d'égalité de droit, de liberté individuelle, de solidarité et de promotion collective.

Sept axes peuvent être tout particulièrement explorés et donner lieu à des actions spécifiques.

1. La lutte contre toute forme de racisme. Apprendre aux enfants à connaître et à reconnaître les cultures non occidentales, leur apprendre à éliminer les stéréotypes ancrés à propos des ethnies, et à vivre avec les autres, dans le respect de la diversité.

2. L'éducation à la paix. Faire connaître des moments de l'histoire où la résistance pacifique a été efficace, faire réfléchir sur le sort des enfants qui vivent aujourd'hui la guerre. Apprendre à régler les conflits par la parole.

3. La lutte contre le sexisme. Mener une réflexion spécifique, dès l'école maternelle, sur les rôles sociaux des femmes et des hommes, sur la répartition des tâches, sur l'égalité professionnelle et sur les violences spécifiques faites aux femmes (femmes battues en milieu privé, viol, harcèlement sexuel...). Faire preuve d'une vigilance quotidienne pour que les filles soient en mesure d'exercer leurs droits.

4. La solidarité avec les pays du Tiers-Monde. Appréhender les inégalités de développement entre les pays, l'interdépendance qui règne désormais entre toutes les civilisations. Faire participer les élèves à des formes de solidarité internationale.

5. L'intégration des personnes handicapées. Faciliter l'acceptation des personnes différentes en mettant tout en œuvre pour une bonne intégration des enfants handicapés. L'intégration est un devoir de l'école publique, la loi de juillet 1989 précise dans son titre 1, chapitre 1, article 2 : « Tout enfant doit pouvoir être accueilli à l'âge de 3 ans dans une école maternelle ou une classe enfantine le plus près possible de son domicile si sa famille en fait la demande. » Une convention d'intégration précisera les modalités de l'accueil de l'élève handicapé et des aides qui lui sont fournies.

6. L'éducation à l'environnement. Informer sur les conditions de vie sur notre planète, les catastrophes naturelles et les risques d'origine humaine, la responsabilité de chacun. Faire respecter l'environnement pour préserver la vie. Des journées mondiales de l'environnement invitent le monde scolaire à entreprendre des activités réaffirmant son engagement à protéger et à améliorer l'environnement.

7. L'éducation à la consommation. Donner des informations sur la société de consommation, ce qui la gouverne, la publicité... Aider l'enfant à organiser ses expériences pour développer des comportements de consommateur averti.

Corrigé

Ce sujet, issu des annales 2005, a été aménagé selon l'arrêté du 10 mai 2005 (*BO* n° 21 du 26 mai 2005).

Commentaire

Ce document est composé de trois textes de qualité très inégale. Si les deux premiers ont du souffle, par le style comme par la pensée qu'ils déploient, on retombe avec le dernier dans les platitudes ordinaires d'une certaine littérature scolaire semi-officielle. De même, si le troisième texte tire le dossier soumis aux candidats vers la thématique banale d'une certaine « éducation à la citoyenneté », les deux premiers textes dessinent une réflexion d'une tout autre ampleur sur ce que doivent être les bases d'une culture humaniste qu'il revient à l'école de poser. Si ces deux premiers textes ont également pour propos de former les citoyens de leur temps, ils fondent cette éducation citoyenne sur la construction d'une capacité à penser les problématiques fondamentales de l'univers matériel et humain, et non sur l'apprentissage d'une série de « conduites » déclarées « citoyennes ».

Flamboyant comme à l'accoutumée, le texte de Jean Jaurès s'organise autour de deux exigences proposées aux maîtres de l'école de la République : apprendre la lecture courante à tous les élèves et les ouvrir aux « grandes choses » de la pensée et de la conscience. La lecture courante est un moyen, et seulement un moyen, même si elle est « la clé de tout ». La finalité, posée d'emblée dans le texte, avant d'être reprise à la fin, est bien de transmettre « une idée de l'homme », haute, éclairée et exigeante, dans le droit fil de la philosophie des Lumières. Cette finalité, l'élève s'en approchera certes avec les quelques grandes « causeries familières et graves » du maître, mais il pourra aussi et surtout la cultiver sa vie durant par la fréquentation des meilleurs livres, si du moins l'école primaire publique lui a permis d'accéder à une « lecture aisée ».

Au passage, Jaurès égratigne des pédagogies besogneuses de la lecture, qui se contenteraient de « fabriquer simplement des machines à épeler ». Il ne s'agit pas de « déchiffrer péniblement », mais de « lire avec une facilité absolue ». Ne savoir lire qu'à peu près, c'est selon lui ne pas savoir lire du tout : le savoir-lire ne prend sens que s'il permet une « relation familière avec la pensée humaine ». Même si Jaurès a raison à l'évidence sur le fond, on peut cependant remarquer au passage que l'accès à une lecture aisée passe, quelle que soit la méthode utilisée, par une phase d'apprentissage, donc de lecture malhabile. Toutefois, au cours de cette phase, si le maître se laisse trop focaliser sur les aspects les plus « techniques », il risque fort d'oublier la finalité de ces apprentissages partiels. Et si le maître oublie cette fin, on voit mal comment il pourrait signifier à l'élève ce qui donne sens et ampleur à sa besogne du jour.

Jaurès, plus sévèrement, peste contre une école oublieuse de ses finalités, obsédée par « des vétilles », « fautes d'orthographe » ou « erreurs de système métrique ». Ces obsessions sont renforcées par la place tenue par de telles « vétilles » dans le certificat d'études primaires d'alors. Il dénonce un « système déplorable » qui place des « examens à tous les degrés ». Il accuse ce système de sacrifier « la réalité à l'apparence », c'est-à-dire les vétilles d'apprentissages parcellaires à l'ambition culturelle globale de la scolarisation.

On imagine les fureurs d'un Jaurès d'aujourd'hui face à nos envahissantes manies évaluatives...

Il était aisé de remarquer que la culture visée par Jaurès est marquée par une croyance aveugle au progrès et un nationalisme sans état d'âme. Les candidats devaient toutefois prendre garde à réinsérer ces traits dans les caractéristiques culturelles et politiques de l'époque. Il était particulièrement mal venu d'oublier ou d'ignorer que Jaurès a payé de sa vie son opposition socialiste et internationaliste à la guerre en 1914. L'inculture historique, ici, menaçait de ridicule des « jugements » bien-pensants trop hâtifs.

Le texte d'Edgar Morin n'avait évidemment pas de tels ancrages, mais il rejoignait cependant Jaurès sur l'essentiel, à savoir une très haute idée des finalités de l'école, pensée comme destinée à fournir à chacun les clés générales de la compréhension du monde. Une telle conjonction de deux auteurs notoires, à plus d'un siècle de distance, et au-delà de leurs positionnements sociaux très différents[1], méritait d'être soulignée, plus que les écarts inéluctables entre des textes aussi éloignés par ailleurs. Jaurès vouait l'école à enseigner les « grandes choses qui intéressent la pensée et la conscience humaine », Edgar Morin veut qu'elle vise « à organiser la connaissance », à « tout situer dans le contexte et le complexe planétaires ». Jaurès peste contre l'importance accordée aux « vétilles » des détails des programmes des examens, Edgar Morin s'exaspère de « nos savoirs disjoints, morcelés, compartimentés ». Les deux ont conscience de la difficulté à atteindre leurs exigences, mais les deux sont persuadés de l'importance de ce qui est en jeu. Jaurès conclut en affirmant : « Dans chaque intelligence, il y aura un sommet, et, ce jour-là, bien des choses changeront. » Edgar Morin invoque une « infirmité cognitive », une « nécessité [...] vitale ». Les deux textes ont une coloration passionnée, militante, aux limites du messianisme.

Par contraste, le troisième texte, après avoir reconnu que « la citoyenneté s'édifie par des savoirs », ce qui reste dans la lignée des textes précédents, s'empresse aussitôt d'oublier cette grande idée pour s'attacher à la définition et à l'inculcation de « conduites », essentiellement par immersion « dans un cadre scolaire lui-même structuré sur un modèle de vie sociale démocratique ». Les seules connaissances envisagées concernent les Déclarations des droits, la peu consensuelle Déclaration de 1793 étant passée sous silence. De toute façon, le texte revient vite à ce que l'élève « vit au quotidien ».

La suite du texte est consacrée à un listing, en précisément sept points, d'objectifs d'apprentissages citoyens particulièrement consensuels, qui évite soigneusement tous les sujets brûlants, comme le chômage de masse ou l'explosion des inégalités. L'éducation à la paix se réduit à une éducation au pacifisme. Le pillage du Tiers-Monde n'est plus que « l'interdépendance qui règne désormais entre toutes les civilisations ». La lutte contre les discriminations entre les sexes ne semble concerner que les filles, dans une école où pourtant les garçons constituent la grande majorité des élèves en difficulté. L'auteur met sur le même plan, sans ciller, la lutte contre le racisme et l'éducation à la consommation. On a en fin de compte là, en guise d'éducation à la citoyenneté, un petit bréviaire affligeant du politiquement correct contemporain.

1. Jean Jaurès était un homme politique, Edgar Morin est un universitaire.

S'ils voulaient éviter de déprimer les examinateurs, les candidats étaient bienvenus à prendre leurs distances par rapport à la vision étriquée de l'éducation à la citoyenneté proposée par ce dernier texte. Le moins que l'on pouvait attendre était une prise de distance par rapport à la logique d'inculcation de conduites qui traverse tout ce texte. Son auteur, probablement sans s'en rendre compte, est aux limites de conceptions comportementalistes des apprentissages. Il est clair qu'une éducation sensée à la citoyenneté ne peut qu'être, par définition, aux antipodes de ces logiques du dressage.

On pouvait attendre également des candidats qu'ils restituent une place aux dissensions dans la vie démocratique. Avant d'apprendre « à régler les conflits par la parole », il faudrait commencer par poser que la conflictualité est le cœur même de la vie démocratique. Il n'était pas interdit de se souvenir de l'article 35 de la Déclaration de 1793 : « Quand le gouvernement viole les droits du peuple, l'insurrection est, pour le peuple et pour chaque portion du peuple, le plus sacré des droits et le plus indispensable des devoirs. » Même si la Déclaration de 1793 n'est pas reprise dans notre Constitution actuelle, elle n'en est pas moins inscrite profondément dans notre histoire, comme dans l'histoire de bien d'autres peuples que le nôtre, ainsi que l'actualité vient de temps à autre nous le rappeler.

Au-delà de ce rappel des réalités fondatrices de la vie démocratique, on pouvait aussi souligner que l'école n'a pas pour mission d'apprendre à penser comme tout le monde, mais d'apprendre à percevoir et penser les conflits à l'œuvre dans nos sociétés et notre monde. On retrouvait ainsi les lignes directrices des textes de Jean Jaurès et Edgar Morin. Une authentique éducation citoyenne est celle qui donne à chacun les instruments nécessaires pour penser le monde qui l'entoure, afin de pouvoir mieux peser sur lui dans ses démarches citoyennes. Cela implique que les maîtres d'école s'efforcent à un vrai travail d'acculturation, lequel ne consiste jamais à dérouler les détails de programmes, mais d'une part à hiérarchiser la masse indéfinie des savoirs pour en dégager l'essentiel, à savoir ce que Edgar Morin appelle ailleurs les « savoirs stratégiques », et d'autre part à articuler suffisamment ces savoirs pour que les élèves puissent en faire l'instrument d'une conscience unifiée et structurée du monde dans lequel ils vivent, une conscience capable de comprendre et même peut-être de définir un chemin dans le monde et dans l'histoire.

Une classe citoyenne n'est pas une classe apaisée et lissée, mais une classe agitée et passionnée.

D. Calin

7e SUJET CORRIGÉ

Académie d'Amiens, 2005

ÉNONCÉ

Thème : le métier d'enseignant

Dossier : l'exposé porte sur l'étude du document joint. Le candidat en dégage les idées essentielles (un document peut comporter un ou plusieurs textes).

Documents

Document 1 : conclusion de l'ouvrage de Michel Develay (1993), *De l'apprentissage à l'enseignement*, pp. 161-163, ESF, Paris.

Document 2 : conclusion de l'ouvrage de Bernard Rey (1998), *Faire la classe à l'école élémentaire*, collection « Pratiques et enjeux pédagogiques », pp. 124 et 125, ESF, Paris.

DOCUMENT 1

L'enseignant, le gestionnaire de situations éducatives

Apprendre est un processus mystérieux par lequel un sujet se transforme et généralement s'enrichit psychiquement en prélevant de l'information dans son milieu de vie. Pourtant, l'apprenant ne se comporte pas comme un prédateur. Il ne consomme pas, mieux même, il se crée en faisant exister le réel. Le sujet apprend non pas parce que le réel existe et qu'il cherche à le comprendre, mais c'est parce que l'homme cherche à le comprendre qu'il fait exister le réel. On retrouve la vieille idée constructiviste : le sujet se construit en construisant le monde.

Nous commençons à savoir comment cette prise d'informations et le traitement qui l'accompagne engagent le sujet au niveau de sa personnalité tout entière, cognitive certes, mais affective aussi. Au-delà des processus généraux, nous savons aussi que des processus singuliers différencient les apprentissages des sujets dans la même situation. L'apprentissage est d'abord un événement singulier. Nous le savons, même si nous proposons des modèles généraux pour en rendre compte.

Divers champs de savoirs sont susceptibles d'expliquer comment un sujet apprend en situation scolaire. Nous avons regroupé ces domaines en une théorie empirique donnant naissance au concept masculin de didactique capable de réconcilier le généreux mais général discours éthique, le rationnel mais parfois réducteur apport de la didactique, et la nécessaire contribution d'une pédagogie générale. La modélisation multiréférentielle à laquelle nous sommes parvenus devrait éclairer le complexe en montrant que les procédures qu'installe le sujet dans sa recherche de compréhension du réel sont lisibles par des regards divers, dont aucun n'est suffisant à lui seul et ne peut se dispenser des autres. Les didacticiens ne s'intéressent généralement qu'aux élèves qui ont envie d'apprendre, sans prendre en compte les élèves parfois plus nombreux qui renâclent à apprendre. La réflexion éthique offre des finalités pour l'action, celles qui font du regard d'autrui l'interrogation permanente que nous avons à porter sur les actions que nous engageons avec l'autre. Mais si l'éthique fonde le sens de l'action et peut permettre de la réguler, elle ne propose pas l'action, elle ne précise pas la situation d'apprentissage au plan fonctionnel. La pédagogie fournit des questionnements fondamentaux pour la gestion des apprentissages dans le quotidien et leur prise en compte dans le temps scolaire. Elle est pourtant trop générale pour embrasser la singularité de situations d'apprentissage confrontées à la diversité des savoirs à acquérir.

Comprendre comment l'élève apprend est le fondement de l'activité d'enseignement. C'est la raison pour laquelle nous nous sommes longuement interrogés à son propos. En effet, la fonction de l'enseignant n'est pas d'enseigner, elle est de veiller à ce que les élèves apprennent. Pari difficile qui oblige à faire œuvre d'ingénieur pour éviter l'imprévu en envisageant *a priori* tous les possibles, en traquant l'aléatoire. Pari osé qui nécessite d'agir en sachant que l'imprévisible surgira forcément. Ainsi l'enseignant est-il en permanence géomètre et saltimbanque, cherchant à tailler le cristal dans des nuages de fumée, à espérer le souhaitable alors qu'il ne peut attendre que le possible.

Ainsi vont les enseignants, passant des boulevards rêvés d'une théorie mesurée à l'aune de leurs espérances d'affranchissement, aux sentes tortueuses et escarpées d'une pratique à la dimension de leurs capacités de transformation. Dans cet incessant va-et-vient entre le souhaitable et le possible, entre les finalités et l'action, certains tombent parfois dans les certitudes de l'impossible changement, d'autres dans l'illusion de la conversion soudaine. La plupart, que nous espérons conforter dans cette voie, lorgnent de manière plus pragmatique dans la direction des changements ajustés à une politique des petits pas. Les leurs, ceux dont ils se sentent capables parce qu'ils ont trouvé une direction à leur entreprise. Nous souhaitons leur avoir proposé des traces à suivre. Elles ne sont pourtant encore que des pistes à défricher, qu'il leur restera à transformer en routes buissonnières, en chemins de randonnée... ou en jardins secrets.

Notre parti pris d'aborder les apprentissages au niveau des procédures ne nous a pas dirigés vers une analyse institutionnelle curieuse de la question des structures scolaires, de l'organisation de l'école ou de la formation susceptible d'installer l'utopie au cœur des institutions. Nous ne négligeons pas la quotidienneté de l'établissement avec ses contraintes, ses pesanteurs, ses freins, ses inerties. Nous savons que les propos les mieux argumentés ne modifient pas les pratiques, que la formation n'est pas magique, et que même parfois elle ne déclenche aucune transformation.

Nous avons ainsi fait le choix dans ce travail d'espérer que l'action pour chaque enseignant est possible au plan pédagogique, quel que soit son environnement. C'est là que réside la liberté du maître, son pouvoir créateur, conscient pourtant qu'il n'existe pas de méthode infaillible et que l'environnement institutionnel de travail au quotidien présente parfois des systèmes de contraintes qui peuvent faire vaciller les plus forts désirs d'action.

L'action de l'enseignant restera toujours dans la grisaille du compromis entre la perfection désirée et la résignation dans l'immobilisme, sa lumière résidant dans sa capacité à inventer et à gérer des situations didactiques.

DOCUMENT 2

Conclusion

Avoir de l'autorité, intéresser les élèves et les mettre au travail, mettre en place des démarches d'apprentissage, organiser la classe, être attentif aux individus : au fil des chapitres, nous avons présenté des aspects du métier qui paraissent très différents. Si cette dispersion est inévitable pour les besoins de l'exposé, elle ne doit pas faire illusion : tous ces aspects sont interdépendants.

L'organisation matérielle de la classe a une incidence sur le climat de travail. La qualité des rapports avec les parents encourage les enfants à entrer dans des tâches intellectuelles qui, sans cela, leur paraîtraient dépourvues de sens. L'acquisition de bonnes méthodes de travail peut dépendre de la facilité d'accès à quelques documents. Une bonne entente avec les collègues permet d'aplanir beaucoup de difficultés quotidiennes. Les problèmes d'autorité et de discipline sont notablement réduits dès qu'on propose aux élèves, sans temps morts, des activités stimulantes et exigeantes. Et lorsque les enfants sont heureux de venir à l'école parce qu'ils ont le sentiment qu'elle les aide à comprendre le monde, les relations avec les parents deviennent simples et confiantes.

Il ne saurait donc y avoir d'un côté des problèmes d'accès au savoir, c'est-à-dire des problèmes cognitifs qui pourraient se résoudre par des stratégies didactiques et, de l'autre côté, des problèmes de « conduite », de respect des règles, qui relèveraient de démarches relationnelles et pédagogiques. L'expérience de la classe fait sentir l'intrication profonde des deux aspects.

Ainsi, qu'un élève entre ou n'entre pas dans une tâche scolaire, qu'il l'accomplisse par une véritable activité conceptuelle ou bien, au contraire, qu'il tente d'en venir à bout par l'application mécanique d'une recette, ou qu'il essaie de deviner ce que le maître attend, ou encore qu'il tente de s'en sortir en soutirant quelque information à ses voisins, voilà qui dépend du sens qu'il donne à l'école et peut-être plus largement au monde. Aussi est-ce une des dimensions majeures du métier d'enseignant que d'être à l'affût du sens que manifestent les comportements des enfants. Et pour découvrir ce sens, il faut d'abord être convaincu qu'il y en a un, même quand l'élève commet une erreur qu'on est tenté de juger stupide, même quand il dit ce qui paraît être une sottise, même quand il se conduit d'une manière apparemment aberrante.

Mais il faut être convaincu aussi que ce sens peut être modifié. En participant activement à la reconstruction de certains aspects du savoir, un enfant peut saisir celui-ci comme autre chose qu'une série de données arbitraires qu'il reçoit de l'autorité du maître. Et s'il comprend que le savoir n'exige pas la soumission, il est sur la voie de comprendre également que la loi n'est pas toujours arbitraire et qu'elle peut être autre chose que l'effet d'un rapport de forces. C'est en tout cas une autre des dimensions du métier que de vouloir hausser les élèves à être des partenaires intellectuels. Ne jamais mépriser leur incompréhension, mais les tenir d'emblée comme porteurs de raison, précisément afin qu'ils le deviennent.

Le professeur des écoles, on le voit, n'est pas un factotum qui devrait tour à tour transmettre des compétences de grammaire, de géométrie, de lecture, d'histoire, d'arithmétique, d'éducation physique, etc. Sa mission est plus globale. En montrant que, personne unique, il est capable de s'intéresser à un problème mathématique mais aussi à une poésie, à un document géographique mais aussi à un jeu de ballon, à un roman mais aussi à la vie des plantes, il donne un exemple de ce que peut être un humain. Mais il est également celui qui montrera qu'on ne s'y prend pas de la même manière pour savoir ce qui est exact en mathématiques et ce qui l'est en histoire, qu'on ne prend pas en compte les mêmes aspects quand on écrit un texte de fiction et quand on décrit une expérience électrique.

Par-delà les spécificités disciplinaires encore, le professeur des écoles est celui qui inlassablement fait voir les choses du point de vue de la rationalité, c'est-à-dire du point de vue par lequel elles peuvent être comprises. C'est lui toujours qui fera découvrir tout le parti qu'on peut tirer de la pratique d'écriture pour mieux organiser l'activité intellectuelle.

Faire la classe : métier multiple, difficile, exigeant, métier qui requiert des qualités de négociation (avec les élèves, les parents, les collègues, l'inspecteur, etc.), métier qui impose de s'adapter, de se différencier, mais métier qui, parfois, apporte le très puissant plaisir de faire comprendre.

Corrigé

Ce sujet, issu des annales 2005, a été aménagé selon l'arrêté du 10 mai 2005 (*BO* n° 21 du 26 mai 2005).

Commentaire

Nous avons là un dossier d'une qualité exceptionnelle dans ce concours. Le texte de Michel Develay est superbe d'intelligence et d'écriture. Si le texte de Bernard Rey est moins brillant, il est cependant très supérieur à la plupart des textes pédagogiques à orientation « pratique ».

Les deux textes sont extraits de la conclusion d'un ouvrage. Chacun d'eux est de ce fait très dense. Les auteurs multiplient les idées, les croisent, les tissent, sans s'attarder à les expliquer, puisqu'elles sont supposées connues des lecteurs de l'ouvrage que chacun de ces textes conclut. Cette richesse redoublée était susceptible de mettre en difficulté les candidats, en particulier ceux d'entre eux qui ne s'étaient pas assez préparés à cette épreuve en se donnant une culture pédagogique suffisante. Il était difficile de suivre les auteurs dans leur jonglerie conceptuelle et d'en saisir toute la portée sans une solide connaissance des grands débats pédagogiques. Un tel document est particulièrement discriminant : il permettait aux meilleurs candidats de briller avec ces bons auteurs, mais il laissait peu de chances aux autres. Après tout, c'est la fonction même d'un concours.

Les deux textes sont consacrés à une réflexion sur les caractéristiques du métier de professeur des écoles. Ils en donnent, certes chacun à sa façon, des représentations très proches. Au « comprendre comment l'élève apprend est le fondement de l'activité d'enseignement » de Michel Develay, fait écho le « aussi est-ce une des dimensions majeures du métier d'enseignant que d'être à l'affût du sens que manifestent les comportements des enfants » de Bernard Rey. Conception fortement « pédocentrique », selon un terme avancé autrefois par Jean Vial[1] pour désigner une des évolutions majeures des pratiques pédagogiques au cours du XXe siècle. Michel Develay va plus loin encore avec cette

1. Jean Vial, « L'époque contemporaine », dans (1971) *Traité des sciences pédagogiques* (Tome 2 : *Histoire de la pédagogie*), PUF, Paris, sous la direction de Maurice Debesse et Gaston Mialaret.

affirmation tranquillement provocatrice : « la fonction de l'enseignant n'est pas d'enseigner, elle est de veiller à ce que les élèves apprennent », qui prend soudain sous sa plume une allure d'évidence.

Une telle conception du métier d'enseignant est très exigeante intellectuellement, d'autant plus que chacun des auteurs insiste sur la complexité des tâches qu'il assigne aux enseignants, Michel Develay en soulignant l'extrême variabilité individuelle des processus d'apprentissage, Bernard Rey en mettant en évidence l'intrication des multiples facteurs qui font la vie d'une classe. On est très loin de la simplicité maîtrisée d'une conception du métier de professeur des écoles centrée sur la préparation de séquences mûrement réfléchies dans la paix nocturne du bureau du maître, entouré de tous les documents nécessaires, qu'il suffirait ensuite au matin de dérouler avec des élèves appliqués. Conception « magistrocentrique », écrivait Jean Vial[2]. Enseignant « géomètre », écrit Michel Develay, qui ne nie pas que ce soit là un passage obligé du métier : il faut bien savoir « enseigner » pour pouvoir ensuite remplir sa vraie fonction, à savoir « veiller à ce que les élèves apprennent ». Ce cœur du métier excède toute préparation, parce qu'il consiste à se confronter sur le vif à la complexité des processus d'apprentissage des enfants, selon Michel Develay, ou des significations de leurs comportements, selon Bernard Rey. Michel Develay demande aux enseignants de se préparer à cette tâche en les invitant « à faire œuvre d'ingénieur pour éviter l'imprévu en envisageant *a priori* tous les possibles, en traquant l'aléatoire ». Comme un ingénieur doit envisager tous les paramètres susceptibles d'intervenir dans la complexité du réel, pour assurer convenablement la solidité de son ouvrage et la sécurité de ses futurs utilisateurs, l'enseignant doit s'efforcer autant que faire se peut de prévoir les multiples réactions possibles des élèves face à la tâche d'apprentissage devant laquelle il va les placer. On notera que la métaphore qui va du géomètre à l'ingénieur opère un bond dans la complexité du métier ainsi redéfini. On est ici très proche des conceptions de Philippe Perrenoud. Mais, selon Michel Develay en particulier, cette préparation sophistiquée ne suffira pas à éviter toute surprise face aux élèves : « l'imprévisible surgira forcément. » Alors l'enseignant devra en fin de compte se faire « saltimbanque », mobiliser toutes ses ressources intellectuelles, relationnelles et émotionnelles pour accompagner convenablement les « processus singuliers » de chacun de ses élèves, face à « la singularité de situations d'apprentissage ». « Pari osé », en effet, qui revient à rêver de « tailler le cristal dans des nuages de fumée », tant à ce stade la complexité est inépuisable et déborde toute prévision possible.

Reprenons maintenant le fil de chacun de ces textes, au-delà de ces caractéristiques communes. Nous allons essayer d'expliciter au mieux leurs richesses, au-delà de ce qu'un candidat peut faire en 10 minutes d'exposé : ces textes en valent la peine, leur lecture approfondie est en elle-même formatrice.

Michel Develay pose d'abord la signification psychique fondamentale des processus d'appren-tissage, conçus comme processus de construction du sujet lui-même. On est ici aux antipodes des conceptions naïves, qui imaginent l'enseignement comme un « bourrage de crâne » et les connaissances comme des « choses » à « se faire entrer dans la tête » pour les « recracher » les jours d'évaluation. Des formulations comme « [l'apprenant] se crée en faisant exister le réel », « l'homme (...) fait exister le réel » ou « le sujet se construit

2. *Idem.*

en construisant le monde » avaient de quoi surprendre les candidats étrangers aux philosophies idéalistes ou à certaines théorisations psychanalytiques, références qui ne sont certes pas exigibles d'un candidat à ce concours. Plus attendue de postulants à l'enseignement primaire, évoquée directement dans ce paragraphe comme « la vieille idée constructiviste », une bonne connaissance de Jean Piaget pouvait ouvrir à la compréhension de ces formulations : un des deux livres de Jean Piaget consacrés au développement psychologique de l'enfant durant les deux premières années de la vie s'intitule en effet *La Construction du réel chez l'enfant*[3]. Que cet auteur de référence soit connu ou non, il suffisait cependant de comprendre que ce dont il est question ici n'est pas d'ordre physique, mais d'ordre **psychique**. L'idée, aisément abordable, selon laquelle le sujet « s'enrichit psychiquement » en améliorant sa connaissance du monde suffisait pour s'approprier l'essentiel de ce paragraphe difficile. Encore fallait-il saisir ce que cela implique pour la définition même du métier de professeur des écoles : en effet, si l'on admet cette définition « constructiviste » de l'apprentissage, enseigner n'est plus seulement transmettre des savoirs ou savoir-faire, mais accompagner un sujet dans son effort pour se construire à travers cette « transmission ». La suite de ce texte va déployer cette idée.

La première implication de cette définition de l'apprentissage, c'est qu'il engage « le sujet au niveau de sa personnalité tout entière, cognitive certes, mais affective aussi ». Apprendre n'est pas seulement affaire d'intelligence ou de raison, encore moins de manipulation d'informations comme le voudrait une certaine « neuropsychologie cognitive », mais affaire tout autant de sentiments et de passion. Certaines difficultés d'apprentissage, souvent particulièrement tenaces, ne sont en rien des difficultés de pensée, mais seulement des affaires de cœur. Comment par exemple accepter à sept ans, en apprenant à lire, de dépasser un père illettré que l'on vénère ? Cela oblige également l'enseignant. Même en laissant de côté des cas très particuliers tels que celui que nous venons d'évoquer, l'enseignant, qu'il le veuille ou non, qu'il en ait ou non conscience, ne s'adresse jamais seulement à des êtres de raison, contrairement à ce qu'affirme trop vite Bernard Rey lorsqu'il pose que « le professeur des écoles est celui qui inlassablement fait voir les choses du point de vue de la rationalité ». Comme tout bon enseignant le pressent, il s'adresse toujours au moins autant aux affects de ses élèves qu'à leur intelligence, et il ne peut « faire passer » son enseignement qu'au prix de sa propre implication émotionnelle, tant dans sa relation privée à ce qu'il transmet que dans sa relation à chacun de ses élèves. On n'enseigne bien que ce que l'on aime, et à des personnes pour lesquelles on éprouve suffisamment de bienveillance pour désirer les tirer vers soi.

Michel Develay évoque ensuite assez longuement la « modélisation multiréférentielle » proposée par l'ouvrage que ce texte conclut. Il n'est évidemment pas question ici de reconstruire cet ouvrage. Il suffit de noter ce que sont, selon cet auteur, les trois grandes lignes directrices d'une réflexion globale sur l'enseignement : une « réflexion éthique » sur les finalités de l'enseignement, une réflexion « didactique » sur l'organisation de la transmission des savoirs et savoir-faire, une réflexion « pédagogique » sur l'organisation de la classe dans le temps et l'espace scolaires. Notons que Michel Develay est peut-être encore trop optimiste lorsqu'il écrit que « les didacticiens ne s'intéressent généralement

3. Jean Piaget (1937), *La Construction du réel chez l'enfant*, coll. « Actualités pédagogiques et psychologiques », Delachaux et Niestlé, Neuchâtel/Paris.

qu'aux élèves qui ont envie d'apprendre ». Ne s'intéresseraient-ils pas plutôt seulement, selon une remarque de Célestin Freinet, à ces « individus que l'école [a] suffisamment marqué de son autorité, comme ces chiens de berger que la vie a dressés à suivre passivement le maître et qui se sont résignés à ne plus obéir à leur rythme de chien franchissant sentiers et fourrés[4] », donc à des élèves qui se sont résignés à apprendre selon les voies tracées par le maître et au rythme par lui défini, ou par les didacticiens qui l'inspirent ? Les élèves des didacticiens ne sont-ils pas plus des élèves révérencieux que des élèves motivés ? Un enfant qui désire fortement apprendre quelque chose se débrouille souvent pour l'apprendre par-devers lui, sans méthodologie repérable, fort loin des canons de la bonne didactique.

Michel Develay ajoute ensuite à ces trois principaux facteurs que son modèle articule ce qui en constitue plus un point de fuite qu'une quatrième ligne directrice : la prise en compte des singularités irréductibles de la confrontation de chaque élève à chaque situation d'apprentissage. Cette idée est développée dans le paragraphe le plus tonique de ce texte. Elle fait de l'enseignant un ingénieur perpétuellement voué à traquer en vain l'aléatoire des modalités concrètes d'apprentissage, ou de résistance à l'apprentissage, de chacun des élèves de sa classe. Ainsi, ce ne sont pas seulement les élèves indociles et aventureux décrits par Célestin Freinet qui sont invités à suivre leurs « instincts[5] », mais les enseignants eux-mêmes auxquels Michel Develay propose « des pistes à défricher, qu'il leur restera à transformer en routes buissonnières, en chemins de randonnée... ou en jardins secrets ».

Michel Develay clôt son texte en reconnaissant avoir délaissé la dimension institutionnelle des pratiques scolaires. Le texte de Bernard Rey fait, lui, une large place à cette dimension institutionnelle du métier d'enseignant, même s'il n'en aborde pas les aspects les plus généraux, les plus politiques. Il traite en particulier la question de la relation aux parents, qui n'est pas même évoquée par Michel Develay. Bernard Rey établit un lien fort entre la relation aux parents et la perception du sens de l'école par les élèves. Ce lien joue dans les deux sens. D'une part, si les relations entre les parents et le maître ou, mieux, l'équipe pédagogique, sont bonnes, l'enfant en conclura que tous les adultes qui comptent pour lui sont unis autour de sa scolarisation, ce qui soutiendra sa propre implication à l'école. D'autre part, si l'enfant s'approprie convenablement le sens profond des apprentissages, « comprendre le monde », il entraînera ses parents dans son investissement positif de la scolarisation. Cette analyse complexe de la relation aux familles permet de sortir des représentations habituelles, qui oscillent de part et d'autre entre méfiance et accusation. Elle présente en particulier l'avantage d'impliquer fortement l'enseignant dans la construction par l'enfant du sens de sa présence à l'école, tâche dont les enseignants font trop souvent une sorte de prérequis de l'entrée à l'école.

Un autre élément intéressant du texte de Bernard Rey réside dans la façon dont il articule la question classique de la « discipline », au sens de la régulation des comportements en classe, et la prise en compte par le maître des « problèmes cognitifs » des élèves. En effet, si l'on écarte la petite minorité d'élèves réellement incapables de maîtriser leurs

---

4. Célestin Freinet, « Les aigles ne montent pas par l'escalier », dans *Les Dits de Mathieu (Une pédagogie moderne de bon sens)*, coll. « Actualités pédagogiques et psychologiques », Delachaux et Niestlé, Paris.
5. *Idem.*

impulsions, la plupart des élèves qui perturbent la bonne marche de la classe sont des élèves par ailleurs capables de réguler leurs conduites, comme on peut parfois le constater dans la cour de récréation ou dans des activités périscolaires ou extrascolaires. S'ils perturbent la classe, c'est qu'ils vivent la classe comme quelque chose qui ne s'adresse à eux que pour les mettre en échec. On pourrait dire qu'ils ne perturbent pas « la bonne marche » de la classe, mais une classe qui « marche » mal, parce qu'elle ne prend pas en compte leurs propres difficultés ou modalités d'apprentissage, à l'encontre donc des injonctions répétées des textes législatifs et réglementaires.

Les candidats avaient toute liberté pour choisir, parmi les multiples possibilités ouvertes par ces deux textes, la problématique sur laquelle construire la partie plus personnelle de leur exposé. En fonction en particulier des points forts de leur culture ou de leur expérience personnelles, et sachant que l'entretien porte le plus souvent, naturellement, sur la problématique mise en avant par le candidat lors de son exposé.

Globalement, le document privilégiait les problématiques, étroitement liées, de la conception du métier et du sens de l'école. Les candidats bien préparés gagnaient ici à mettre en avant, en complément du document, des références à Philippe Perrenoud ou à Bernard Charlot et Jean-Yves Rocheix. Une réflexion plus personnelle et plus critique pouvait porter sur les difficultés montantes du métier, à commencer par la difficulté à construire avec les enfants le sens de leur présence en classe dans un environnement social qui, non seulement marginalise des pans entiers de la population, mais aussi, plus fondamentalement peut-être, promeut de plus en plus exclusivement des valeurs de pouvoir et d'argent. Ce qui est aux antipodes des valeurs fondamentales de la scolarisation, centrées avant tout sur une pensée studieuse et prudemment critique et sur la promotion d'une citoyenneté responsable et solidaire.

D. Calin

8e SUJET CORRIGÉ

Académies de Paris-Créteil-Versailles, 2005

ÉNONCÉ

Dossier : l'exposé porte sur l'étude du document joint. Le candidat en dégage les idées essentielles (un document peut comporter un ou plusieurs textes).

Document
« L'art dans l'éducation, poudre aux yeux ou discipline fondamentale ? », extrait d'une conférence de Philippe Meirieu donnée le 26 octobre 2000 à La Bouboule (Puy-de-Dôme).

DOCUMENT

L'art dans l'éducation, poudre aux yeux ou discipline fondamentale ?

[...]

Je terminerai cela par une simple anecdote. Voilà peu, dans une classe, j'étais à écouter, comme disent nos amis québécois, une maîtresse qui racontait Le Petit Poucet avec beaucoup de talent. C'est une vieille histoire dont je ne me rappelais pas le détail, et qui m'a surpris, parce que c'est assez gore, plutôt violent - abandon d'enfant, trahison de la fratrie, anthropophagie, etc. -, avec des sous-entendus sexuels extrêmement violents. Et les enfants étaient complètement passionnés par ce Petit Poucet, qu'ils écoutaient comme quelque chose d'absolument essentiel. En discutant ensuite avec la maîtresse, elle me disait, ce qui me convainc complètement, que s'ils sont tellement passionnés par Le Petit Poucet, c'est qu'il leur parle d'eux, de leurs vraies questions : leur peur d'être abandonnés par leurs parents, leur peur d'être mangés, cette frontière si difficile entre l'affection et la voracité (probablement la seule question humaine qui vaille la peine d'être travaillée : à partir de quel moment l'autre m'aime-t-il tellement qu'il m'étouffe ? Et comment peut-il m'aimer suffisamment sans m'étouffer ?). Ces questions-là, qui intéressent évidemment les gamins au premier chef, la maîtresse ne va pas les traiter en faisant de la psychanalyse sauvage ; elle va le faire en apportant un objet culturel, artistique aussi, dans lequel l'enfant va se reconnaître, va savoir qu'on parle de lui, sans être violé dans son intimité. Il va identifier qu'il s'agit de quelque chose qui le concerne, que cette chose-là le relie aux autres élèves de la classe et qu'il n'est pas seul à avoir ces angoisses, qu'elle le relie aussi aux gens qui ont existé avant lui dans l'histoire du monde, et peut-être même à ceux qui existeront après lui - parce que le sommet du plaisir pour un enfant qui a aimé Le Petit Poucet, c'est de le raconter à son tour à d'autres, en faisant en sorte qu'en le racontant à d'autres, il fasse aussi vivre aux autres les émotions qu'il a vécues.

Nous touchons là quelque chose de fondamental, et vous voyez bien la place que peut prendre ce qu'on appelle l'art. L'art, ça peut être justement cette manière d'introduire cette dimension anthropologique, ces questions fondamentales, sous une forme acceptable par l'imaginaire enfantin, et pas dans une discipline séparée. Cette forme acceptable doit à la fois être efficace en termes de rapport entre les moyens et le résultat, en termes d'ellipse - il faut laisser l'enfant penser, c'est pour cela que le contraire de l'art n'est pas le non-art, mais l'obscénité, à savoir ce qui dit tout et ne permet pas de penser, ni d'imaginer, ni de trouver sa propre place. On voit bien que l'art va donner la possibilité d'accéder à ces questions-là, de réinscrire l'enfant dans une chaîne généalogique extrêmement importante pour lui - si on lui présente des œuvres qui font écho, qui ne soient pas simplement des manières d'habiller ses préoccupations, mais des manières de leur donner de l'ampleur tout en les relativisant -, ce qui est essentiel pour grandir. Il faut que je sente que mes angoisses ne sont pas seulement à moi, ce qui leur donne de l'ampleur, et c'est parce que je sens qu'elles sont aussi à d'autres que je les relativise, que je peux les apprivoiser et vivre avec elles. L'art va favoriser et permettre cela, sous des formes diverses, picturales, théâtrales, musicales, etc. Toutes les formes d'art possibles sont des échos de ces questions fondamentales, mais exprimées de telle manière qu'elles sont "traitables" par l'imaginaire enfantin.

[...]

Deuxième série de remarques : l'art est à la convergence de cette question du sens et d'une seconde question essentielle pour les enfants d'aujourd'hui, celle de l'accès à l'universel.

[...] Cette manière d'imposer à des enfants des formes culturelles considérées comme universelles et supérieures aux autres, dans une démarche que je qualifie "de colonisation" par provocation, est une façon de nier ce que les autres cultures d'une part, et ce que tout enfant d'autre part peuvent découvrir d'universalité. Et contre cette manière un peu arrogante d'imposer un universel qui serait édifié de façon définitive par l'Académie française et le Panthéon réunis, il me semble intéressant d'explorer des voies où l'universel se construit avec les personnes, dans un travail où se rencontrent les singularités et les différences. Le véritable universel est modeste, ce n'est pas celui que l'on impose, c'est celui auquel on accède. Si Les Misérables sont un texte universel, si la "tempête sous un crâne" de Jean Valjean est un texte universel au sens où il exprime de la manière la plus forte ce qu'est le cas de conscience d'un individu pris entre deux exigences contradictoires, ce n'est pas parce que l'Académie française l'a décrété en expliquant qu'il s'agissait d'un chef-d'œuvre à enseigner à tout le monde... C'est parce que des millions d'instituteurs ont réussi, en parlant de Jean Valjean et de la "tempête sous un crâne", à faire entendre à des enfants que ce dont il était question ici s'adressait aussi à eux. L'universel s'est construit dans l'éducatif. C'est pourquoi je fais cette hypothèse : dans un certain nombre de lieux où ce qu'on appelle aujourd'hui l'interculturalité se réduit le plus souvent à la multiculturalité ou à la juxtaposition des cultures, avec bien évidemment une hiérarchisation subtile de celles-ci, je crois que cette multiculturalité, pour devenir une véritable interculturalité et accéder à une véritable universalité, doit passer par une confrontation qui permet d'accéder à la manière dont ces différentes cultures répondent ensemble, différemment mais ensemble, aux fameuses questions anthropologiques dont je parlais tout à l'heure.

[...]

Nous touchons là ce en quoi l'art est extraordinairement porteur de rassemblement entre les hommes. Pour reprendre une expression d'Edgar Morin, il produit de "la reliance". Il relie, à condition qu'il ne relie pas comme on rattache ou comme on colonise mais qu'il relie comme on appelle, comme on est capable de faire entendre que ce qu'il dit a de l'écho chez d'autres que ceux qui le disent. A ce titre, on voit bien la portée de l'éducation artistique, en tant qu'elle est une seule, peut-être la seule éducation citoyenne fondamentale - dans la mesure où elle est fondatrice de tous les concepts de citoyenneté, à savoir que l'homme est quelqu'un de sacré... Et cette découverte du sacré à travers les formes d'expression artistique est quelque chose de tout à fait fabuleux. [...]

Corrigé

Ce sujet, issu des annales 2005, a été aménagé selon l'arrêté du 10 mai 2005 (*BO* n° 21 du 26 mai 2005).

Commentaire

Le texte proposé est extrait d'une conférence de Philippe Meirieu et interroge sur l'importance de l'art dans l'éducation. Ce texte est assez court et développe une seule idée centrale. C'est pourquoi le candidat devra, après avoir défini et commenté cette idée, montrer comment l'école peut – ou ne peut pas – mettre en œuvre une pédagogie qui y réponde.

La première partie du texte montre que le rôle de l'art est essentiel pour l'enfant dès son plus jeune âge.

Les contes traditionnels que l'on raconte aux enfants à l'école sont pour la plupart très effrayants parce qu'ils traduisent leurs peurs fondamentales, notamment celle de l'abandon ou, à l'inverse, celle de l'amour étouffant. Vouloir aborder ces sujets par un autre biais relèverait vite de l'« obscénité ». Ces contes sont des objets artistiques qui permettent aux enfants de se relier entre eux et également de créer un lien avec l'humanité passée et à venir.

C'est cette dimension fondamentale qui donne au conte traditionnel son statut artistique, car le message passe sous une forme accessible et acceptable par l'enfant ; c'est plus largement une des missions de l'art d'exprimer nos angoisses et de les ancrer dans une culture commune afin de les sublimer.

Nous pouvons cependant relever que, dans cet extrait, seuls des sentiments négatifs comme l'angoisse et la peur sont considérés comme point de départ à la création artistique. S'en tenir strictement à cette interprétation serait réducteur et se limiterait à une conception très psychanalytique de l'art, proche certainement d'une vision très actuelle et très occidentale de l'art. L'histoire de l'art montre, à d'autres époques et dans d'autres lieux, d'autres ressorts de création : l'expression de l'amour, des sentiments mystiques et religieux, la conception de la « beauté » idéale, la fixation de sensations fugaces, etc.

Cette remarque introduit d'ailleurs l'enchaînement du texte, car l'auteur élargit ensuite son propos : les enfants aujourd'hui, grâce aux technologies modernes, ont un accès beaucoup plus facile à la culture mondiale. Or cette vaste culture, si elle n'est considérée qu'à travers le regard très subjectif de nos institutions, risque d'être victime d'une hiérarchisation proche de l'esprit colonialiste. La dimension artistique d'une œuvre lui donne un statut universel parce qu'elle doit être potentiellement signifiante et accessible en dehors de sa propre culture. Les multiples cultures mondiales ont un accès commun à l'art lorsque les œuvres ont une résonance universelle : il faut pour cela qu'une confrontation des manifestations artistiques de ces cultures soit effective. Les technologies modernes constituent un extraordinaire vecteur d'échanges culturels entre les hommes, en dehors des circuits très fermés des musées, des galeries d'art, des salles de concert, des maisons d'édition. On peut espérer que cette ouverture sera exploitée et ira dans le sens de l'universalisation de la culture artistique.

Parmi les différentes formes d'expression artistique, certaines sont plus facilement accessibles à d'autres cultures.

– La littérature rencontre la barrière des langues : un certain nombre d'œuvres considérées comme universelles sont traduites dans le monde entier, mais combien d'autres n'ont pas l'audience qu'elles mériteraient, faute d'être traduites et/ou éditées.

De nombreux contes traditionnels du monde entier sont cependant à la disposition des élèves et l'école, particulièrement l'école maternelle, les utilise pour permettre aux enfants de partager d'autres approches culturelles. Pour des élèves plus âgés, d'autres textes fondamentaux jouent ce même rôle, comme les grands mythes grecs, l'Ancien Testament, la Mahabharata, etc.

– La musique, qui *a priori* semble directement à la portée de tous, est très tributaire d'une éducation de l'oreille et il est difficile pour un non-initié d'apprécier une musique basée sur des sons et des harmonies qui le déconcertent.

C'est pourquoi l'école, dès le début de la maternelle, doit jouer son rôle éducatif en faisant écouter aux élèves des musiques du monde entier. Tout comme dans l'apprentissage précoce des langues, c'est lorsque l'enfant est très jeune qu'il développe les capacités de son oreille à entendre et à mémoriser des sons variés : il sera plus enclin à apprendre d'autres langues, il écoutera plus volontiers d'autres musiques si son oreille a été sollicitée et formée très tôt par un large éventail d'écoutes variées.

– Les arts visuels semblent présenter un abord plus immédiat, mais ne demandent pas moins une éducation certaine pour être réellement accessibles.

De plus en plus d'écoles possèdent une artothèque qui permet aux élèves d'étudier des œuvres d'art grâce à des reproductions qu'ils peuvent emprunter et emmener chez eux. Ces collections doivent présenter des œuvres d'art du monde entier afin d'élargir la culture des élèves. Pour les élèves les plus jeunes, le seul contact avec les œuvres picturales est déjà formateur, mais il faut néanmoins que les œuvres soient présentées dans un contexte favorable car l'enfant est aujourd'hui environné d'une foule d'images qu'il ne peut appréhender seul.

La réponse à la question du titre « L'art dans l'éducation, poudre aux yeux ou discipline fondamentale ? » n'a pas été formulée tant elle est évidente. Comment pourrait-on considérer que l'art dans l'éducation constitue de la « poudre aux yeux » ? Il est vrai que l'on a parfois entendu : « Qu'ils apprennent d'abord à lire et à écrire ! » Mais ce type de discours alimenté par des constats mal fondés ne peut avoir d'autre propos qu'un opportunisme de mauvaise foi destiné à flatter quelques nostalgiques de l'école du début du siècle dernier.

Les programmes officiels répondent eux-mêmes à la question en consacrant une quinzaine de pages à « la sensibilité, l'imagination, la création » et quelques autres à la « familiarisation avec la littérature » en ce qui concerne l'école maternelle. À l'école élémentaire, l'éducation artistique et la littérature occupent une trentaine de pages. C'est donc une importance accrue, par rapport aux programmes précédents, qui est accordée aux enseignements artistiques. Les « arts visuels » prennent en compte d'autres formes d'expression artistique, comme la photographie, le cinéma et la vidéo. « L'école, dit-on dans les programmes de l'école primaire, a pour objectif de développer les aptitudes et les talents. »

Mais Philippe Meirieu va plus loin : si, comme il l'a montré plus haut, à travers l'art, l'homme comprend que ses angoisses sont partagées par d'autres dans le monde entier, qu'il découvre des sentiments ou des sensations qu'il n'aurait pas éprouvés autrement et qui le font avancer dans la compréhension de l'autre ; si grâce à l'art, l'homme a le sentiment de pouvoir communiquer dans une langue universelle et transcendantale, ne peut-on considérer l'éducation artistique comme « la seule éducation citoyenne fondamentale » ?

D'autres auteurs, comme George Jean, pensent que l'éducation artistique, à travers le développement de l'imaginaire, permettrait l'ouverture progressive des enfants et des hommes vers le monde extérieur.

Les enseignants, lorsqu'ils s'engagent dans une classe à projet artistique et culturel, ont l'impression de s'investir avec leurs élèves dans une voie très exigeante en temps et en énergie, et s'aperçoivent généralement ensuite qu'ils ont atteint ensemble un objectif d'une intensité et d'une qualité exceptionnelles. Ce constat n'est sans doute pas sans rapport avec l'affirmation de Philippe Meirieu et il lui donne raison.

L'éducation artistique peut également jouer un rôle déterminant pour lutter contre l'échec scolaire en offrant aux élèves en difficulté l'occasion de retrouver un sens à leur scolarité, aux savoirs qu'ils construisent, de leur éviter l'exclusion et de leur redonner confiance : dans les activités de création artistique, il n'y a pas d'échec. L'espace de confiance qui est mis en place permet aux élèves de s'engager, d'explorer, de faire des erreurs sans être jugés, d'écouter, de mobiliser leur sens des responsabilités et de conquérir leur autonomie.

B. Bidal

9e SUJET CORRIGÉ

Académies de Paris-Créteil-Versailles, 2005

ÉNONCÉ

Dossier : l'exposé porte sur l'étude du document joint. Le candidat en dégage les idées essentielles (un document peut comporter un ou plusieurs textes).

Document
André Giordan (2002), *Une autre école pour nos enfants ?,* Delagrave.

DOCUMENT

Entretien avec André Giordan : l'enseignant doit comprendre qu'il est d'abord un professionnel de l'élève

FJ- Votre livre donne une vision très pessimiste de l'école. Que ce soit sur la violence du système scolaire ("la violence est trop présente dans l'école parce que certains enseignants sont trop insuffisamment formés pour travailler avec des jeunes surtout en raison d'une organisation devenue autiste de l'école", p 132) ou le rôle de l'école ("les temps de l'apprendre sont mal pris en compte par l'école" p 200). Ce bilan n'est-il pas excessif ? N'y a-t-il pas encore place à l'inventivité, la création, l'estime dans le système ?

AG- L'un n'exclut pas l'autre ! Jamais les innovations n'ont été aussi nombreuses, notamment dans les ZEP. Jamais l'école n'a été aussi ouverte. On voit même de plus en plus d'administrateurs et d'inspecteurs prêts à transformer l'école ! Le problème est plus global. Ses dysfonctionnements viennent surtout des programmes, totalement inadaptés, et de son organisation institutionnelle archaïque, d'abord sur le plan pédagogique.
Tous les clignotants virent au rouge. 27 % des collégiens et 23 % des lycéens déclarent s'ennuyer en classe. Pour preuve, l'absentéisme qui explose et atteint désormais, assez couramment, des taux de 12 à 15 %, avec des cas extrêmes allant jusqu'à 50 % dans les lycées professionnels. Des chiffres inconcevables il y a à peine quinze ans.
Plus grave... En France, l'école pratique l'exclusion en accentuant une sélection par l'échec. 60 000 élèves, soit 10% d'une classe d'âge, sortent de l'école chaque année sans aucun diplôme, dont 25 000, pratiquement analphabètes.
Et qu'en est-il pour les autres ? Pour ceux qui ont réussi le baccalauréat, le savoir appris est oublié au bout de quelques semaines. Et ils n'ont pas acquis au cours de leur scolarité les savoirs importants pour comprendre notre époque. Il ne suffit plus d'apprendre à lire, à écrire ou à compter... De nos jours, on est tout aussi illettré qu'un homme qui, au début du XXe siècle, ne savait pas lire le journal, si on ne connaît pas les bases de la psychologie, du droit, de

l'anthropologie, de la communication, etc. ou si on ne sait pas entreprendre, travailler en groupe ou monter un projet.

FJ- Une des tares du système que vous dénoncez c'est l'empilement des connaissances sans lien, l'accumulation de disciplines indépendantes les unes des autres. Pourtant, vous demandez que l'école s'ouvre à de nouvelles disciplines. N'est-ce pas prendre le risque soit d'un allégement de chaque discipline et d'un vide culturel, soit d'un alourdissement du système ?

AG- Oui ! Il faut alléger certaines disciplines pour aller à l'essentiel de leurs apports. Les maths, par exemple, sont grandement à mettre au " light " dans leur aspect algorithmique et leur vocabulaire abscons. Elles sont surtout à reconsidérer pour aborder l'incertitude, l'aléatoire ou la complexité. Autrement, on continue à " produire " des individus aveugles à leur époque. Ensuite, pourquoi enseigner toutes les disciplines, toutes les années... comme un rituel ?
Par contre d'autres matières sont à démarrer plus tôt, notamment la philosophie, les langues, à envisager dès la maternelle. En parallèle, d'autres approches deviennent incontournables, notamment les approches transversales avec des "savoirs organisateurs" pour éviter l'émiettement ou de nouvelles approches, telles que l'approche systémique, globale ou complexe.

Assez de réformettes ! Pour transformer l'école, il faut revisiter radicalement les programmes. La question fondamentale à se poser est : de quels savoirs les jeunes doivent-ils disposer pour comprendre leur époque ?

FJ- L'identité des enseignants dans le secondaire c'est d'abord leur discipline. Pensez-vous réellement que l'on puisse diminuer la part de certaines disciplines ?

AG- Il le faudra pourtant bien, progressivement... C'est sur la durée qu'un système d'une telle ampleur se transforme. Actuellement, il est vrai que mes collègues se définissent par leur discipline d'origine. Une autre formation des enseignants est à mettre en place au plus vite. L'enseignant doit comprendre qu'il est d'abord un professionnel de l'élève et de l'apprendre. La période actuelle est favorable à de telles transformations, car il faudra former plus de la moitié du corps enseignant en 10 ans en vue d'une relève.

FJ- Comment expliquer que certaines disciplines soient absentes du système scolaire ?

AG- C'est une question d'Histoire. Dans sa célèbre lettre aux instituteurs du 17 novembre 1883, Jules Ferry donne pour mission aux instituteurs "de donner à vos élèves l'éducation morale et l'instruction civique." Ensuite seulement viennent : "la lecture et l'écriture." Puis, dans cet ordre, il propose d'enseigner :

- **"la langue et les éléments de la littérature française ;**
- **la géographie, particulièrement celle de la France ;**
- **l'histoire, particulièrement celle de la France jusqu'à nos jours ;**
- **les éléments des sciences, naturelles, physiques et mathématiques ; leurs applications à l'agriculture, à l'hygiène, aux arts industriels; les travaux manuels et l'usage des outils des principaux métiers ;**
- **les éléments du modelage et de la musique ;**
- **la gymnastique. "**

Depuis, rien n'a changé ou presque... Le savoir en place à l'école aujourd'hui est celui qui avait "pignon sur rue" au XIXème siècle. Avec l'exception de la médecine et du droit. Pour ce dernier savoir, Jules Ferry l'avait envisagé dans son ébauche de programme, mais la corporation des avocats s'y est opposée !
Et c'est sur cette base ancienne qu'on voudrait permettre à des enfants d'appréhender le XXIème ?

FJ- Quelles autres pesanteurs paralysent l'évolution du système scolaire ?

AG- Avec les disciplines, l'autre pesanteur principale est l'emploi du temps permanent et saucissonné en heures séparées. Il s'agit de sortir d'un tel schéma stérilisant : une classe, une discipline, un prof, une heure, y compris à l'école primaire... Comment motiver sur un thème et reprendre le thème trois jours après ! Comment motiver sur des savoirs parcellisés, décalés des questions qui leur donnent leur sens ? Etc.
L'emploi du temps saucissonné est à évacuer au plus vite au profit de moments plus regroupés. Cela permettra de mettre en place et de nourrir de véritables projets éducatifs sur des sujets complexes, ceux d'aujourd'hui.

Ce n'est pas la seule pesanteur, c'est encore la volonté de mettre tous les enfants dans le même moule ou de son personnel qui n'a jamais quitté l'école et qui est épuisé après 20 ans....

FJ- Les TICE peuvent-elles le faire évoluer ?

AG- Non ! Les TICE sont encore une de ces panacées dont l'école a le secret. Ne nous faisons pas d'illusion, ces technologies ne régleront pas les problèmes que l'école n'a pas résolus. Le e-learning et la plupart des sites éducatifs restent encore préhistoriques ! Les documents commercialisés sont toujours en plein "frontal" patiné de behaviorisme. C'est encore très souvent du manuel classique que l'on déroule à l'écran. Du "Bled" sur un site reste toujours aussi indigeste !
Par contre, un "netable", c'est-à-dire un cartable électronique, devient un outil indispensable à fournir à tous. Ne mettons pas en avant son coût, c'est un faux problème ! Il est devenu impensable que nos chères "têtes (pas toutes) blondes" ne travaillent pas l'essentiel du temps directement avec un tel instrument, et cela... dès l'école maternelle. La génération qui grandit sera confrontée systématiquement, que ce soit au travail ou à la maison, à des TICE. L'école se doit de les mettre à disposition. Autrement, quel est le sens de l'école aujourd'hui ? Les enfants doivent apprennent à gérer et à réfléchir sur cette technologie, pour ne pas se laisser "bouffer" par elle.
Ce "netable" de base doit comporter : un logiciel de traitement de texte de base avec des possibilités graphiques (dessin et graphes), un tableur, une encyclopédie de base avec des mises à jour régulières, le courrier électronique et la possibilité d'accéder à des bases de données.
Mais, nouveau paradoxe ! Tout ne passe pas par le virtuel, bien au contraire ! L'école doit continuer à montrer que le contact avec les autres, avec la réalité restent indispensable. Et l'interface humaine, notamment sous la forme d'un enseignant en chair et en os, reste plus encore aujourd'hui prépondérante !

FJ- Voyez-vous d'autres acteurs capables de soulever la montagne ?

AG- Le changement de l'école ne se décrète pas. Tout dépend de la base, des enseignants. Il faut arrêter de les infantiliser, et pour commencer leur lâcher les baskets. Quand ils sont reconnus, ils ne comptent pas leur temps...
La formation initiale, mais aussi continue, reste le passage obligé... Notre société doit prendre conscience de l'importance stratégique de ce plan. Au CERN, pendant 20 ans, l'Europe a investi en moyenne cent millions de dollars chaque année pour étudier de simples particules. Ne peut-on pas en faire autant pour nos enfants ?

FJ- Dans votre ouvrage, j'ai relevé cette phrase qui mérite explication : "Ce n'est pas quand le professeur enseigne que l'élève apprend. C'est la nuit (p. 193). Mais alors à quoi sert l'école et le prof???

AG- C'est un clin d'œil provocateur ! C'est bien la nuit que l'on apprend, du point de vue biologique. C'est à ce moment-là que se mettent en place les nouvelles synapses entre les neurones qui conduisent à de nouveaux réseaux cognitifs. Bien sûr, cela se réalise... si le jour, les élèves ont été nourris intellectuellement ! S'ils ont pu concrètement rechercher, faire des projets, mener à bien des actions qui ont du sens pour eux. Et si l'enseignant - capital à mes yeux ! - a su les motiver, développer leur curiosité ou leur a fourni des repères.
Son rôle devient cependant tout autre... Il est d'abord de donner envie d'apprendre, un regard sur leur époque et de leur " fournir " développer une certaine autodidaxie - démarches comprises- indispensable à une époque sujette à tant de changements rapides. Ce n'est plus un simple rôle de "transmission de savoirs". La seule transmission importante qu'il doit encore transmettre, c'est la passion d'apprendre. Apprendre est devenu un enjeu majeur dans notre société...

FJ- Vous recommandez l'autodidaxie. Là aussi se pose la question de son rôle.

AG- Cela semble encore un paradoxe... Mais il y a trop de cours où l'élève est passif à écouter un enseignant. Il faut favoriser au maximum le travail des élèves par eux-mêmes. Les activités demandent à être repensées autour de lieux de documentation et d'investigations. Une grande place doit être faite au travail personnel ou aux travaux de groupes, aux dépens des cours frontaux. Comment développer autrement l'initiative, le désir d'entreprendre, la solidarité et l'action collective ? Comment, sinon en leur apprenant à penser par eux-mêmes, les faire accéder à cette autonomie si souvent prônée et si rarement atteinte ?

FJ- En lisant votre ouvrage j'ai eu l'impression qu'on y retrouvait une philosophie souvent assez proche de celle du ministre précédent, par exemple par l'attention à tout ce qui peut favoriser le développement personnel de l'enfant (rôle de la culture par exemple). Le ministère français actuel vous semble-t-il aussi ouvert aux besoins des jeunes ? Comment le voyez-vous évoluer à l'avenir?

AG- L'école de demain doit être envisagée radicalement différemment, autrement elle n'a plus de raison d'être. Le ministre actuel, comme le précédent, bien qu'il soit ouvert, a beaucoup de progrès à faire. Ils n'ont pas saisi encore les enjeux et les changements de l'époque. Ils restent englués dans la tradition. Bien loin de moi de l'évacuer... Il faut s'appuyer sur le passé et dans le même temps rénover cela même sur lequel on s'appuie.
De toute façon, ce n'est pas un ministre "en direct" qui peut grand chose. Tout au plus peut-il accompagner un changement ou le favoriser indirectement. En période de mutation, ce qui manque à cette institution, c'est un nouveau projet fondateur. Quel sens donner à l'école du XXIème siècle ? Pour répondre à cette question, c'est un véritable débat au sein de la société qu'il faut susciter. Quelles écoles souhaitons-nous vraiment pour nos enfants ?
André Giordan

Propos recueillis par François Jarraud – Cahiers Pédagogiques

Pour en savoir plus :

André Giordan (2002), *Une autre école pour nos enfants ?*, Delagrave.

André Giordan, ancien instituteur et professeur, est actuellement professeur à l'université de Genève, directeur du Laboratoire de didactique et épistémologie des sciences de Genève et président de la Commission internationale de biologie, éthique et éducation.

Corrigé

Ce sujet, issu des annales 2005, a été aménagé selon l'arrêté du 10 mai 2005 (*BO* n° 21 du 26 mai 2005).

Commentaire

Le texte proposé est un entretien de François Jarraud qui interroge André Giordan à propos de son ouvrage *Une autre école pour nos enfants.*

La première question porte sur le bilan de l'école d'aujourd'hui par l'auteur, que le journaliste trouve pessimiste. André Giordan part d'un constat chiffré sur les difficultés et les échecs de l'école d'aujourd'hui : absentéisme, analphabétisme, formations inadéquates ou insuffisantes ; une réforme des programmes et de l'organisation institutionnelle de l'école est urgent d'après l'auteur.

L'absentéisme atteignant près de 50 % des élèves dans les lycées professionnels amène à s'interroger sur ses causes particulières : l'enseignement professionnel, parce qu'il est plus proche de la réalité, parce que son sens est beaucoup plus évident pour les élèves, devrait être plus motivant que l'enseignement général. Or, il produit plus d'absentéisme. Il faut donc chercher ailleurs les causes de cet absentéisme. Si l'on connaît la réalité du système scolaire français, on a pu constater que les filières professionnelles sont le plus souvent conseillées aux élèves en difficulté, ceux qui sont déjà en échec scolaire ou qui s'y dirigent. Avec ce recrutement, l'enseignement professionnel se trouve indûment chargé d'une lourde tâche : remédier à l'échec scolaire de la plupart de ses élèves, sans que cela soit clairement dit et qu'aucun moyen ne soit mis en place.

La réforme jugée nécessaire par André Giordan consiste entre autres choses à s'ouvrir à de nouvelles disciplines et à alléger les disciplines déjà existantes. Selon l'auteur, il faut alléger certaines disciplines comme les mathématiques, mais aussi reconsidérer les contenus de ces disciplines pour en tirer ce qui permettrait aux élèves d'être plus ouverts à leur époque. D'autres matières comme la philosophie et les langues doivent être introduites plus tôt à l'école. Il faut également transformer les approches de toutes ces disciplines.

L'auteur pose alors une question fondamentale : quels sont ces savoirs dont les jeunes doivent disposer pour comprendre leur époque ? Et pour aller plus loin, leurs aînés, les enseignants, possèdent-ils ces savoirs ? Par exemple, les élèves en savent souvent déjà plus sur le fonctionnement des ordinateurs que leurs enseignants. Ce constat, s'il n'est pas à l'avantage des enseignants, est très rassurant sur la capacité des élèves à prendre en mains leurs propres apprentissages lorsqu'il y a un réel besoin.

Il ne faut pas seulement diminuer la part de certaines disciplines, mais il faut aussi aller vers une plus grande polyvalence des enseignants dans le secondaire, former les enseignants pour qu'ils deviennent des « professionnels de l'élève et de l'apprendre », ou plus simplement des pédagogues.

Le problème est que les professeurs enseignent trop souvent ce qu'ils ont appris comme ils l'ont appris, l'objectif étant une accumulation de connaissances acquises le plus souvent par des cours magistraux et des lectures répétées d'un même ouvrage : le manuel scolaire. Trouver d'autres stratégies d'enseignement et les mettre en œuvre devient certainement urgent.

L'école est encore basée sur les recommandations de Jules Ferry, ce qui explique l'absence d'un certain nombre de disciplines dans les programmes.

Le problème du « saucissonnage » des contenus en « heures » de différentes disciplines est un véritable obstacle à l'investissement des élèves dans un quelconque projet : comment sept ou huit professeurs pourraient-ils coordonner leur travail avec toutes les classes dont ils ont la charge ?

Ce problème concerne plus précisément l'enseignement secondaire où les professeurs sont inévitablement attachés à leur matière. À l'école élémentaire, les enseignants sont polyvalents et ont la possibilité d'organiser la plupart des enseignements autour d'un projet, dans le cadre d'une classe à PAC, ou encore d'une classe de découverte de l'environnement, ou, plus simplement, autour du projet d'école. À l'école maternelle, depuis des dizaines d'années, le travail est articulé autour d'un grand thème qui a évolué vers la notion de projet.

L'utilisation des TICE ne peut constituer un remède aux problèmes évoqués plus haut. Les sites éducatifs sont loin d'avoir fait leurs preuves. L'outil informatique est cependant incontournable et les élèves doivent apprendre à l'utiliser sous la forme d'un cartable électronique. Cela ne supprimera pas le besoin des élèves de travailler ensemble et le rôle de l'enseignant n'en sera pas amoindri.

Mais on peut prévoir que l'emploi systématique du cartable électronique implique des modifications profondes dans les apprentissages : la place de l'écriture manuscrite risque de diminuer au profit du traitement de texte, les recherches documentaires prennent une forme différente avec l'utilisation généralisée d'Internet.

Une autre difficulté réside dans la rapidité d'évolution de ces nouvelles technologies qui ne permettent aucun temps d'adaptation : seuls ceux qui les utilisent sont capables d'en comprendre les bénéfices.

Le développement des technologies informatiques a modifié en profondeur l'attitude des élèves face aux apprentissages et aux savoirs. Ce développement est en marche et évolue de jour en jour, ainsi que les conséquences de l'utilisation de ces technologies par les jeunes adultes. Il y a aujourd'hui un décalage entre les enseignants qui ont pour la plupart plus de 30 ans et les générations suivantes qui ont grandi avec les technologies modernes.

Le changement ne peut venir que si les acteurs de l'enseignement, c'est-à-dire les professeurs, en ressentent eux-mêmes l'impérieuse nécessité. Et si, comme l'affirme André Giordan, il faut arrêter d'infantiliser les enseignants et leur « lâcher les baskets », il est nécessaire aussi que les professeurs en fassent autant avec leurs élèves.

Cette inadéquation de l'école à laquelle nous faisions référence plus haut est vécue au quotidien par les enseignants et par les élèves. C'est dans une relation de confiance que les rôles doivent pouvoir se réajuster : l'élève prend en main ses apprentissages avec le soutien de l'enseignant.

L'autodidaxie n'a pas pour conséquence que l'enseignant devienne inutile, son rôle est essentiel, mais la modification a lieu dans la chronologie de son intervention. Dans une pédagogie frontale, l'enseignant à tout moment précède l'élève : son cours est préparé la veille, comme un vêtement prêt à porter. S'il doit faire du sur-mesure, il va devoir compter avec l'élève : ses besoins, ses acquis, son rythme… Vu le nombre d'élèves, il ne pourra pas tout prendre en charge : c'est l'élève qui devra couper et coudre lui-même son costume et c'est ainsi qu'il apprendra. Pour mettre en place une pédagogie de ce type, les effectifs dans les classes doivent être allégés, au moins pendant certains créneaux.

Contrairement aux apparences, le ministère de l'Éducation nationale, quelle que soit son orientation, n'est pas le moteur du changement. L'école du XXIe siècle n'a pas encore trouvé son souffle, son « projet fondateur ». Selon André Giordan, un débat au sein de la société est nécessaire.

Mais ce débat a eu lieu récemment et n'a pas eu le résultat escompté : savoir ce que l'on veut ne donne pas forcément les moyens de l'obtenir.

Pour reprendre les arguments d'André Giordan et en faire une synthèse, l'école a besoin d'une profonde réforme, qui passerait :

– par l'allègement de certaines matières au profit de certaines autres qui ne sont pas encore en vigueur ;
– par une plus grande polyvalence des enseignants du secondaire ;
– par une pédagogie axée sur des projets éducatifs ;
– par une utilisation précoce et généralisée de l'outil informatique ;
– par des moyens matériels accrus ;
– par une prise en main des élèves de leurs propres apprentissages.

D'autres arguments ne sont pas directement formulés dans le texte mais nous pouvons les deviner et les ajouter à cette liste ; la réforme passerait aussi :

– par une véritable prise en charge de l'échec scolaire ; en effet, l'orientation vers la voie professionnelle pour les élèves en difficulté, et uniquement pour ceux-là, n'est plus admissible : d'abord parce qu'elle ne fait que déplacer le problème au lieu de s'y attaquer, et parce que la voie professionnelle, transformée en ghetto, est totalement dévalorisée ;
– par un allègement des effectifs dans les classes, pour que l'élève puisse être réellement au centre de ses apprentissages, pour que l'enseignant trouve le temps de l'écouter quand il parle et de l'interroger s'il se tait ;
– par une imprégnation verticale des méthodes d'enseignement : souvent méprisé par ses collègues, l'enseignant de l'école maternelle, pourtant formé exactement de la même façon que les autres, pourrait inspirer, dans certaines de ses stratégies, les enseignants des élèves plus âgés.

B. Bidal

10e SUJET CORRIGÉ

Académies de Paris-Créteil-Versailles, 2005

ÉNONCÉ

Dossier : l'exposé porte sur l'étude des documents joints. Le candidat en dégage les idées essentielles (un document peut comporter un ou plusieurs textes).

Documents

Document 1 : documents d'accompagnement des programmes, « Lire au CP (2), enseigner la lecture et prévenir les difficultés », novembre 2004, p. 25.

Document 2 : Philippe Perrenoud (1997, 2e éd. 2000), *Pédagogie différenciée. Des intentions à l'action,* ESF.

DOCUMENT 1[1]

[chapitre 2]

Prendre en compte l'hétérogénéité

Au CP comme dans toute autre classe, mais peut-être plus encore compte tenu des différences importantes entre élèves et de leurs conséquences pour la suite de l'apprentissage, compte tenu aussi de la portée instrumentale essentielle des savoir-faire qui sont construits, en lecture et en écriture notamment, le maître doit être capable de définir des exigences réalistes pour tous ses élèves et de s'adapter à leur diversité.

Il prend en compte l'état réel des acquis et des besoins et reste attentif aux représentations et aux stratégies – ce qui signifie qu'il se donne les moyens de les recueillir et de les comprendre – en se fondant sur la conviction de la capacité d'apprendre et de progresser de chaque élève. Le climat qu'il instaure dans la classe reflète cette conviction : il soutient les efforts, reconnaît le droit à l'erreur et favorise la prise de risque, veille à ce que l'ambiance de travail soit sereine et encourage les relations de coopération. Lucide sur les conditions didactiques propices à la réussite du plus grand nombre, il s'attache à créer les dispositifs de gestion <u>de la classe qui leur donneront une pleine efficacité</u>.

1. Je souligne les éléments du texte original qui n'apparaissent pas dans le sujet proposé aux candidats, sans doute par erreur. La numération des chapitres et des paragraphes, absente de l'original (mais bien mise en évidence par la mise en page), a pour objet un meilleur repérage de la structure du texte proposé, extrait d'une structure plus large.

[1.] Intégrer le souci de prévention

La différenciation est d'abord un ajustement aux différences et, à ce titre, elle incombe à tout enseignant. Dans les représentations, elle est le plus souvent associée à la seule remédiation. Or, tout porte à dire que cette stratégie est insuffisante, ce qui fonde l'effort fait aujourd'hui en faveur de la prévention avant le cours préparatoire, sans exclure, si elle s'avère nécessaire, la remédiation. Ces deux dimensions doivent être solidairement présentes tout au long de l'année : il s'agit à la fois de renforcer chez tous les élèves la capacité à affronter les obstacles constitutifs du parcours commun, dans une logique d'activités communes à la classe et, par ailleurs, d'apporter rapidement des réponses à des difficultés constatées afin qu'elles ne s'enkystent pas. L'état initial des acquis conditionnant très fortement la possibilité d'avancer, il faut éviter que des lacunes s'approfondissent, faisant obstacle à des acquisitions plus complexes.

[2.] La double facette de la prévention

[a.] La prévention primaire

Elle concerne tous les élèves. Elle est l'affaire du maître au quotidien :

– elle se concrétise dans l'organisation de l'activité d'enseignement par l'élaboration de progressions qui ménagent des avancées raisonnées et accessibles, par le soin mis à tout enseigner avant d'évaluer, à n'escamoter aucun des temps indispensables à une stabilisation des apprentissages (recherches, confrontations de représentations mais aussi structuration, reformulations, entraînements, transferts et décontextualisation) ;

– elle se traduit aussi dans l'anticipation que le maître peut faire de difficultés possibles grâce à sa connaissance des obstacles inhérents à certains éléments du programme ou certains supports pour préparer les enfants fragiles à entrer dans une activité en même temps que les autres ;

– elle se marque aussi dans l'étayage que peut apporter le maître pour permettre à chacun d'accéder à la réussite avec une aide ; cette pratique guidée du travail scolaire est trop souvent négligée parce que conçue comme une facilitation « injuste » et inopportune. En fait, ce qu'il faut parvenir à doser, c'est le maximum de difficultés à laisser à la charge des élèves fragiles pour leur donner une chance de réussir, et donc d'entrer dans le risque de l'apprentissage, d'y trouver des preuves de leur compétence et donc des motivations pour avancer. Pour cela, il faut que les maîtres connaissent les difficultés des contenus et des opérations demandées pour les déjouer et dénouer les problèmes[2].

Il s'agit par exemple de préparer la participation à certains temps collectifs qui peuvent être « difficiles » et pour lesquels on pense qu'il y a un bénéfice à faire participer des élèves même fragiles. Souvent, il s'agit là de prolonger avec des enfants fragiles des activités qui, au début de l'année, peuvent être utiles à tous mais qui deviennent superflues avec les élèves qui ont plus d'aisance et à qui on enlèverait de l'intérêt pour l'activité en la guidant trop ; il s'agit alors d'aider les plus faibles à affronter une activité que la vitesse ou la virtuosité des autres pourraient leur confisquer en partie.

---

2. Le texte proposé aux candidats est ici fautif, ce troisième aspect de la prévention n'étant pas isolé comme dans l'original mais inclus dans le deuxième.

Document 2

Pédagogie différenciée

Pour comprendre comment inégalité et différences de développement intellectuel et de capital culturel se transforment en inégalités d'apprentissages scolaires, donc, un jour ou l'autre, en réussites et en échecs, il importe de ne pas verser dans la caricature. L'indifférence aux différences n'est jamais absolue.

Aucun enseignant ne traite tous ses élèves comme égaux en droits et en devoirs. Il pratique, volontairement ou non, une forme de différenciation de l'enseignement.

En classe, une partie des interactions didactiques se nouent entre le maître et un élève, ou un petit groupe, et sont donc inévitablement différenciées, dans leur ton, leur contenu, leur durée, leur intention, leurs effets.

À l'indifférence aux différences, on oppose généralement une différenciation intentionnelle de l'action pédagogique, à laquelle on prête de nobles mobiles. Dans le débat pédagogique, la différenciation est une valeur progressiste, on parle de discrimination positive, de soutien intégré, d'éducation compensatoire.

C'est bien entendu la différenciation la plus avouable, parce qu'elle est délibérément orientée vers l'aide aux enfants défavorisés. Il est plus inconfortable d'envisager l'existence d'une différenciation élitiste, qui choisirait de privilégier les privilégiés. Cela arrive. Pourtant, les discriminations négatives délibérées sont sans doute négligeables en regard des discriminations involontaires.

Il existe dans chaque classe une part de différenciation sauvage, dont les enseignants ont faiblement conscience et qu'ils ne maîtrisent pas. Elle naît de la pression de la situation, de l'urgence, des sollicitations, des personnalités et des cultures en jeu, du fait que, dans une interaction sociale, on ne peut traiter ses interlocuteurs exactement de la même façon.

La différenciation involontaire peut avoir toutes sortes d'effets par rapport à l'échec scolaire. Parfois, spontanément, intuitivement, le maître s'intéresse aux élèves qui ont le plus besoin de lui, même s'ils ne l'appellent pas à l'aide. [...] Parfois, la différenciation sauvage tend à accroître les écarts.

Corrigé

Ce sujet, issu des annales 2005, a été aménagé selon l'arrêté du 10 mai 2005 (*BO* n° 21 du 26 mai 2005).

Commentaire

La nature et le statut des deux documents proposés ici à la lecture des candidats sont très différents. Dans un cas, il s'agit d'un texte à caractère officiel, émanant du ministère. S'il n'est pas exactement du même niveau de contrainte que les programmes officiels, il en forme l'accompagnement, de nature plus directement pédagogique, et en conserve le caractère injonctif. L'autre est extrait d'une réflexion du sociologue de l'éducation Philippe Perrenoud, l'une des références actuelles essentielles de notre domaine (et l'un des auteurs les plus utilisés dans les sujets proposés à l'EOE du CRPE) ; à ce titre, il expose un point de vue particulier dont il faut mettre à jour les présupposés et les conclusions. La différence de statut, quant à elle, si elle n'impose pas au candidat de connaître la pensée de Philippe Perrenoud[3], fait du document d'accompagnement un des textes professionnels à connaître pour passer ce concours.

De nouveaux **programmes de l'enseignement primaire** ont été publiés au *Bulletin officiel* en février 2002, en remplacement de ceux de 1995. Leur entrée en application a été progressive jusqu'à la présente année scolaire. Ils s'appliquent désormais à tous les niveaux de la scolarité préélémentaire et élémentaire. Dès leur parution, ils ont été accompagnés de documents à vocation plus pédagogique pour en éclairer les attendus et proposer des pistes de mise en œuvre. Dans ce contexte est paru, en février 2003, un premier livret intitulé « **Lire au CP : repérer les difficultés pour mieux agir** », complété, en janvier 2004, d'un livret intermédiaire ayant pour objet d'accompagner, dans le cadre de la lutte contre l'illettrisme, la mise en place des « CP à effectifs réduits ou à encadrement renforcé ». Ce deuxième livret, plus explicitement que le premier, fait de la prévention l'objet même du dispositif (« Enseigner la lecture et prévenir les difficultés »). En novembre 2004, enfin, un troisième livret, intitulé « **Lire au CP (2) : enseigner la lecture et prévenir les difficultés** » reprend l'essentiel du livret intermédiaire et l'étend à l'ensemble des CP.

Ce dernier livret se donne pour ambition d' « organiser une pédagogie [de la lecture] qui ait une portée préventive », ce qui, tout à la fois, fixe le programme qu'il s'assigne et explicite le plan choisi, en deux parties :

– « **organiser l'apprentissage de la lecture** » autour de **trois registres** (une dimension linguistique et langagière des apprentissages, une dimension culturelle et une dimension métacognitive) qui équilibrent **quatre domaines** (identification et production des mots, compréhension de textes, production de textes et acculturation au monde de l'écrit) ;

– « **prendre en compte l'hétérogénéité** » en articulant **prévention primaire** et **remédiation**, en aménageant les conditions habituelles et en adaptant les dispositifs de travail.

L'extrait proposé trouve place au tout début de cette seconde partie[4], dont voici le plan :

1. Intégrer le souci de prévention

2. La double facette de la prévention

  a. La prévention primaire

  b. La remédiation

3. Des aménagements aux conditions habituelles

On voit que le découpage retenu par les concepteurs du sujet a pour objectif de mettre en valeur la prévention, sans souci de son articulation avec la remédiation. Une connaissance correcte du livret d'accompagnement, d'utilisation quotidienne dans les écoles, et particulièrement dans les CP, permettait au candidat, au moins en conclusion, de souligner cet aspect des choses et de terminer son exposé sur le nécessaire lien entre actions de prévention et remédiation au sein même de la classe.

L'idée de prévention dans l'Éducation nationale pourrait faire l'objet d'une approche historique et/ou sociologique. Notons seulement que les textes de 1970-1976 sur la prévention ont

---

3. L'essentiel des textes de Philippe Perrenoud se trouve à l'adresse suivante de l'université de Genève, faculté de psychologie et des sciences de l'éducation : http://www.unige.ch/fapse/SSE/teachers/perrenoud/php.html.

4. Le document proposé aux candidats était fautif. Il y manque la fin de la dernière phrase du 1er paragraphe que voici en entier : « Lucide sur les conditions didactiques propices à la réussite du plus grand nombre, il s'attache à créer les dispositifs de gestion de la classe <u>qui leur donneront une pleine efficacité</u>. » Regrettons, à ce propos, que la présentation des documents proposés à la lecture des candidats ne soit pas plus « soignée » : un minimum de paratexte (1re date de parution, indication des coupes, respect de la mise en page originale, etc.) permettrait d'éviter quelques contresens fâcheux.

pour cadre historique le tournant des années 1960 et la massification de l'enseignement, et que l'un des initiateurs de ces textes, André Labregère, a développé le modèle de la prévention à des fins pédagogiques dès 1972[5]. Par ailleurs, il serait sans doute intéressant de suivre l'évolution du paradigme, du tournant du XXe siècle à celui du XXIe , qui fait passer de l'idée de **préservation** (de l'enfance en danger) à celle de **prévoyance**, puis de celle de **prévention** à celle de (principe de) **précaution** – comme réponses institutionnelles successives à l'ajustement (au) social.

La prévention « consiste en un ensemble de démarches qui visent à éviter l'apparition d'une difficulté, son installation ou son amplification[6] ».

Cette définition repose sur **un postulat** : dans le cadre d'un apprentissage, la difficulté est « normale » : elle n'inquiète ni n'est occultée. Elle se fonde aussi sur **trois « fondamentaux »** :

– la prévention est d'abord l'affaire du maître de la classe, responsable de la mise en place de la différenciation pédagogique ; l'extrait proposé à la lecture du candidat indique qu'« elle incombe à tout enseignant » ;

– la prévention concerne tous les niveaux de la scolarité ; l'extrait, du fait même de son contexte, insiste sur le CP ;

– elle est fondée sur une observation fine à visée diagnostique.

Reprenant la typologie en usage depuis fort longtemps dans le monde médical et diffusée depuis une trentaine d'années dans l'Éducation nationale, le texte d'où provient l'extrait propose de distinguer :

– « la prévention dite primaire par laquelle on s'efforce d'éviter l'apparition des difficultés. Il s'agit à la fois de réduire les facteurs de risque et d'accroître les facteurs "de résistance" ;

– la prévention dite secondaire : il s'agit alors de réduire le développement de difficultés déjà apparues, d'en limiter la durée et la portée ;

– la prévention dite tertiaire par laquelle on vise à réduire les conséquences de déficiences ou troubles avérés et que l'on ne peut éliminer, mais dont on peut limiter l'effet handicapant ».

Le texte de Philippe Perrenoud est extrait de son livre, désormais classique, ***Pédagogie différenciée. Des intentions à l'action***, paru en 1997. Après de nombreux travaux du sociologue sur la différenciation pédagogique, cet ouvrage tente de faire une synthèse sur la question, alors que la réflexion multiforme de l'auteur s'est tournée vers la formation d'enseignants réflexifs après avoir longtemps travaillé sur le soutien pédagogique (remarquons, au passage, que le sous-titre de l'ouvrage fait le lien entre ces deux champs de recherche).

Il y oppose, de manière forte, **individualisation de l'enseignement** et **différenciation pédagogique**, pour proposer de travailler simultanément compétences et transfert dans le cadre d'une **individualisation des parcours de formation.** Il ne s'agit pas pour lui d'isoler l'élève face à une tâche à dessein simplifiée mais de lui proposer, dans une tâche nécessairement complexe, de lever ce qui fait obstacle **pour lui** à l'apprentissage.

C'est ce parcours que proposent les huit chapitres de l'ouvrage dont le premier, d'où est extrait le texte proposé ici, essaie d'inscrire dans une perspective historique le passage d'une « indifférence aux différences » aux pédagogies différenciées, et dont le dernier tente d'esquisser ce que pourrait être l'organisation modulaire d'un cycle d'apprentissage, en rupture avec un fonction-

5. Voir J. Petit dir. (1972), *Les Enfants et les adolescents inadaptés et l'Éducation nationale – Tome 1 : L'Action psychopédagogique*, et, particulièrement, l'article d'A. Labregère, « La prévention des handicaps et des inadaptations », pp. 119-129.

6. Circulaire n° 2002-113 du 30 avril 2002 : Les dispositifs de l'adaptation et de l'intégration scolaires dans le premier degré.

nement traditionnel fondé sur une unité annuelle de temps et une approche collective de l'apprentissage.

L'approche de Philippe Perrenoud est « une approche globale, systémique, à partir d'une sociologie de l'éducation nourrie de sociologie des organisations et du travail. [...] [L'ouvrage n'est pas] tourné en priorité vers les difficultés scolaires des apprenants. La différenciation [...] est l'affaire des enseignants et du système éducatif. Elle répond certes aux différences entre enfants ou adolescents, mais la seule variable changeable, ce sont les pratiques et les dispositifs pédagogiques et didactiques, donc le travail des professionnels et les structures qui le rendent possible et en tracent aussi les limites ». (Introduction.)

Toutes ces précisions n'étaient pas attendues du candidat : c'est l'intérêt d'un corrigé de pouvoir offrir au lecteur un approfondissement que l'épreuve elle-même ne demande pas nécessairement et d'inciter à des lectures dont l'aspect formateur mérite d'être souligné. Elles ont pour objet de mettre en perspective l'analyse critique et l'articulation qui forment le corps même de l'exposé attendu le jour de l'épreuve et dont voici quelques éléments.

L'ensemble composé par ces deux textes est **problématisable** de la manière suivante : **dans quelle mesure la prise en compte de la différence, dans un souci de prévention des difficultés d'apprentissage, peut-elle être conscientisée et construite par l'enseignant de telle sorte qu'elle ne conduise pas à l'effet inverse de celui escompté, au renforcement des différences ?**

Lorsque l'on parle de différenciation pédagogique, plusieurs approches peuvent être convoquées.

L'**approche sociologique**, depuis Bourdieu et Passeron[7], insiste sur l'effet reproducteur et amplificateur des inégalités à l'œuvre à l'école : la discrimination positive aurait pour effet de répondre au risque d'accroissement des inégalités dues à l'héritage socioculturel. Les travaux du groupe ESCOL[8] et ceux de Bernard Lahire[9] montrent que cette approche fait l'économie des parcours individuels, en se fondant sur des macroanalyses peu à même de rendre compte des réussites non prévisibles. C'est l'enjeu du premier paragraphe du texte de Philippe Perrenoud.

En écho, l'**approche pédagogique**, essentiellement cognitiviste, montre que l'espace d'apprentissage est propre à chacun et que le rôle de tuteur de l'enseignant est de proposer à l'élève des tâches qui sont juste légèrement au-delà de ce qu'il sait faire tout seul (la fameuse ZPD de Vygotski[10], retravaillée par Jérôme Bruner[11]). Philippe Perrenoud montre que cette approche-là n'est pas toujours conscientisée, qu'elle est parfois « sauvage », « involontaire », et peut accroître comme réduire les écarts. Le texte institutionnel explicite ce que pourrait être une conscientisation de ces pratiques de différenciation : prendre « en compte l'état réel des acquis et des besoins », être « attentif aux représentations et aux stratégies », être convaincu « de la capacité d'apprendre et de progresser de chaque élève ».

7. P. Bourdieu et J.-C. Passeron (1967), *Les Héritiers. Les étudiants et la culture* et, surtout, (1970) *La Reproduction. Éléments pour une théorie du système d'enseignement.*

8. Voir, par exemple, B. Charlot, E. Bautier et J.-Y. Rocheix (1992), *École et savoir dans les banlieues et ailleurs*, Armand Colin.

9. Lire, en priorité (1999) *L'Invention de l'illettrisme. Rhétorique publique, éthique et stigmates*, La Découverte et (1993, rééd. 2000) *Culture écrite et Inégalités scolaires. Sociologie de l'échec scolaire à l'école primaire*, PUL.

10. L. Vygotski (1934), *Pensée et Langage* (trad. 1985).

11. J. Bruner, « Le rôle des interactions de tutelle dans la résolution de problème », in *Le Développement de l'enfant. Savoir faire, savoir dire*, 1983.

Cette démarche débouche sur une **approche éthique**, à moins qu'elle ne soit entièrement contenue en elle. C'est le débat récurrent de l'équité et de l'égalité (dans le texte de Philippe Perrenoud, c'est la formule « aucun enseignant ne traite tous ses élèves comme égaux en droits et en devoirs ») : donner plus à ceux qui ont moins (par exemple, la politique de discrimination positive des ZEP). Mais plus de quoi ?[12] Ne s'agit-il pas de donner autrement, essentiellement de donner le temps indispensable « à une stabilisation des apprentissages (recherches, confrontations de représentations, mais aussi structuration, reformulations, entraînements, transferts et décontextualisation) » ? Où le pédagogique rejoint l'éthique…

L'ensemble présenté à la lecture du candidat, enfin, fait l'impasse sur une **approche psychologique**, comme frappée de suspicion en ces temps de modélisation neuro-médicale, et qui insisterait, à la fois sur la nécessaire maturation des processus développementaux, et sur l'accompagnement de ces derniers au plus proche des possibles de l'élève, dans une démarche constructiviste.

Le texte de Philippe Perrenoud, bien qu'il ne rende pas compte de la grande finesse de l'auteur et en dépit de la manière très précautionneuse dont il aborde ces questions, alerte sur le volontarisme et le positivisme accordés à la différenciation telle que modélisée par le texte institutionnel. Oui, la différenciation pédagogique est « une valeur progressiste ». Oui, lorsqu'elle est intentionnelle, elle poursuit « de nobles mobiles ». Mais elle peut être « sauvage », elle peut « accroître les écarts ». Car, et c'est sans doute **le thème sous-jacent** à ce sujet, « **différencier la pédagogie, ce n'est pas essentiellement individualiser** »[13].

De l'individualisation relèvent :

- le pari de l'éducabilité cognitive ;
- l'observation de l'élève en train de faire et de la conscience de ce qu'il apprend quand il est en train de faire ;
- l'accompagnement au plus près de ce que l'élève peut faire tout seul, pour l'aider à franchir le pas de ce qu'il réalise avec de l'aide ;
- en négatif, le risque d'une relation duelle enseignant-élève, non triangulée (par le savoir, par les autres) et illusoire.

En revanche, la différenciation doit prendre en compte :

- l'école comme posant pour tous des objectifs pour chacun ;
- le groupe classe comme ensemble de pairs dont les représentations variées et les échanges qu'elles permettent conduisent à une remise en cause et à une réorganisation des savoirs antérieurs ;
- le groupe classe comme modalité d'organisation du travail (groupes de besoins, de soutien, transversaux, voire travail individuel).

Ce sujet est l'un des nombreux offerts à la sagacité des candidats portant sur le couple pédagogique différenciation/individualisation, la prévention étant l'une des modalités actuelles de la prise en compte de l'individu dans ses différences, avec pour souci premier d'éviter l'installation de difficultés prévisibles.

Ce qui ne laisse pas d'interroger l'institution qui, de manière fort paradoxale, inscrit dans ses modes de fonctionnement les manières de remédier à des difficultés qu'elle a elle-même contribué à installer…

P. Ourghanlian

---

12. S. Cèbe et R. Goigoux, « Donner le plus (de quoi ?) à ceux qui ont moins (de quoi ?). Et le donner comment ? », in *Actes de la première université d'automne du SNUipp*, 2002, pp. 56-61.
13. R . Assuied et A.-M. Ragot (2002), « Différencier la pédagogie ».

11e SUJET CORRIGÉ

Académie d'Amiens, 2005

ÉNONCÉ

Dossier : étudier le document proposé en dégageant les idées essentielles.

Document
Gérard de Vecchi et Nicole Carmona-Magnaldi (2004), *Faire vivre de véritables situations-problèmes*, Hachette Éducation, pp. 61-67.

DOCUMENT

Ce qui fait la force des situations problèmes

Savoir ce que sont les situations problèmes, c'est important ; pouvoir en trouver ou en inventer soi-même, c'est indispensable....mais tout cela ne suffit pas ! Encore faut-il les mener, les faire vivre dans un certain état d'esprit qui doit être développé au sein d'une classe ou d'un groupe de formation.
Cela demande que l'on prenne en compte un ensemble de valeurs et un certain nombre de concepts de didactique correspondant à des préalables sans lesquels les situations problèmes tomberaient « à plat » ou seraient vite désamorcées. Il nous a paru indispensable de les présenter avant d'entrer dans les recettes et les outils spécifiques à ces situations problèmes.

La prise de sens : le moteur de la démarche

Ce que peut proposer le maître : apprendre... ou à laisser !

Aucun enseignant ne peut obliger un élève à apprendre. Il ne peut agir que sur le choix des contenus abordés et sur les conditions dans lesquelles un enseignement se déroule. Mais personne ne peut forcer une autre personne à intégrer un savoir.
Comme on ne peut soigner l'anorexie par le gavage, il est inutile de gaver les élèves de connaissances dont ils ne veulent pas. Et l'anorexie scolaire existe. Elle est de plus en plus répandue. Le constat est facile à faire... mais peut-on y remédier ? Peut-on véritablement donner du sens aux apprentissages ?
On considère en général qu'un cours magistral est un cours directif. Philippe Meirieu fait remarquer qu'il n'en est rien : un cours magistral est totalement non-directif car un élève est libre de ne pas écouter s'il le désire. De plus, le vrai problème n'est pas de savoir si un cours magistral est plus ou moins directif, ce qui importe c'est de mesurer son efficacité qui doit être maximale ! On sait bien que ce n'est pas le cas. D'où l'importance d'en sortir. Pas totalement car, à certains moments, un cours directif peut apporter les matériaux dont les élèves ont besoin pour avancer dans leur recherche, ou pour répondre aux questions qu'ils se posent déjà. Mais on sait bien que le plus souvent une pédagogie frontale favorise la passivité, même si certains élèves sont actifs... dans le fait qu'ils font semblant d'écouter et d'être intéressés (il yen a de moins en moins !).
Si le premier critère que nous analysons correspond à la prise de sens, ce n'est donc pas un hasard.

-Réalisons une petite expérience en classe

Nous vous proposons une activité intéressante que tout enseignant peut très facilement tenter.
En fin de journée, demandez simplement à vos élèves de répondre par écrit à la question suivante : « Qu'avez-vous appris aujourd'hui ? »
Les réponses seront bien sûr très différentes suivant l'âge des élèves et le type de travail réalisé. En voici quelques exemples :

« On a entouré des mots. »
« On a écrit dans le cahier rouge et dans le cahier bleu. »
« On a cherché les mots qui étaient des verbes. »
« On a fait des exercices de maths. »
« On a corrigé un devoir en anglais. »
« On a pris des notes sur les pays du Nil en géographie. »
« On a vu les causes de la première guerre mondiale. ». ..

Les réponses sont riches par leur diversité mais une constante apparaît pourtant. Quand on pose cette question à une classe, la plupart des élèves n'énoncent pas ce qu'ils ont appris mais ce qu'ils ont fait !
Un inspecteur demandait à un élève, dans une classe de lycée *«Pourquoi faites-vous cela ? »* Paraissant très étonné, le lycéen l'a regardé quelques instants et lui a répondu *«Mais, parce qu'on me le demande !»*
Il est intéressant de constater que les élèves font... parce qu'on leur a imposé de faire ; mais ils ne savent pas pourquoi ils font... dans le sens où ils prennent mal conscience de ce qu'ils apprennent à travers leurs activités scolaires ! Le travail réalisé n'a pas de sens pour eux.
«Apprendre sans penser c'est du travail perdu. Penser sans apprendre c'est périlleux. ». C'est déjà ce que disait Confucius. ..il y a 2500 ans !

-Demander aux élèves de faire ?

Des soustractions en grande section de maternelle et au CP. ..
Pour aborder ce sujet, il suffit de *demander* aux élèves de simuler des situations mettant en jeu des verbes qui ont un sens contraire (monter et descendre, ajouter et enlever. ..) puis, après avoir donné dix francs à Sébastien, lui *demander* de donner deux francs à Delphine, puis leur *demander* de décrire la situation (Sébastien donne deux francs à Delphine et Delphine reçoit deux francs de Sébastien) , puis *demander* de calculer les sommes que chaque élève possède maintenant, puis demander à tous les élèves de mimer de nouvelles scènes ressemblant à la précédente et de décrire chaque situation en utilisant des étiquettes, puis *demander*. ..
Les activités que l'on trouve dans les manuels scolaires ou dans les préparations des maîtres sont de plus en plus originales, de plus en plus fines, de plus en plus travaillées. Mais elles remettent rarement en cause l'idée que c'est le maître qui *demande* de faire et l'élève fait sans savoir pourquoi on lui demande de faire.

-Un chaînon manquant : le sens !

Les élèves et les enseignants n'ont pas du tout les mêmes préoccupations, les mêmes envies, les mêmes intérêts. Le décalage est souvent très grand et mal compris, même si les adultes d'aujourd'hui sont d'anciens enfants ! Et cela est très courant. Souvenons-nous de ce que l'on a dit à Galilée lors de son procès: « *Comment toi, homme intelligent, peux-tu t'intéresser à des billes rouges qui se déplacent sur un plan incliné ?* »... quand, à l'époque, on se préoccupait de savoir d'où venait l'Homme et quel était son devenir ? Une activité n'est intéressante que parce qu'elle a un sens pour celui qui la mène. Et, dans l'enseignement en particulier, ce sens est souvent lié à l'intérêt de ce qui peut être appris en agissant de la sorte. En fait, prendre conscience que la plupart des activités scolaires n'ont pas de sens pour les élèves est donc important.
Pourtant, depuis quelques années, les enseignants et les chercheurs ont réalisé que donner du sens aux apprentissages était déterminant. Chacun s'accorde à dire cela mais, dans les pratiques courantes, la plupart des activités ne concernent toujours pas véritablement les élèves. Ils ne voient pas l'intérêt de beaucoup de savoir-faire disciplinaires et encore moins de la plupart des savoirs notionnels.
De plus, rares sont les moments où les élèves travaillent pour le plaisir ou par envie d'apprendre. Ce qui les guide essentiellement, c'est de satisfaire l'enseignant et les parents, de grandir, d'avoir plus tard un métier les rendant indépendants, autonomes... et si possible riches ! Il nous semble qu'on entend moins dire aujourd'hui *«Quand je serai grand, je serai... »* Actuellement, peu d'enfants ont un projet de vie ; ils savent de plus en plus tard ce qu'ils veulent faire et on trouve cela normal.

-Faire deviner *le sens pour donner du sens à une activité ?*

Certaines méthodes pédagogiques s'appuyant sur la *«médiation cognitive»* se proposent de faire trouver (nous devrions dire *deviner)* aux élèves le travail qu'ils devront réaliser. En voici un exemple cité par Jean-Loup Héraud et Marc Prouchet.

Après leur avoir présenté un document comportant des « jetons » et des traits dont certains forment une figure fermée, la maîtresse veut faire prendre conscience à ses élèves de grande section de maternelle qu'il va falloir distinguer les jetons qui ne sont pas contenus dans une figure fermée et ceux qui sont complètement entourés. Pendant un temps assez long, les enfants tentent de deviner ce que sera leur tâche :

Voici quelques remarques d'enfants parmi beaucoup d'autres :
« *Ca, c'est très drôle ! Tes pages ils sont très drôles ! En tout cas, c'est pas des vrais !* »
« *Je sais, maîtresse. T'as pris ces pions dans un jeu. Et moi, j'y ai joué à ce jeu avec mon papi...* »
« *Tu veux nous faire compter les pions. Comme quand on compte les goûters le matin.* »
« *Moi ça me fait penser à un jeu qui est au jardin public : il faut marcher sur des pierres blanches..* »
« *...Y a une ficelle qui ressemble à une chaussette avec un, deux, trois, quatre points dessus.. Peut-être qu'il faut dessiner d'autres chaussettes qui ont des points dessus.* »

Et cela aboutira à comparer les pions à des moutons qui peuvent se faire manger par le loup s'ils ne sont pas protégés dans une maison matérialisée par un trait fermé : « *Il faut mettre du sang rouge sur les moutons qui vont se faire manger par le loup* » (notons au passage que le document ne présente aucun élément qui pourrait faire penser à un loup !).
Les auteurs précisent qu'il s'agit de «*Proposer des situations énigmatiques et* conflictuelles *pour l'élève, l'obligeant à s'interroger, à dépasser son déjà-vu, son déjà-connu... pour accéder à la Chose à apprendre enfouie dans cette situation bien surprenante*». Certes, les élèves s'expriment, réfléchissent, font des relations en s'appuyant sur leurs conceptions, leurs expériences scolaires et extrascolaires... Peut-être que cette activité facilitera la compréhension et l'appropriation de la consigne. Mais cela ne prend-il pas beaucoup de temps et n'est-ce pas un peu trop artificiel ?
Est-ce la meilleure manière de donner du sens au travail à venir ?
Déterminer ce qu'il va falloir faire est essentiel mais faut-il pour autant passer par une devinette ? Ne serait-il pas plus pertinent de faire s'interroger les élèves sur le contenu d'un véritable problème et les possibilités d'activités de résolution à mettre en œuvre ? N'est-il pas préférable que l'aspect énigmatique soit porté par la situation elle-même et non dans le fait qu'on ne connaît pas la tâche à réaliser ?

-La motivation

Elle n'est que rarement en liaison avec le contenu: un élève peut être motivé par la récompense, la reconnaissance, l'émulation ou encore par l'évocation d'un avenir socioprofessionnel valorisant... Le travail n'intéresse pas par lui-même, on se contente de l'exécuter. Et cela pour des raisons qui n'ont rien à voir avec les objectifs du maître.
Un enfant de 8 ans est placé face à des boîtes de *Vache qui rit* pleines, d'autres vides et des portions isolées. Pour tenter de donner un peu plus de sens au travail, l'enseignant essaie de leur faire deviner la tâche qu'il veut leur faire réaliser: « *Maître, il manque un couteau et des tranches de pain, parce qu'aujourd'hui on va apprendre à tartiner le fromage*».
En fait, une activité de classe demandée aux élèves contient le plus souvent un sens caché, implicite, en liaison étroite avec les objectifs du maître. Et on se préoccupe trop peu de dévoiler cette intentionnalité, de présenter l'intérêt et le rôle du travail imposé. L'élève va faire, puisqu'on lui demande, il va faire pour faire, sans savoir pourquoi il fait ! Et si l'enfant trouve du sens à ce qu'il fait, c'est rarement celui du maître. Le sens que l'élève met sous une activité est en rapport étroit avec son histoire, ses conceptions, son expérience de la vie, ses besoins, ses envies, son affectivité... Et ce sens peut faire obstacle puisqu'il empêche l'élève de voir où se situe le vrai problème et quel apprentissage il peut en tirer.
Les acquis se résument souvent à des stéréotypes, à la mémorisation de mots vides de sens, à un grand nombre de miettes de savoirs, sans que se construise une quelconque cohérence. Cela les rend, bien entendu, inutilisables dans la résolution de nouveaux problèmes, dans l'appréhension de nouvelles situations. En classe de 4e, au sujet de la structure du globe terrestre, «*La Terre a une structure en pelure d'oignon*» (analogie utilisée par le professeur pour matérialiser une série de couches successives) devient : « *La Terre ressemble à un oignon avec ses épluchures* » ! Est-il utile de commenter cela ?

La provocation, un outil majeur en pédagogie

Donner du sens aux apprentissages semble donc très difficile; serait-ce une ambition irréaliste, utopique même ?

Nous avons écrit ailleurs que lorsqu'on ne pouvait pas s'appuyer sur un savoir qui concernait l'élève, et quand on considérait que donner du sens aux apprentissages uniquement par les notes et la réussite aux examens ne favorisait pas la construction des savoirs, le seul moyen de véritablement motiver les apprenants consistait à les faire entrer dans un certain type de démarche :
-quand un savoir a du sens pour l'élève, le maître peut s'appuyer sur les contenus notionnels ;
-quand le savoir n'a pas de sens, l'enseignant peut en créer par des *situations d'apprentissage déstabilisantes*..

En effet, quand le contenu a du sens par le fait qu'il contient des réponses aux questions que l'apprenant se pose, il est inutile de jouer d'artifices pour induire une certaine implication. Quand le savoir ne présente aucun intérêt aux yeux des élèves, un bon moyen de lui en donner c'est d'adopter une attitude provocatrice. Il ne s'agit pas d'agresser la personne mais plutôt de provoquer étonnement, refus, déséquilibre, critiques... en abordant un savoir par un chemin qui la remet en cause, qui lui renvoie que ce qu'elle pense, ce qu'elle croit savoir, n'est pas pertinent ou, parfois, est sujet à fortes critiques.

Pour reprendre un sujet cité précédemment, on peut aborder le sens de la soustraction en mettant les élèves dans une situation qui leur pose vraiment problème, par exemple une situation ou, possédant trois objets et devant en avoir huit, ils doivent en ajouter (ce qui est caractéristique de l'addition et non de la soustraction) mais pour savoir combien il faut en ajouter, ils doivent faire une soustraction ! Ne pourrions-nous pas nous inspirer de cela dans beaucoup d'autres situations ! Et, quand un apprenant qui a été provoqué réagit, c'est qu'il a mis le doigt dans « l'engrenage du sens » ; si le maître ne court-circuite pas la démarche de recherche dans laquelle il peut entrer, il y a fort à parier que sa réflexion pourra avancer. Dans l'exemple qui nous concerne, il sera intéressant de placer les élèves face à un ensemble d'activités de ce type qui, progressivement, leur feront prendre conscience de l'opération qui est pertinente et non de celle qui est dictée par un terme pris comme indicateur absolu (*ajouter* pour l'addition, *enlever* pour la soustraction) !

Corrigé

Ce sujet, issu des annales 2005, a été aménagé selon l'arrêté du 10 mai 2005 (*BO* n° 21 du 26 mai 2005).

Commentaire

Le dossier ne propose qu'un seul extrait de l'ouvrage *Faire vivre de véritables situations-problèmes.*

L'extrait du texte, « Ce qui fait la force des situations-problèmes », commence à la page 61 ; les auteurs ont dû définir au début du livre la situation-problème et se proposent maintenant de présenter un certain nombre de concepts de didactique et de valeurs sans lesquelles les situations-problèmes tomberaient « à plat ».

Le premier concept, et le seul développé dans le texte, constitue « le moteur de la démarche » et c'est la prise de sens. Gérard de Vecchi et Nicole Carmona-Magnaldi remarquent très justement qu'on ne peut obliger un élève à apprendre. Les cours magistraux, plus particulièrement, favorisent la passivité, car il est facile de faire semblant d'écouter.

Après une journée d'école, les élèves peuvent décrire les activités qu'ils ont effectuées, mais il leur est beaucoup plus difficile de dire ce qu'ils ont réellement appris. Même plus âgés, ils ont souvent le sentiment de n'apprendre que parce qu'on le leur impose.

Les activités proposées aux élèves, même si elles sont présentées sous forme ludique, ne leur demandent finalement que de répondre aux sollicitations de l'enseignant.

Une activité ne peut être intéressante que si elle a du sens pour celui qui la mène, or la plupart des activités ne concernent pas véritablement les élèves.

Certaines tentatives, basées sur des méthodes comme la médiation cognitive, invitent les élèves à « trouver » le travail qu'ils vont devoir réaliser. Or cette pratique revient le plus souvent, dans les faits, à poser une devinette à l'enfant qui ne connaît pas la tâche à réaliser : démarche artificielle et perte de temps, selon les auteurs.

La motivation pour l'élève n'est que rarement en liaison avec le contenu : le travail n'intéresse pas par lui-même. Le sens que l'élève pourrait trouver est forcément en rapport étroit avec son vécu, or ce vécu fait souvent écran et le détourne du véritable sens de l'activité.

Ce manque de sens des apprentissages a une conséquence directe sur les acquis qui sont constitués par des stéréotypes, des mots vides de sens appris par cœur : des miettes de savoir juxtaposées sans cohérence.

Les auteurs préconisent, pour donner du sens aux apprentissages, « la provocation », ce qui signifie « créer des situations d'apprentissage déstabilisantes » dans « une attitude provocatrice ». L'exemple donné consiste à aborder la soustraction en proposant une situation où l'on doit ajouter des objets. Il s'agit, plus généralement, de « placer les élèves face à un ensemble de situations de ce type ».

C'est donc à une sévère critique des méthodes d'enseignement traditionnelles ou modernes que les auteurs se livrent ici, et cette critique ne touche pas que le domaine des mathématiques, mais les remet en cause dans leur ensemble. Si, heureusement, les résultats ne sont pas si désastreux pour tous les élèves, ces critiques ont le mérite de s'intéresser aux élèves en difficulté, de tenter d'analyser les causes de ces difficultés et d'essayer d'y apporter un remède.

Les élèves en difficulté sont en effet très souvent ceux qui ne savent pas donner un sens à leurs apprentissages et qui les subissent passivement.

Nous essayerons d'examiner, au travers des arguments du texte, quelles stratégies nous semblent les plus valables pour donner du sens aux apprentissages.

En ce qui concerne le cours magistral, s'il est effectué avec talent et ne dépasse pas la durée de capacité d'attention des élèves auxquels il s'adresse, s'il n'est pas trop fréquent et alterne avec d'autres types de situations pédagogiques, il n'y a pas de raison de le proscrire.

Quant à la question qui est posée ensuite aux élèves, comment peut-on imaginer qu'ils soient en mesure de répondre de façon satisfaisante lorsqu'on leur demande ce qu'ils ont appris dans une journée de classe ? Comment résumer en quelques phrases la « substantifique moelle » de six heures d'apprentissage ? En quelques secondes, un élève devrait pouvoir passer en revue tout ce à quoi il a assisté et participé dans la journée et en tirer l'essentiel pour le formuler de façon synthétique et en termes d'acquis ? Les processus d'acquisition des connaissances sont bien plus complexes et progressifs : d'une part, l'élève n'acquiert jamais immédiatement la totalité des compétences visées, d'autre part, les « miettes de savoirs » s'organisent grâce à l'intelligence de l'enfant et finissent généralement par constituer une base de culture cohérente. Si les contenus des programmes reprennent d'une année sur l'autre une partie des mêmes éléments qui se chevauchent pour ne disparaître que progressivement, c'est bien que les élèves ont besoin d'une répétition des mêmes notions pour les assimiler correctement.

Les activités proposées aux enfants répondent aux sollicitations de l'enseignant et l'élève n'en a pas l'initiative. C'est bien évidemment l'enseignant qui prépare ses cours en suivant une progression et des démarches dont il est le moteur. L'élève, conscient de sa situation d'apprenant, a une position d'attente vis-à-vis du maître : même s'il n'est pas *a priori* passionné par l'apprentissage des tables de multiplication, il en comprend l'utilité et ne refuse pas d'emblée l'effort qu'il va lui falloir fournir pour les mémoriser. Le rôle de l'enseignant dans ce cas précis est de mettre en place des activités d'apprentissage ludiques et variées pour lui faciliter la tâche.

Les auteurs font ensuite allusion, de manière assez caricaturale, aux pédagogies de la médiation. La situation de classe décrite ici n'explicite pas le type de relation pédagogique qui est pourtant au cœur de la médiation. L'enseignant-médiateur se positionne entre l'élève et le savoir, accompagne l'élève dans son effort pour investir et s'approprier le savoir. À condition de ne pas en faire une panacée ni un dogme, la médiation est une approche intéressante, notamment lorsqu'elle favorise la découverte des savoirs en instaurant des « communications d'apprenants » au sein desquelles l'aide mutuelle joue pleinement son rôle éducatif.

La motivation de l'élève devrait être l'intérêt qu'il porte lui-même à ce qu'il apprend. Le problème est que pour s'intéresser à quelque chose, il faut d'abord savoir ce dont il s'agit, c'est-à-dire entrer dans sa connaissance. Le moteur naturel de l'enfant pour entrer dans les connaissances est la curiosité, mais il semblerait que la curiosité trop souvent déçue ne permette plus à certains élèves d'entrer dans les apprentissages. C'est pourquoi on parle de motivation, on demande à l'enseignant d'inventer une motivation plus ou moins artificielle pour réveiller leur curiosité.

Une véritable motivation serait celle qui relie l'élève à son vécu, si par exemple on parle d'un écrivain dont il a entendu parler chez lui, d'un morceau de musique qu'il a entendu, ou d'une pièce de théâtre qu'il a vue avec ses parents. Mais le plus souvent, le vécu de l'enfant concerne des sujets qui n'entrent pas à l'école. L'entrée des « arts visuels » dans les programmes, avec le cinéma, la photo, la vidéo annonce un début d'ouverture de l'école sur le monde extérieur. Dans le pire des cas, mais c'est loin d'être exceptionnel, le vécu de l'enfant est chargé de résonances affectives trop douloureuses pour lui permettre d'être disponible aux apprentissages ; il arrive parfois néanmoins que l'école soit pour lui la seule échappatoire et qu'il saisisse cette opportunité.

La « provocation », préconisée par les auteurs, n'est pas très convaincante comme méthode d'enseignement, tout au moins de la façon dont elle est appliquée dans le cas précis de l'apprentissage de la soustraction. Un certain nombre d'élèves ne sont pas enthousiasmés par le fait qu'une soustraction soit nécessaire pour savoir combien il faut ajouter d'objets dans une collection ! Il n'en est pas moins vrai qu'il est intéressant de placer les élèves devant une situation qui leur pose vraiment problème, même si leur capacité d'abstraction ne leur permet pas toujours d''y entrer.

Notre conclusion, après avoir passé en revue toutes ces méthodes et ces démarches pédagogiques, pourrait être que l'enseignant doit surtout varier et multiplier les approches et les entrées pédagogiques, et qu'il faut impliquer l'élève, lui donner une tâche et un but à atteindre, par exemple dans le cadre d'un projet pédagogique.

B. Bidal

12e SUJET CORRIGÉ

Académies de Paris-Créteil-Versailles, 2004

ÉNONCÉ

Thème : l'échec scolaire

L'exposé porte sur l'étude du document joint.

Le candidat en dégage les idées essentielles (un document peut comprendre un ou plusieurs textes).

Documents

Document 1 : Xavier Darcos, Philippe Meirieu (2003), *Deux voix pour une école*, Desclée de Brouwer.

Document 2 : Mireille Brigaudiot, coord. (2000), *Apprentissages progressifs de l'écrit à l'école maternelle*, PROG, INRP, Hachette Éducation.

Document 3 : *Les Nouveaux Programmes*, CNDP/XO Éditions, 2002, p. 51.

Document 4 : *Mémoires de maîtres, paroles d'élèves*, Librio Flammarion, 2001, extrait d'une lettre p. 89.

DOCUMENT 1

Le choix d'éduquer

Il me vient ensuite une interrogation. Nous avons dit, à plusieurs reprises, que les élèves étaient, aujourd'hui, plus difficiles qu'hier et que les enseignants avaient à faire un nouveau métier. Est-ce si sûr ? Est-ce le métier qui a changé ou bien l'ambition qui le porte ? D'une certaine manière, les « grands pédagogues » que j'étudie depuis longtemps ont toujours eu affaire à des sauvageons, à des marginaux, à des enfants qui ne voulaient pas d'eux. Simplement, ils avaient fait le choix de les éduquer, de ne pas les rejeter au dehors du cercle des humains. Quand le docteur Itard[1], en 1789 – deux siècles avant la loi de 1989 - décide d'adopter Victor de l'Aveyron il fait le choix d'éduquer un enfant qui ne sait pas parler, qui lui crache dessus et qui refuse ce qu'on veut lui enseigner. Il aurait pu suivre les conseils de certains de ses contemporains et rejeter cet enfant en le considérant comme un « débile de naissance ». Il ne l'a pas fait. Il a fait ce que j'ai appelé, dans le titre d'un de mes livres, « le choix d'éduquer ».

Philippe Meirieu.

---

1. Jean Itard (1774-1838) était un médecin connu pour son travail de rééducation des enfants sourds-muets. Il décida d'essayer d'éduquer un enfant sauvage capturé par les paysans dans une forêt de l'Aveyron : il nomma cet enfant Victor. François Truffaut a tiré de cette aventure le film *L'Enfant sauvage*.

DOCUMENT 2

L'enseignement de l'écrit

Ce livre a été rédigé pour aider les maîtres qui ont un profond désir de plus grande démocratisation de l'école. Un tel progrès ne peut être réalisé que si chaque enseignant, à chaque instant de sa pratique, s'empêche de se laisser entraîner par le rythme des élèves les plus performants, et choisit de considérer les moins brillants comme les élèves prioritaires ; chaque maître travaille alors réellement pour TOUS les enfants. C'est là une des choses les plus difficiles dans l'acte d'enseignement, tout simplement parce que les lourdes contraintes du métier sont compensées « naturellement » par cette autovalorisation -non consciente- recherchée par chacun de nous auprès des élèves qui donnent les bonnes réponses à nos questions ; la voie proposée ici est celle d'un accompagnement pour les maîtres qui veulent échapper à cette fatalité.

.....Nous devons donc nous demander ce que nous pouvons faire, à l'école, pour que tous les enfants deviennent curieux et conquérants. Un élément de réponse est qu'ils ont besoin, comme tous les humains, d'être reconnus par les adultes auxquels ils s'attachent, comme forts de potentialités cognitives. Du point de vue d'un maître, c'est la plus haute mission qui lui soit confiée, qui est de montrer aux enfants à tout instant et toute l'année, qu'il leur reconnaît ces potentialités. Or le cognitif s'organise, se stabilise, et s'enrichit dans et par le **langage**.

DOCUMENT 3

Les nouveaux programmes

Plus que jamais, la seule règle est le regard positif porté sur l'enfant, même en extrême difficulté. Les maîtres doivent donc veiller à mettre en valeur les résultats déjà atteints plutôt que les manques, mesurer des évolutions plutôt que des niveaux, en déduire des stratégies pour assurer la réussite de chacun des élèves.

DOCUMENT 4

Lettre d'une maîtresse à un élève

Léandro,

C'est à toi que j'écris.

Je sais que tu peux lire puisque c'est avec moi que tu as décidé d'apprendre à lire, c'est avec toi que j'ai compris qu'apprendre est un mystère. Bien avant toi, déjà, j'avais le curieux pressentiment que la lecture est une drôle d'affaire. Pas une histoire de méthode : syllaber, combiner, globaliser. Parfois, rien n'est possible…J'observais seulement que certains élèves sur lesquels personne n'aurait parié la moindre piécette sur une probable arrivée de lecteurs triomphants en fin d'année, certains, contre toute attente, s'emparaient de ce précieux butin dérobé à la barbe des gardiens du savoir institutionnel…..Et puis un jour, tu es arrivé. Tu n'étais pas encore assis, ta façon nonchalante de te déplacer entre les tables, ton air de ne prêter aucune attention aux autres, le dos voûté, tout en toi disait que la partie n'était pas gagnée.

« Léandro . 11 ans . Ecrit son prénom. Ne sait pas lire. Placement DDASS »

Voilà ce que j'appris, information chuchotée à mon oreille avant que la porte ne se referme sur une directrice assez satisfaite d'avoir trouvé un lieu où déposer cet encombrant individu. Il en a fallu du temps avant que je puisse apercevoir ton regard furtif….. Ton regard, Léandro, c'était le feu, des étincelles partout, un feu qui fait mal, qui brûle plus qu'il ne réchauffe, mais un feu tout de même. Tu as lu mon émerveillement. Pendant de longues semaines, apparemment complètement fermé à ce qui se passait autour de toi, tu as crayonné des voitures, des ventres de voitures, toutes sortes d'engins. J'observais cela. L'heure n'était pas encore venue d'exiger de toi autre chose qu'un comportement relativement docile. Nous nous apprivoisions doucement. Je tapissais les murs de la classe de tes dessins techniquement très élaborés, mue par une admiration indicible. Cette admiration, tes yeux l'ont lue. Je ne sais à quel moment de l'année, tu t'es levé pour prendre un petit livre dans le coin bibliothèque. A partir de ce jour, tu as eu deux activités : dessiner et « lire ». Que s'est-il passé entre toi et les curieux insectes qui couraient sur les pages ? Ce que je sais , c'est que tu restais de longs moments à contempler fixement les mots, muet, immobile. A partir de ce jour, tout est allé très vite. La lecture est entré en toi....Tout est allé si vite, je n'ai rien compris...Le dernier jour, j'osai une question : « Léandro, pourquoi as-tu appris à lire ? – Parce que je croyais que tu ne savais pas que je ne savais pas . »

Catherine

Corrigé

Les quatre documents proposés nous invitent à nous interroger à propos de l'échec scolaire. Tout d'abord, Philippe Meirieu part d'une triple interrogation.

– Les élèves sont-ils plus « difficiles » à l'heure actuelle qu'autrefois ? Pourtant le problème de l'échec scolaire et les tentatives pour y remédier ne sont pas nouveaux. En effet, depuis longtemps, les grands pédagogues se sont penchés sur des cas d'enfants particulièrement difficiles, comme celui, extrême, de « l'enfant sauvage ».

– Le métier d'enseignant a-t-il changé ?

– Ne serait-ce pas plutôt l'ambition qui porte ce métier qui se serait modifiée ? L'auteur ne précise d'ailleurs pas dans quel sens cette ambition est censée s'être transformée : a-t-elle augmenté, a-t-elle diminué ou a-t-elle plutôt changé de nature ?

La question telle qu'elle est posée nous amène à d'autres interrogations.

En ce qui concerne le premier point, n'est-ce pas la société dans son ensemble qui a changé, et pas seulement les élèves ? Le public auquel les enseignants d'aujourd'hui sont confrontés est fort différent de celui d'hier ; il est plus difficile certes, mais faut-il s'en plaindre ? D'une part, les élèves, particulièrement dans les grandes villes, sont beaucoup plus nombreux à venir d'horizons différents et doivent surmonter des difficultés d'ordre sociolinguistique. Mais cela s'accompagne d'un apport culturel qui enrichit l'école et l'oblige à plus d'ouverture d'esprit. D'autre part, l'éducation a fait place à une plus grande écoute des enfants, notamment de la part de leurs parents, grâce à l'influence de quelques psychologues ou pédopsychiatres, ce qui a eu pour effet de rendre ces enfants moins dociles et de développer leur esprit critique. Le travail des enseignants en est rendu plus difficile, puisque la simple autorité ne fait plus recette : l'école est en mutation vers une nouvelle professionnalité ; nous venons en fait de répondre affirmativement à la seconde question de Philippe Meirieu.

Pour le troisième point, on constate sur le terrain que la vocation des enseignants est fondamentalement inchangée et qu'ils sont globalement mieux formés qu'auparavant. Les plus jeunes font déjà partie de la génération des élèves éduqués différemment que nous venons d'évoquer et sont certainement mieux en mesure d'enseigner à leurs pareils. Leur ambition, à l'heure où l'on demande de plus en plus de diplômes, est influencée par cette pression à laquelle ils ont eux-mêmes été confrontés ; mais on constate qu'une caractéristique de notre époque : faire vite, être efficace, rentabiliser, n'est pas encore entrée à l'école primaire, malgré une autre pression, celle, grandissante, de parents d'élèves angoissés qui voudraient voir leur enfant sauter les étapes. Saurons-nous résister ?

Pour compléter cette réflexion, il nous faut prendre en compte un autre argument : peut-on comparer les conditions de travail des « grands pédagogues » avec celles des enseignants qui, chaque jour, dans leur classe, sont confrontés à ces difficultés ? Leur objectif est le même, leurs interrogations sont semblables, mais la réponse de l'enseignant doit être immédiate ; bonne ou médiocre, elle ne souffre aucun ajournement.

Le second texte extrait de l'ouvrage *Apprentissages progressifs de l'écrit à l'école maternelle* pose le problème de l'hétérogénéité des élèves : il est essentiel pour l'enseignant de consacrer le meilleur de son temps à ceux qui ont le plus de difficultés, bien que le travail auprès des « bons élèves » soit plus gratifiant dans l'immédiat.

Les moyens envisagés ici pour aider ces enfants à rentrer à nouveau dans la dynamique des apprentissages sont uniquement d'ordres affectif et psychologique : l'élève a besoin d'être reconnu par l'enseignant, ses potentialités cognitives doivent être valorisées. Trop longtemps, l'école a établi parmi les disciplines enseignées une hiérarchie qui considérait comme secondaires, voire négligeables, la musique, les arts plastiques et l'éducation physique ; les « cancres » pouvaient exceller dans ces trois matières sans qu'il en soit tenu aucun compte. La « supériorité » des scientifiques par rapport aux « littéraires », au niveau de l'enseignement secondaire, est une idée qui a encore de beaux jours devant elle. Cette échelle de valeurs réduit considérablement le nombre d'élèves qui se sentent reconnus ; alors que la discipline dans laquelle l'enfant est à l'aise et sait qu'il peut progresser lui sert à la fois de base pour construire tous les autres apprentissages et d'objectif pour son devenir. Le rôle du maître est au contraire de savoir découvrir les potentialités de chacun et de les mettre en valeur afin de les développer ; il suffit parfois d'un mot blessant ou seulement maladroit pour briser l'élan d'un élève et le conduire à l'échec. À l'inverse, une remarque sincère et positive sur une de ses réalisations déclenchera un nouveau départ vers une réussite à laquelle il peut croire.

Le très court extrait des nouveaux programmes qui constitue le troisième document attire notre attention sur trois points essentiels pour la réussite de tous les élèves.

– Le premier point est celui que nous venons d'évoquer dans le document précédent : le regard du maître doit être positif, non seulement pour que la relation maître-élève soit bénéfique, mais aussi parce que l'attitude du maître est celle qui sert de modèle et donne le ton dans la classe : un maître bienveillant, soucieux de la réussite de tous, induit chez ses élèves un comportement tolérant et solidaire : les plus vifs peuvent aider les plus lents ; ils n'en renforcent que mieux leurs propres apprentissages et développent de précieuses qualités humaines.

Car le sens que les élèves donnent aux apprentissages se construit sur le vif, en situation. Il se construit dans le cadre d'une relation interpersonnelle durable ; on ne peut pourtant espérer que s'établissent des relations fortes et positives entre tous les élèves et les professeurs. Mais tout enseignant doit reconnaître l'importance déterminante de son contact avec ses élèves.

– Il est également demandé aux enseignants, dans ce même esprit positif, de valoriser les résultats des élèves et de mesurer les évolutions plutôt que les niveaux. Cela implique une plus grande souplesse dans le système d'évaluation, qui doit prendre en compte le point de départ de chacun pour évaluer les progrès.

– Des stratégies adaptées doivent être mises en œuvre pour assurer la réussite de chacun : comme pour l'évaluation, les méthodes de travail doivent tenir compte du niveau et des possibilités de chacun. Une pédagogie différenciée doit permettre de moduler les activités en fonction de ces différences, mais en conservant pour tous un même niveau d'exigence en ce qui concerne les compétences à acquérir en fin de cycle.

Le quatrième texte, dans une forme anecdotique, expose le « cas » de Léandro, un élève de onze ans qui ne savait pas lire. Au lieu de se focaliser sur cet apprentissage, l'enseignante l'a aidé à contourner l'obstacle en valorisant ce qu'il réussissait le mieux, c'est-à-dire ses dessins. En lui témoignant une estime sincère et en lui faisant oublier son image d'élève en échec, elle lui a donné les moyens de mettre en place, tout seul, les acquisitions qu'il avait dû faire auparavant comme les morceaux d'un puzzle qu'il n'avait pas pu assembler. Là encore, on montre que l'aspect relationnel peut être déterminant dans la démarche pédagogique et des témoignages comme celui-ci peuvent nous aider à remédier à l'échec scolaire.

La remédiation n'est cependant pas suffisante : il est essentiel, dès les premières années de la scolarité, de dépister les difficultés d'apprentissage des enfants. On sait que des conditions de vie difficiles, comme c'était le cas pour cet enfant placé à la DDASS, fragilisent la construction de l'individu, et une vigilance particulière est nécessaire de la part des équipes éducatives : un dépistage précoce des premières difficultés, si une aide adéquate est rapidement mise en place, est souvent très efficace.

Or, les causes de l'échec scolaire sont multiples et mal connues. Sauf dans des cas extrêmes comme celui de l'enfant-loup évoqué plus haut, cet échec n'est cependant pas une fatalité. On peut supposer que si Léandro avait trouvé dès le début de ses apprentissages l'estime dont il avait besoin, il n'aurait pas éprouvé ce blocage devant la lecture. Une formation concernant la prévention de l'échec scolaire pourrait aider les maîtres à mieux gérer l'aspect relationnel de leur enseignement : ils ne mesurent peut-être pas toujours le pouvoir de leur regard sur l'enfant, facteur de construction et d'équilibre s'il est positif, destructeur et aliénant s'il est négatif.

B. Bidal

PARTIE 2

EXPOSÉ DANS LES DOMAINES DES ARTS VISUELS, DE LA MUSIQUE ET DE LA LITTÉRATURE DE JEUNESSE

CONSEILS PRATIQUES POUR LES ARTS VISUELS

Voici en quoi consiste l'épreuve orale d'arts visuels à laquelle vous acceptez de vous soumettre durant 25 minutes :

1. Exposé (10 min)

– Présentation d'un document apporté par le candidat (3 à 5 min)

– Exposé oral sur ce document (5 min)

2. Entretien (15 min)

– Connaissances et réflexion à partir d'un document fourni par le jury, faisant suite à l'exposé précédent

– Intérêt de cette question par rapport à l'enseignement primaire

Comment transposer cette connaissance en activité scolaire ?

Comment cette activité s'intègrerait-elle aux conditions d'enseignement ?

Analysons, en suivant ce plan, et compte tenu des textes réglementaires, ce que vous pourrez faire.

1. Exposé (10 min)

L'exposé se fera en deux temps, le premier relativement neutre où vous montrerez votre document (vous le désignerez, le nommerez, justifierez les raisons de votre choix), le second où vous expliciterez le contenu de ce document.

1. Présentation du document apporté (3 à 5 min)

Vous avez le choix entre deux partis : apporter soit une de vos propres réalisations, soit un document visuel.

• **Une de vos réalisations personnelles**

Cela consistera en :

– une réalisation plastique bidimensionnelle, ou une création photographique (24 cm x 16 cm au maximum).

– une réalisation en volume, ou une courte création vidéo ou infographique (3 min maximum) enregistrées sur CD ou DVD.

Vous pouvez donc choisir d'apporter une production personnelle. Dans ce cas, veillez à ce qu'elle soit porteuse de sens. Ceci est d'autant plus important que tout l'entretien portera sur ce que vous aurez proposé. C'est vous qui prenez l'initiative. Alors saisissez l'occasion pour intéresser votre public. Votre travail devra se rapporter à un schème directeur (une action en vue de..., par exemple, se sentir protégé) et non à un thème (par exemple, ma chambre). Concernant ce schème de travail (se sentir protégé, se mettre à l'abri, se réfugier, se ressourcer), vous disposez des exemples, en peinture, de Van Gogh (*La Chambre de Van Gogh à Arles,* 1889) ou de Kabakov (*La Chambre,* 1981), en photographie de Bernard Faucon (série des *Chambres,* 1987), en vidéo de Pierrick Sorin (*Réveils,* 1988), en art numérique de Scott Snibbe (*Boundary Functions,* 1998), en volume de Kienholz (*Tandis que des visions de prunes confites dansent dans leurs têtes,* 1964)... Chacune de ces œuvres remet en question la notion de chambre comme lieu de refuge. C'est dans une telle direction que vous devez réaliser un support à réflexion. Vous ne serez pas évalué sur la qualité d'exécution et de réalisation, mais tout est conditionné par ce que vous mettez en débat. Commencez par vous identifier en tant qu'auteur, citez la date et le lieu de production, informez le jury de vos motivations, du titre donné, des difficultés rencontrées lors de la réalisation.

Concernant la vidéo, veillez quand même à un minimum de qualité technique: pas d'images tremblées insupportables à visionner. Posez-vous les problèmes de la composition à l'intérieur d'un cadre, du sens de lecture d'une image (de gauche à droite), du mouvement de la caméra, et encore et surtout du sujet en ayant bien présent à l'esprit que là aussi le schème directeur, ce qui intéresse tout le monde et pas seulement vous, est seul objet digne d'expression. Le son doit être audible et apporter une dimension complémentaire. La question vous sera posée.

Dans tous les cas, pensez à des références culturelles, artistiques, littéraires et scientifiques par rapport auxquelles vous vous positionnerez lors de votre exposé oral sur ce document. Pour les trois champs cités, vous vous informerez donc des pratiques artistiques contemporaines. Les bons ouvrages, de consultation agréable, ne manquent pas : pour le champ plastique, les œuvres bidimensionnelles ou en volume, voir Élisabeth Couturier (2004), *L'Art contemporain, mode d'emploi,* Filipacchi ; pour la photographie, voir Christian Gattinoni et Yannick Vigouroux (2005), *La Photographie contemporaine,* Scala ; pour la vidéo, voir l'ouvrage collectif (1997), *La Vidéo entre art et communication,* École nationale supérieure des beaux-arts de Paris, coll. « Guide de l'étudiant en art».

- **Un document visuel de votre choix**

Vous choisirez un document dans l'un des champs artistiques suivants :

– dans le champ plastique : reproduction d'un dessin, d'une peinture, d'une sculpture, d'un élément de design, d'une architecture ;

– dans le champ photographique : paysage, portrait, photographie de reportage ou scène composée, etc. ;

– dans le champ cinématographique : extrait significatif d'un film de fiction, d'un film documentaire ou d'un film d'animation (3 min maximum), présentés au moyen d'un CD ou DVD.

Pour tous ces documents, vous procéderez selon le même principe que ce qui vient d'être évoqué pour la réalisation personnelle (identité de l'auteur, date, lieu de production, titre, format, support, technique, etc.). Vous choisirez le document en fonction non pas de son esthétique, mais du sens profond qu'il véhicule, consciemment ou non. N'admirez pas béatement, vous donnerez par la suite vos raisons. Vous commencez par exprimer (et non expliquer) ce qui a motivé votre choix, en évitant surtout le pathos affectif et en privilégiant votre sens de la mise à distance critique, qualité essentielle d'un enseignant.

Vous préparerez soigneusement ce que vous aurez à déclarer. Il n'y a pas de place pour l'improvisation hasardeuse. Ne lisez pas votre texte. Parlez à haute voix, en articulant bien, en distillant de brefs silences rythmés, en ménageant votre souffle, en regardant vos interlocuteurs.

Vous venez de vaincre le premier obstacle qui est la « prise de contact » avec les membres du jury. Celui-ci est dorénavant bien disposé à écouter la suite de votre exposé, vous êtes rassuré(e).

2. Exposé oral sur ce document (5 min)

Attention, on ne décrypte pas une œuvre d'art comme on lit un texte ou même une image publicitaire ou de bande dessinée. Méfiez-vous de tout propos relatif à la « lecture » d'une œuvre, quelle qu'elle soit. Car cette dernière n'est pas un objet, mais une identité, un sujet qui « vit ». Ainsi, l'œuvre d'art dit quelque chose à tout un chacun comme si cela était dit à lui seul, comme quelque chose de présent et de contemporain. Donc, que ce soit votre propre production, ou celle d'un artiste, vous devrez toujours vous impliquer dans son interprétation.

– **Cette réalisation prend sa source dans votre vécu** (si c'est votre production) **ou celui de l'artiste.**

– **Cette réalisation touche un public** : il n'y a pas de dimension artistique sans prise en compte par son auteur d'un public réel ou imaginaire. Un journal intime ne peut acquérir le statut artistique qu'à la suite de modifications spécifiques en direction des lecteurs potentiels. Ce public n'est concerné que si la production atteint un niveau plus général sollicitant son attention (dimensions historique, affective, fantasmatique, érotique, etc.).

Il vous faudra également distinguer l'œuvre originale de la reproduction. La reproduction d'une œuvre est une image, elle a perdu le caractère sacré d'aura de l'original : dimensions, matière, texture, qui fondent sa présence. C'est le cas du dessin, de la peinture, de la sculpture, d'un objet design, d'une architecture. Des images ont pourtant aujourd'hui le statut d'œuvre d'art : c'est le cas des images photographiques, vidéo, numériques, cinématographiques. Leur mode de fonctionnement est autre : elles jouent sur l'éphémère, le ludique, le narratif, l'arrêt ou le défilement, mais la différence par rapport à l'art traditionnel, auquel elles ne peuvent manquer de se référer, crée une tension leur procurant un statut pratiquement identique. Ainsi les frontières sont-elles brouillées et nous trouvons-nous au sein d'un formidable système de réflexion et de manipulation s'infiltrant dans tous les actes de notre vie quotidienne, de notre mental, de nos percepts et de nos affects. Alors, le monde nous paraît aujourd'hui n'être plus qu'un vaste simulacre. Le réel se dissout en un virtuel plus réel que nature.

Cinq minutes d'exposé, c'est très court. Répondez de manière authentique, vivante et chaleureuse, aux points ci-dessous, sans les nommer; suivez cette stratégie en accordant progressivement plus d'importance aux derniers points.

• Relations cognitives

– Lecture littérale : ce qui est constatable visuellement, ce qui est relatif aux notions d'espace (formes, couleurs, matière, composition, cadrage, point de vue, etc.) et de temps (arrêt, mouvement de caméra, etc.).

– Lecture dénotative : ce que cela représente (une reconnaissance, même approximative).

– Lecture connotative : ce que cela vous suggère.

• **Relations psychiques**

– Pouvoir de l'image sur le spectateur : en quoi cela vous concerne-t-il ?

– Projection du spectateur dans l'image : affirmez ici votre désir d'habiter l'image, de l'investir.

• **Relations sensori-affectivo-motrices**

Opérations de transformation : ce qui n'est pas dans le document, mais que vous imaginez, détournement possible compte tenu des conditions perceptives.

• **Relations émotionnelles**

Échange d'ordre existentiel : votre dialogue avec le document, abandon vers l'insondable et, simultanément, affirmation de vous-même (exaltation libératrice, besoin d'agir), aspect fonctionnel (vie/mort, bien/mal/beau, destin/destinée, etc.) ; ouverture vers d'autres moyens d'expression (danse, mime, théâtre, photo, cinéma, design, expression corporelle, poésie, arts appliqués, arts plastiques, architecture, musique, nouvelles technologies, etc.). Indiquez ici combien cette question vous implique véritablement et combien vous aimeriez la faire partager. Il s'agit de faire aimer, et non d'expliquer.

• **Transposition didactique (réinvestir dans une pratique scolaire ce qui vient d'être évoqué)**

Comment des enfants entre 3 et 10 ans pourraient être concernés par ce que vous venez d'exposer? Reportez-vous au passage du programme correspondant dans l'un des trois cycles. Ne soyez pas trop ambitieux. N'oubliez pas que la notion de temps est mal ancrée dans l'esprit de l'enfant, que celle d'espace est en cours de construction. Reportez-vous aux stades d'évolution de l'enfant : ce dernier doit être actif d'abord, il constate immédiatement ce qu'il a fait en mettant son résultat en relation avec celui des autres. Mais n'oubliez pas que le jeune enfant est égocentrique. Envisagez la relation avec son environnement visuel (citadin, rural, semi-rural), culturel (patrimoine local), social. Citez un très court fragment du texte des programmes pour appuyer votre exposé.

2. Entretien (15 min)

1. Connaissances et réflexion à partir d'un document fourni par le jury

Dans le droit fil de ce que vous venez de présenter, le jury vous présentera un document appartenant à un champ artistique différent de celui que vous avez choisi pour votre exposé. Ce sera une image fixe sur papier ou sur écran (diapositive ou vidéo). Cette image reproduit une œuvre en arts plastiques, photographie, architecture, design, ou cinéma. Cette œuvre pourrait être extraite de la liste de références pour une première culture artistique (annexe des programmes de l'école primaire) ; consultez cette liste en la téléchargeant sur votre ordinateur. Elle a été éditée par le CNDP (Centre national de documentation pédagogique) sous l'intitulé suivant : *La sensibilité, l'imagination, la création (école maternelle), Éducation artistique (école élémentaire),* collection « École, Documents d'application des programmes », 2002. Ce document ne concerne que les arts visuels, à savoir les techniques suivantes : dessin, peinture, collage, modelage, photographie, vidéo, arts numériques, design, arts décoratifs, architecture, et patrimoine.

Ne soyez pas pris au dépourvu. Le jury ne cherche pas à vous piéger. D'après le texte régissant le concours, le document fourni par le jury permet un élargissement qui « ouvre à des réflexions complémentaires de celles présentées par l'exposé initial ».

D'après ce même texte définissant les épreuves, les trois champs sont plastique (dessin, peinture, sculpture, design, architecture), photographique et cinématographique. À l'exclusion de ce dernier champ, vous trouverez des renseignements précis pour les deux premiers, avec des exemples d'application en classe, dans le texte du CNDP. Sa connaissance est donc indispensable. Lisez attentivement quelles sont les références proposées « pour une première culture artistique » (pages 25 à 28). La liste comprend des œuvres en architecture, cinéma, dessin, peinture, photographie, sculpture, vitrail. Même si cette liste est fort contestée en raison des choix opérés, elle est là pour signifier aussi tout simplement que tout enseignant doit posséder un certain niveau de culture artistique.

• Champ plastique

Cinq techniques sont citées et un document vous est proposé en dessin, peinture, sculpture, design ou architecture. Pour les trois premières techniques qui appartiennent au domaine des arts plastiques, vous devrez avoir présent le schéma d'analyse indiqué ci-dessus. N'oubliez pas que ce type de document est fait pour vous mettre en question. Partir vers l'inconnu pour aller à votre propre rencontre et à celle d'un artiste. Car la destinée de l'art est d'abolir la distance qui nous sépare de l'autre, dans la mesure où il est tout entier dans son art. Posez-vous la question du mystère que recouvre telle œuvre. Il y aura toujours quelque chose d'existentiel là-dedans. Cela dépasse largement les limites d'un commentaire qui en resterait à des constats formels (lignes, formes, couleurs, etc.), cela dépasse aussi le cadre d'expression de sentiments, mais cela pose un problème d'identité. Le mystère est, face à une œuvre relevant des arts plastiques, un problème où je me trouve engagé, où je suis en question, moi, dans ma totalité et mon être. Voilà ce qui constitue le contenu d'un dessin, d'une peinture, d'une sculpture. L'artiste qui les a réalisés était en route vers un inconnu, une potentialité qu'il désirait voir réaliser, il était comme Christophe Colomb partant à la découverte de l'Amérique. Signalons qu'une gravure et une aquarelle appartiennent au dessin, que vous devez différencier les constituants d'une œuvre (lumière, couleur, perspective, composition) des procédés utilisés (collage, montage, égouttage) et des genres (peinture historique, portrait, paysage, nature morte). Pour l'aspect pédagogique, consultez l'ouvrage de Daniel Lagoutte, *Enseigner les arts visuels* (Hachette, 2004) et, pour l'imaginaire, celui de Jean-Jacques Wunenburger, *Philosophie des images* (PUF, 2002).

Le mot design est emprunté à l'anglais et signifie : « plan d'un ouvrage d'art ». Il concerne l'esthétique industrielle appliquée à la recherche de formes nouvelles et adaptées à leur fonction. Trois domaines sont à envisager : le domaine du produit qui concerne les objets réalisés en série (objets usuels, textiles vestimentaires) ; le domaine de la communication qui concerne les échanges d'information dans les secteurs visuels et audiovisuels (images, graphismes, publicité) ; le domaine de l'environnement qui concerne l'aménagement des espaces individuels et publics (volumes et espaces, arts du métal, arts du feu, arts du bois). N'adoptez pas une posture réductrice selon laquelle il existerait un art noble relevant de l'intellect, et les « arts et techniques » de moindre noblesse, relevant essentiellement du « faire ». Nous recommandons tout particulièrement la lecture de l'ouvrage de Claude Courtecuisse, *Dis-moi le design*, éditions Sept, CNDP, 2004.

En architecture, vous devez disposer d'un minimum de vocabulaire : par exemple un pilier n'est pas une colonne. Lisez l'ouvrage de Bruno Zevi, *Apprendre à voir l'architecture* (Éditions de Minuit, 1959, réédité), et celui d'Émily Cole, *Grammaire de l'architecture* (Dessain et Tolra, 2003) : « Savez-vous reconnaître une colonne dorique ? Qu'est-ce qu'un entablement, un hypostyle, un pylône ou une pagode ? Toutes les questions que vous vous posez au cours de vos voyages ou de vos visites trouveront une réponse dans cet ouvrage de référence, qui permet de faire le point sur les styles d'architecture à travers les différentes époques et la diversité des cultures. »

• Champ photographique

En évoquant le paysage, le portrait, le reportage, la scène composée, le texte fait référence à la notion de genre.

Il est important de disposer d'un vocabulaire précis. Vous devez être capable de nommer une prise de vue en plongée ou en contre-plongée, un hors-champ, des contrastes de valeurs, ou encore définir la notion d'abstraction par rapport à ce que figure l'image ; bref, bien savoir utiliser les mots avec une certaine rigueur pour exprimer un propos clair, qualité importante pour un futur enseignant. On attend de vous un certain degré d'implication, un esprit critique, la capacité à instaurer un dialogue, à écouter.

À l'instar de ce que vous venez de faire pour le document que vous avez choisi, vous analyserez celui-ci pour en extraire la signification, sans pour cela le disséquer sèchement, mais en le rendant vivant par l'émergence de questions et de notions qui vous tiennent à cœur (voir le schéma proposé ci-dessus pour l'exposé oral sur le document choisi). Bien souvent, au fur et à mesure que votre réflexion progressera (mais laissez-la avancer), vous trouverez de nouveaux arguments, vous évoquerez des exemples pour appuyer votre avis, faisant de cet entretien un réel plaisir d'échanges réciproques avec les membres du jury. L'analyse de la photo vous permettra de la situer dans un contexte esthétique et historique. Nommer, décrire ne suffisent pas. Il s'agit d'élaborer une réflexion d'ordres à la fois technique, esthétique, social, historique. Montrez-vous vivant en commentant activement le document, en désignant ce dont vous parlez, en utilisant un vocabulaire simple mais spécifique. Et n'oubliez pas ces deux aphorismes : « Une photographie est un secret qui parle d'un secret; plus elle vous en dit, moins vous en savez. » (Diane Arbus) « La fonction de la photographie ne consiste pas à offrir un plaisir esthétique, mais à fournir des vérités visuelles sur le monde » (Alfred Stieglitz).

Bibliographie indicative

– Jacques Aumont (1990), *L'Image*, Nathan, Paris.
– François Soulages (1998), *Esthétique de la photographie*, Nathan.
– Gabriel Baudet (2005), *Approches de la photographie*, Armand Colin (non illustré).

• Champ cinématographique

Pour le cinéma, nous vous invitons à naviguer sur Internet en inscrivant « école primaire cinéma » ou en vous connectant au site www.artsculture.education.fr/cinema. Vous trouverez là une somme d'informations utiles. Depuis la rentrée 2001, le plan « cinéma à l'école » est mis en œuvre dans les écoles maternelles et élémentaires. Il associe des artistes et des professionnels de la culture. L'objectif est d'apporter une première culture du cinéma comme art.

« Les élèves découvrent, grâce à l'école et à ses partenaires, des films de multiples horizons. Cela se fait lors de séances collectives dans les salles de cinéma en s'appuyant, entre autres, sur les dispositifs existants (comme « École et cinéma »), mais aussi grâce à une présence dans les écoles de films sur DVD. Ces films, loin d'être des films dits « pour enfants », donnent l'idée la plus haute et la plus universelle du cinéma. Ils ouvrent à d'autres approches artistiques (plasticiennes, musicales), à des enseignements plus classiques (études de langues, expression orale) et à la rencontre d'autres civilisations. »

Une collection de DVD, intitulée « Éden cinéma », existe à destination scolaire. Elle est composée de DVD « Rencontre d'un film ». Ceux-ci « regroupent autour d'une œuvre majeure des films ou documents permettant de l'approcher indirectement, en les mettant en rapport avec elle. Parmi ces documents, un "portfolio" permet de tracer des lignes de fuite vers d'autres formes d'art ». Parmi d'autres, les films suivants sont disponibles : *Les 400 coups* de François Truffaut, *Les Contrebandiers de Moonfleet* de Fritz Lang, *La Petite Vendeuse de soleil* de Djibril Diop Mambety, *Rabi* de Gaston Gaboré, *Où est la maison de mon ami ?* de Abbas Kiarostami. Une documentation est fournie pour leur utilisation en classe.

Une seconde collection de DVD aborde le cinéma comme langage : « Certains DVD approchent les notions-clés du cinéma comme celles de "point de vue" ou de "plan", selon une pédagogie de la "mise en rapport" d'extraits. Enfin, ils peuvent donner l'occasion de faire l'expérience individuelle d'un passage à l'acte de la création, grâce aux nouveaux outils de production numérique, mini caméras DV et programmes de montage simples sur ordinateur. » Ainsi les enfants peuvent eux-mêmes réaliser un petit film. En 2002, avec l'opération « Chacun son plan ! », ils ont tourné un plan (de leur vie, de leur environnement), là où ils veulent, selon une règle du jeu définie en amont (une minute, caméra fixe, à la façon des frères Lumière). « Ces plans ont été ensuite échangés d'école à école, de région à région, *via* Internet ou envoi de cassettes, permettant à chacun de faire l'expérience d'une autre vie, d'un autre milieu, d'une autre subjectivité. »

N'omettez pas d'évoquer les cadrages, les mouvements de caméra, le point de vue, la qualité de la couleur, etc., et n'oubliez pas le traitement du son (bruits, ambiance, voix et musique). Repérez le rapport entre espace et temps, le montage, etc. Mais toute cette technique est en vue de produire du sens, quel sens ?

Bibliographie indicative

– Jacques Aumont et Michel Marie (2004), *Dictionnaire théorique et critique du cinéma*, Nathan.

– Francesco Cassetti (1999), *Les Théories du cinéma depuis 1945*, Nathan.

2. Intérêt de cette question par rapport à l'enseignement primaire

• Comment transposer cette connaissance en activité scolaire ?

Dans le tableau synoptique ci-après, nous avons tenté de mettre en relation les compétences visées pour les arts visuels à l'issue de chacun des cycles. Nous remarquerons que chaque compétence ne peut être envisagée indifféremment d'un cycle à l'autre (on n'a pas à inculquer des références culturelles à un enfant de moins de six ans).

	Compétences en arts visuels devant être acquises en fin de cycle		
Objectifs généraux	**Cycle 1 (6 ans)**	**Cycle 2 (8 ans)**	**Cycle 3 (11 ans)**
Dessiner	Utiliser le dessin comme moyen d'expression et de représentation.	Utiliser le dessin dans ses diverses fonctions.	Utiliser diverses techniques du dessin.
Pratiquer	Adapter son geste aux contraintes matérielles (outil, supports, matières). Surmonter une difficulté rencontrée.	Expérimenter des matériaux, des supports, des outils, constater les effets produits et réinvestir dans une nouvelle production. Produire des images en visant la maîtrise des effets et du sens.	Réaliser une production en deux ou trois dimensions, individuelle ou collective, menée à partir de consignes précises.
Inventer	Tirer parti des ressources expressives d'un procédé et d'un matériau. Exercer des choix.	Combiner plusieurs opérations plastiques pour réaliser une production en deux ou trois dimensions, individuelle ou collective.	Choisir, manipuler et combiner des matériaux, des supports, des outils.
Repérer différentes catégories d'images	Reconnaître des images d'origines et de natures différentes. Identifier les principaux constituants d'un objet plastique (image, œuvre d'art, production d'élève...).		Identifier différents types d'images en justifiant son point de vue.
Mettre en œuvre ses facultés de jugement	Établir des rapprochements entre deux objets plastiques (une production d'élève et une reproduction par exemple) sur le plan de la forme, de la couleur, du sens ou du procédé de réalisation.	Établir des relations entre les démarches et procédés repérés dans les œuvres et sa propre production.	Points communs et différences entre pratiques de la classe et démarches d'artistes ; ce qui les distingue et ce qui les rapproche.
Expliciter le visuel par des mots	Dire ce qu'on fait, ce qu'on voit, ce qu'on ressent, ce qu'on pense.	Décrire et comparer des images en utilisant un vocabulaire approprié.	Témoigner d'une expérience, décrire une image, s'exprimer sur une œuvre.
Connaître des œuvres		Reconnaître et nommer certaines œuvres d'artistes et les mettre en relation.	Identifier et nommer quelques références (œuvres, personnalités, événements, etc.) ; pouvoir les caractériser simplement et les situer historiquement.
D'une discipline à l'autre			Réinvestir dans d'autres disciplines les apports des arts visuels.

• **Comment cette activité s'intègrerait-elle aux conditions d'enseignement ?**
Concrètement, sont à votre disposition trois dispositifs institutionnels.

– **La leçon d'arts visuels** : d'abord, pour qu'une leçon remplisse sa fonction éducative, elle doit comporter deux phases, l'une d'assimilation (propre à l'enseignement : acquérir un savoir ou un savoir-faire), l'autre d'accommodation des savoirs enseignés (propre à l'expression individuelle : adapter ce qui a été appris à ses fins personnelles). Cela représente une heure hebdomadaire dans l'emploi du temps.

– **L'atelier de pratique artistique** : l'élève est amené à manifester son besoin de pratiquer; l'enseignant l'accompagne dans la réalisation de ce désir, avec parfois la rencontre d'un artiste. La gestion du temps est, dans le cas présent, moins contraignante mais respecte la fourchette horaire fixée par les textes.

– **La classe à projet artistique et culturel (PAC)**, aujourd'hui plus ou moins abandonnée, proposait une situation d'enseignement artistique qui s'intégrait dans les programmes et les horaires habituels de la classe. Elle permettait de conduire un projet artistique sous la responsabilité d'un enseignant volontaire, avec le concours d'un artiste ou d'un professionnel de la culture.

Consultez l'ouvrage de Pascale Lismonde (2002), *Les Arts à l'école, le plan de Jack Lang et Catherine Tasca*, Folio.

3. Évaluation générale

• **Le champ plastique** : connaissance des grands moyens d'expression plastique (lignes, formes, couleurs, matières, dispositifs spatiaux, systèmes de composition, etc.). Le champ plastique est incontournable. Pour votre préparation à l'épreuve, remplissez une petite fiche pour chacun de ces termes.

• **La transversalité des champs artistiques** : culture générale portant sur la pluralité des arts visuels et leur interaction. Ici, le texte envisage les arts visuels comme couvrant les trois champs (plastique, photographique, cinématographique). Sont évaluées la connaissance dans les champs abordés et la capacité à faire le lien entre ces champs. Là aussi, préparez une fiche par schème en trouvant un exemple pour chacun des trois champs. Voici une liste loin d'être exhaustive de quelques schèmes empruntés au document du CNDP cité ci-dessus : raconter, représenter, reproduire, rechercher, jouer avec les formes, surprendre, rencontrer un obstacle, détourner, se souvenir, décorer, modifier, bouger, distinguer la réalité de la fiction, etc.

• **La transposition didactique** : capacité à mettre connaissance et culture artistiques au service d'une pratique pédagogique attentive à l'expérience des élèves et ouverte sur leur environnement. Le support présenté est à envisager comme élément d'une intervention pédagogique ; on évalue plus généralement l'aptitude à mettre en relation les connaissances avec la pratique de la classe. Il vous faut évoquer les programmes et connaître les ressources offertes par les institutions (Éducation nationale, Culture) et l'environnement artistique et culturel (Région). Concluez en vous posant la question de ce qu'ont appris d'important les élèves, en dehors du plaisir éprouvé inhérent à toute pratique artistique.

Pour une présentation plus développée des contenus de cette épreuve, chez le même éditeur, n° 33, *Arts visuels*, 2006.

D. Lagoutte

Conseils pratiques pour la musique

Cette épreuve se composera donc de deux parties :

1. L'expression musicale
2. L'entretien à partir d'un document sonore

1. L'expression musicale

La réussite de ce moment d'expression dépendra en grande partie du travail de sélection effectué **en amont** et du **choix** final concernant l'œuvre ou les extraits d'œuvres à interpréter.

1. Dans un premier temps, il s'agira de se constituer un répertoire d'œuvres « possibles », chants et/ou pièces instrumentales.

Cela pourra d'ailleurs être l'occasion pour le candidat de s'ouvrir à d'autres mondes musicaux. D'autres répertoires comme ceux des musiques anciennes traditionnelles ou du jazz permettront aux plus aventureux de sortir des sentiers battus, de faire preuve d' « initiative » en s'essayant à d'autres langues (pour les chanteurs), d'autres couleurs vocales ou instrumentales. (Les médiathèques proposent quantités de CD, de partitions s'y rapportant.)

Ce corpus d'œuvres se fera non seulement en fonction des goûts, des envies et des connaissances « personnelles », mais surtout en fonction des compétences techniques propres à chacun (et de ses limites !). Le but de cet exercice étant avant tout de transmettre une émotion, de « s'engager dans une interprétation personnelle », il faudra impérativement se sentir à l'aise dans la pratique de ces œuvres et ne pas en oublier la dimension théâtrale. En aucune façon cette épreuve ne doit être assimilée à une « performance » technique. Qu'il soit chanteur ou instrumentiste, le candidat devra essayer d'incarner une « expression musicale ».

Un chanteur encore un peu débutant qui aura pris soin de choisir une pièce assez simple et d'un ambitus plutôt restreint adapté à sa tessiture pourra parfaitement réussir l'épreuve à la condition expresse qu'il ait quelque chose à « dire ».

Un instrumentiste confirmé ayant une technique solide pourra bien évidemment choisir une pièce très virtuose du moment qu'elle ne sclérose pas son expression.

2. Ce répertoire constitué, il faudra, pour chaque œuvre envisagée et présélectionnée, prévoir une entrée dans la classe (réinvestissement dans des situations éducatives).

Certains chants seront directement transposables (apprentissage d'un couplet et refrain), d'autres devront être transposés, adaptés :

– un élément rythmique remarquable pourra être joué, chanté, dansé, vécu par la classe ;
– telle mélodie ou gamme particulière structurant la pièce pourront être le déclencheur d'un travail autour de jeux vocaux s'y rapportant ;
– telle famille d'instruments présente sur l'accompagnement pourra faire émerger l'idée de style, de voyage dans le temps et/ou dans l'espace ;
– la structure même de la chanson ou de la pièce pourra constituer un point de départ (forme : couplet/refrain ; variation).

Certaines pièces sélectionnées seront riches en pistes pédagogiques ; d'autres, en revanche, auront plus de mal à susciter une action dans les classes.

3. À partir de ce travail, deux choix ou présentations finales seront possibles.

• Une seule pièce sera interprétée

Il faudra choisir l'œuvre la plus efficace dans l'optique du concours, sachant que le jury attendra du candidat une capacité à se projeter dans la réalité d'une classe (éléments concrets).

Partant de cet élément musical identifié (rythme, formule mélodique, famille d'instruments, etc.), il conviendra d'installer une progression nourrie de moments de pratiques, de jeux, d'explorations sonores, réinvestis dans des écoutes en « parallèle » (un travail sur les onomatopées propre aux chansons de Boby Lapointe pourra, par exemple, être revisité dans les écoutes suivantes : « Les Oiseaux » de Clément Janequin, « Comic Strip » de Serge Gainsbourg, « Les Machines » de Björk, extrait de la comédie musicale *Dancer in the Dark*).

Il restera ensuite à bien se documenter sur le contexte particulier de l'œuvre choisie (recherche qui pourra également enrichir le travail prévu dans la classe).

Ainsi, un chanteur interprétant « Mon amant de Saint-Jean » devra être capable de tracer une esquisse de l'époque en question, de connaître quelques chansons appartenant à la même famille, quelques instruments liés à ce répertoire.

Ainsi, un violoncelliste jouant une des Suites de Bach devra pouvoir rattacher celle-ci à son contexte historique et artistique (musique, beaux-arts, littérature, théâtre, architecture).

• Plusieurs extraits d'œuvres seront présentés

L'intérêt de cette présentation est de montrer l'éventail de ses possibilités musicales dans une classe.

Ainsi, un instrumentiste pourra croiser sa prestation avec un (ou plusieurs) chant(s) et, de ce fait, montrer au jury son intérêt pour la voix comme outil pédagogique.

De la même façon, un chant à « hauteur d'adulte » pourra très bien être mis en perspective avec un chant ciblé sur un cycle d'enseignement précis.

Cette présentation ne sera en aucun cas une compilation d'éléments rassemblés par le fruit du hasard ou des convenances personnelles.

Il faudra bien évidemment trouver une cohérence, un fil conducteur donné par un élément musical caractéristique à travailler dans une classe.

Il faudra donc, dans un premier temps, prendre du recul par rapport aux documents à interpréter, effectuer un travail de synthèse, chercher une logique interne.

On pourra chercher des points communs ou, au contraire, travailler par oppositions, par jeu de contrastes : sons liés/piqués ; nuance *forte/piano* ; rythme ternaire/binaire ; mode majeur/mineur ; discours continu/discontinu ; tonalité/atonalité ; styles différents, échelles modales différentes, langues différentes.

À partir de cette thématique, il conviendra alors d'imaginer un travail dans une (ou plusieurs) classe(s) donnée(s), en installant une progression nourrie d'écoutes (sélectionner un corpus d'œuvres précises que l'on pourra citer lors de l'entretien), de jeux rythmiques, jeux vocaux, jeux corporels adaptés (certaines de ces activités pourront être réalisées en partie par le candidat devant le jury).

Quel que soit le choix de présentation, cette épreuve ne s'improvise pas et le travail de tri doit être envisagé plusieurs mois à l'avance pour aboutir à un temps d'expression musicale de trois minutes environ, suivi d'une analyse d'une durée de cinq à sept minutes.

Il est fortement conseillé de travailler en petit groupe ou du moins de s'habituer à jouer devant les autres, d'oser chanter devant un public d'amis qui sauront, par leurs observations bienveillantes, **aider le candidat à affiner « l'analyse de sa prestation »** (qualité de concentration, de justesse d'intonations ou de rythmes, qualité d'implication dans la pièce jouée, pièce adaptée aux compétences ou trop difficile).

Quelques précisions supplémentaires

Pour les chanteurs, il sera possible de présenter l'œuvre *a cappella* (grande liberté d'interprétation à faire vivre au cours de laquelle on peut explorer pleinement le côté théâtral d'une chanson) ou avec un accompagnement (CD ou instrument de type guitare, clavier, percussions, à condition d'être à la fois le chanteur et l'accompagnateur). Dans le cas d'un accompagnement sur support CD, on peut imaginer que le lecteur présent dans la salle pourra être utilisé par le candidat.

Les pianistes acoustiques (instrument pourtant pivot de notre patrimoine musical classique) devront hélas s'habituer à jouer sur des claviers électroniques disponibles lors du concours.

Il en sera de même pour les percussionnistes de jazz qui devront troquer leur batterie (instrument pourtant fondamental pour comprendre les musiques du XXe siècle!) contre des percussions de taille plus réduite (djembé, tambour, derbouka).

2. L'entretien autour du document sonore

En fonction du répertoire abordé lors du moment d'expression musicale, le jury proposera un document appartenant à « un champ différent ».

Un flûtiste ayant joué une danse de la Renaissance, ou un trompettiste un mouvement d'une sonate de Haendel auront donc plus de chances qu'un guitariste de jazz-rock d'avoir un document sonore tiré de la période contemporaine (et inversement !).

Contrairement aux années passées, l'écoute ne s'appuiera pas sur un travail de préparation « au casque » avec possibilité de plusieurs écoutes.

Dorénavant, le candidat découvrira le document devant le jury et devra étayer son commentaire dans la foulée avant de rebondir vers une exploitation pédagogique.

De ce fait, il sera difficile, dans ces conditions, d'obtenir de sa part une analyse complète, détaillée et synthétique de l'extrait choisi.

On sera par contre en droit d'attendre de lui :
– qu'il situe ce document dans son contexte historique et artistique de façon très générale (il ne s'agit pas bien sûr d'une épreuve de musicologie) ;
– qu'il en dégage un élément saillant, un indice musical caractéristique, afin de l'intégrer dans une situation d'apprentissage.

1. Le candidat devra posséder des repères culturels et pouvoir ainsi différencier à l'écoute, par exemple, une musique de tradition orale d'une musique dite « savante » d'un standard de jazz, d'une musique « pop ».

Pour certains, ces repères seront à construire durant cette année de préparation ; pour tous, ces savoirs seront à consolider : il faudra, par exemple, connaître chacune des étapes appartenant au répertoire de musique « savante » en Europe : le Moyen Âge, la Renaissance, l'époque baroque, classique, romantique, moderne et enfin contemporaine. L'idéal serait de pouvoir donner, pour chacune de ces périodes, quelques éléments réellement ressentis, concrets, vivants concernant non seulement la musique mais aussi les autres arts.

Pour vérifier ces connaissances, le candidat pourra consulter l'ouvrage intitulé *Histoire de la musique*, de Paule Druilhe et Jean-François Favre (Hachette Éducation, 1992).

L'importance des musiques issues de la famille jazz qui se développent autour de l'improvisation (gospel, blues, be-bop, rock, pop) et leur grande influence dans notre période contemporaine seront à méditer et à croiser avec les musiques du monde.

La collection « École » des documents d'application des programmes concernant l'éducation artistique (CNDP) propose tout un corpus d'œuvres abordables dans les classes et donc potentiellement intéressantes pour des écoutes possibles lors du concours (pp. 28 à 32).

Là encore, un travail régulier tout au long de l'année sera conseillé.

Dans un premier temps et afin d'acquérir quelques réflexes d'analyse musicale, on pourra s'aider d'une grille contenant les paramètres suivants :
– style, époque ;
– forme, structure ;
– instruments, voix ;
– hauteur, durée, intensité ;
– sentiment personnel, vocabulaire extra-musical.

À chaque écoute, on s'efforcera de remplir ces rubriques pour, par la suite, les garder en mémoire et travailler sans papier (sans filet) tout en essayant de capter l'essentiel.

Là encore, l'idéal serait de travailler en petit groupe, chaque personne apportant pour chaque séance son extrait à faire découvrir aux autres. On peut également travailler en écoutant la radio au hasard. Des écoutes sont disponibles, avec leur analyse, sur le site Internet SIAC1.

S'agissant d'une épreuve musicale, tout élément mélodique ou rythmique réinvesti par le candidat pendant l'entretien sera payant au final.

On n'hésitera donc pas, devant le jury, à chanter un thème repéré pendant l'écoute, à frapper un rythme structurant la pièce présentée, à mettre en résonance un élément mémorisable (corps et voix).

Fort de ce travail, le candidat devra par la suite resserrer son analyse autour d'un élément caractéristique (hauteur, durée, intensité, timbre, espace) de l'œuvre en question, et imaginer une situation d'apprentissage, ancrée dans la réalité de la pratique enseignante.

2. Pour ce faire, et ainsi se projeter à bon escient, le candidat aura pris soin d'aller auparavant consulter les programmes d'enseignement de l'école primaire (*BO* du 14 février 2002) et les acquisitions souhaitables pour chacun des cycles (des synthèses très pratiques y sont fournies sous la forme d'encadrés à mémoriser).
L'éducation musicale s'organisant en cinq grands axes (corps, voix, écoute, jeu instrumental et codages), le candidat pourra puiser sans crainte dans les trois premiers qui constituent une sorte de vivier propre à la discipline, et penser l'écoute comme un jeu d'action (voir *La musique est un jeu d'enfant* de François Delalande, Buchet-Chastel, 1996). Le jeu instrumental pourra découler d'un travail sur le corps (varier une pulsation en utilisant les différents endroits du corps, puis différents objets sonores, ou instrumentarium). Le codage pourra à la suite d'une production sonore s'imposer aux enfants comme une nécessité pour mémoriser et garder une trace.
Le candidat devra avoir conscience des situations propres à la discipline (compétences musicales) et dans un même temps avoir le désir de créer des liens entre les disciplines (maîtrise du langage, arts visuels, histoire, géographie, etc.).
Enfin, tout au long de cet entretien, le candidat devra avoir à l'esprit la finalité de cette activité : sensibiliser les enfants à l'idée du « Beau », leur transmettre les outils pour écouter, leur faire comprendre, sinon tout au moins toucher du doigt et accepter les différences en matière d'esthétiques, leur donner envie de voyager en musique, envie de découvrir d'autres horizons et envie de sortir d'une route parfois déjà toute tracée !

O. Germond

CONSEILS PRATIQUES POUR LA LITTÉRATURE DE JEUNESSE

L'épreuve orale est une épreuve passionnante à préparer, si vous vous donnez les moyens d'entrer dans la littérature de jeunesse par diverses portes, et que vous êtes prêts à faire un effort d'acculturation intense pendant une année.

Car, contrairement à une croyance répandue chez les candidats de la première « vague » d'optionnaires, la spécialité « littérature de jeunesse » n'est pas une extension de l'épreuve écrite de français : c'est bien une épreuve en soi, où l'on attend de vous une culture particulière et étendue de la littérature de jeunesse, des compétences spécifiques en analyse littéraire. Par ailleurs, vous devez montrer que cette culture et ces qualités de lecture littéraires, vous savez les adapter pour les mettre au service de la lecture des textes dans les classes, du cycle 1 au cycle 3. C'est dire que la charge de travail, pour cette option, est lourde.

Quel est le travail que vous avez à présenter ?

1. Un exposé (10 min)
2. Un entretien (15 min)

1. Un exposé (10 min)

1. Présentation de l'œuvre choisie et apportée par le candidat et lecture d'un extrait de 25 lignes environ (3 à 5 min)

La présentation doit porter sur l'œuvre choisie et son auteur. Avant la lecture, vous devez fournir aux membres de la commission tous les éléments nécessaires à une bonne audition de votre lecture :

- contexte de l'œuvre,
- situation du passage dans l'œuvre, du poème dans un recueil poétique,
- situation de l'intrigue au moment de l'épisode lu,
- personnages présents sur scène pour une pièce de théâtre.

La lecture demandée doit témoigner d'un travail tourné vers l'expression et l'interprétation. Vous devez restituer l'extrait de façon expressive : le moment de lecture est un véritable travail qui doit montrer aux membres du jury que vous savez mettre en scène votre lecture, fournir une lecture témoignant de votre compréhension du texte et vous faire passeur de littérature. Le meilleur entraînement serait de lire des textes à des classes d'élèves (pour trouver le ton, le débit, l'attitude).

2. Exposé oral sur le livre choisi (environ 5 min)

Votre exposé doit être structuré : n'oubliez pas d'indiquer votre plan au jury. Cela peut

consister, dans une première partie, à montrer l'intérêt littéraire de l'œuvre (vous pouvez relever ses qualités dans l'extrait, si celui-ci est représentatif de l'œuvre entière, et généraliser vos conclusions), puis à ébaucher les pistes de travail que vous privilégieriez en classe :
– appuyez-vous pour cela sur les aspects spécifiques du texte que vous aurez dégagés, ainsi que sur les instructions officielles ;
– étant donné le temps disponible, mieux vaut suggérer deux ou trois pistes fortes que vous éparpiller en en énumérant trop.

2. L'entretien (15 min)

En littérature de jeunesse, l'entretien ne s'appuie sur aucun programme défini ni sur un document fourni par le jury : il s'agit donc pour vous de répondre à des questions du jury visant à approfondir ce que vous avez proposé dans l'exposé ou à élargir certaines de vos pistes d'exploitation.

Il va de soi que le jury aura le temps de vérifier votre connaissance de l'école et des programmes de l'école primaire, en vous demandant de confronter, par exemple, vos propositions pédagogiques aux programmes, ou de transposer d'un cycle à l'autre la lecture du texte que vous aurez choisi. Ainsi, imaginons un candidat qui a choisi d'aborder la lecture de *La Diablesse et son enfant* de Marie Ndiaye au cycle 3 : il pourra être questionné sur la transposition de son dispositif pour rendre l'album accessible à des élèves de cycle 2.

L'entretien en littérature de jeunesse peut donc s'orienter dans des directions très différentes : essayez toujours d'argumenter en fondant vos réponses sur des lectures, des connaissances des textes officiels ou des pratiques et observations de classe. À cet égard, le texte de référence sur l'épreuve dit que « cette seconde partie permet d'évaluer les capacités d'initiative et de mobilisation du candidat dans le domaine de la littérature de jeunesse ». Et les critères d'évaluation sont énoncés :

« 1. la qualité de la lecture (clarté, qualité de l'articulation et de l'interprétation) ainsi que la clarté et la qualité de l'exposé ;

2. la pertinence de l'argumentation développée au regard de l'apport de la littérature de jeunesse à l'enseignement à l'école primaire ;

3. la connaissance et la culture du candidat dans ce domaine : le candidat devra manifester qu'il a lu, peut apprécier et mettre en relation un nombre significatif d'œuvres habituellement rencontrées par les élèves aux différents niveaux de l'école maternelle et de l'école élémentaire. »

3. Conseils pour la préparation

1. Un travail de fond

Le choix du texte à présenter doit être le fruit d'un travail de lecture et d'imprégnation conséquent. Une fois cette option choisie, il serait profitable de vous constituer une culture des ouvrages pour la jeunesse : genres thématiques, auteurs, registres, supports. Lors de ce travail, prenez des notes. N'hésitez pas à explorer les domaines de la poésie et du théâtre, beaucoup moins lus encore que les autres genres, et qui seront des choix plus originaux que nombre d'albums très souvent choisis.

Vous ne présentez qu'un seul texte, mais ce choix découle nécessairement d'**une culture de la littérature de jeunesse** plus large que ce texte. Le *Bulletin officiel* précise bien que « le candidat devra manifester qu'il a lu, peut apprécier et mettre en relation un nombre significatif d'œuvres habituellement rencontrées par les élèves aux différents niveaux de l'école maternelle et de l'école élémentaire ». Bref, vous avez pour tâche de lire beaucoup, et de travailler à créer des réseaux entre les œuvres, puis autour du texte que vous aurez choisi. C'est ce que l'on appelle la mise en réseau : dans quelle constellation d'œuvres le texte choisi pourrait-il apparaître de façon judicieuse ? Est-ce que d'autres textes du même auteur/sur le même thème/avec le même personnage/utilisant les mêmes procédés littéraires seraient utiles pour permettre aux élèves de mieux comprendre ce texte-là ? et, plus généralement, de construire des compétences de lecteur ?

Vous devrez aussi passer du temps à **acquérir des outils d'analyse littéraire** et réfléchir sur ce qui fait la spécificité de la littérature jeunesse, et même ce qui fait que c'est de la littérature. Demandez-vous quel est l'intérêt du texte, ce qui fait qu'il aurait sa place dans la culture des élèves, de quelle façon l'auteur aborde son sujet.

2. Un travail spécifique sur le texte choisi

Pour traiter l'aspect pédagogique, vous devez déterminer :

– à des élèves de quelle classe proposeriez-vous ce texte ? pour quelles raisons (difficulté du texte, complexité de sa lecture, activités permises, compétences requises pour le lire) ?

– quel dispositif serait le plus approprié pour que les élèves entrent dans la lecture de ce texte ? s'approprient ce texte et s'impliquent dans sa lecture ? mémorisent le texte ?

– quelles compétences de lecture ce texte peut-il développer chez des élèves ?

Faites attention au fait qu'il n'y a pas d'album pour tel ou tel cycle : la pédagogie est une question de choix, et le dispositif de lecture d'un texte peut être adapté, aménagé. La question est : de quelle façon allez-vous donner accès à ce texte aux élèves ?

Vos propositions d'exploitations pédagogiques doivent tenir compte :

– de l'âge des élèves,

– des qualités, particularités et difficultés du texte,

– des recommandations officielles,

– de votre bon sens.

3. Des outils pour préparer votre exposé

• Pour choisir votre texte

– Diament Nic (1993), *Dictionnaire des écrivains français pour la jeunesse*, École des Loisirs. Cet ouvrage propose de brefs portraits d'auteurs.

– Soriano Marc, article « Littérature de jeunesse », in *Encyclopedia Universalis*.

– Soriano Marc (2002), *Guide de la littérature de jeunesse*, Delagrave. Selon un classement alphabétique, il offre une information complète sur le domaine. Réédité sans mise à jour, l'ouvrage date un peu, mais il permet de disposer des références et repères majeurs sur l'histoire de cette littérature.

– Des revues traitant de l'actualité des livres pour enfants proposent régulièrement des dossiers sur les auteurs ou des dossiers thématiques, et fournissent des comptes rendus de lecture : *Griffon, La Revue des livres pour enfants, Aliou.*

Soyez curieux : passez du temps au rayon jeunesse des bibliothèques, profitez des moments passés dans les écoles pour explorer la BCD (bibliothèque centre de documentation). Allez dans les salons du livre, parcourez les catalogues des éditeurs, y compris par Internet.

• Pour préparer votre exposé

Reportez-vous aux programmes (brochures *Qu'apprend-on à l'école élémentaire ?*, publiés par le Scéren, XO Éditions ou sur le site www.eduscol.gouv.fr). Les documents d'accompagnement des programmes, sous forme de quatre brochures à télécharger sont disponibles sur le site du CNDP (http://www.cndp.fr/lesScripts/bandeau/bandeau.asp?bas=http://www.sceren.fr/Produits/pubadmin/peda.htm) :

– Le langage à l'école maternelle
– Littérature (cycle 3)
– Littérature 2 (cycle 3)
– Lire et écrire au cycle 3

Voici quelques ouvrages décrivant des mises en œuvre possibles, et leurs résultats :

– Bettelheim Bruno (1976), *Psychanalyse des contes de fées,* Laffont.

– Crinon Jacques, Marin Brigitte, Lallias J.-Cl. (2006), *Enseigner la littérature au cycle 3,* Nathan.

– Garcia-Debanc Claudine et Garcia-Debanc Jean-Pierre (1995), *50 activités pour apprivoiser le livre en classe ou en BCD,* CRDP Midi-Pyrénées.

– Léon Renée (1994), *La Littérature de jeunesse à l'école,* Hachette Éducation.

– Amrein Michel (1998), *Lire des textes littéraires au cycle 3,* Clermont-Ferrand, CRDP d'Auvergne.

– Perrot Jean (1999), *Jeux et Enjeux du livre d'enfance et de jeunesse,* Éditions du cercle de la librairie.

– Poslaniec Christian et Ouvel Christine (2001), *Activités de lecture à partir de la littérature de jeunesse,* Hachette Éducation.

– Stoeckle Rémy (1994), *Activités à partir de l'album de fiction de l'école maternelle au collège,* L'École.

– Tauveron Catherine, dir. (2002), *Lire la littérature à l'école,* Hatier.

Quelques sites Internet :

– Télémaque, le site de l'académie de Créteil.
– Citrouille : http://www.citrouille.fr.
– La joie par les livres : http://www.lajoieparleslivres.com.
– Association française pour la lecture : http://www.lecture.org.
– Ricochet : http://ricochet-jeunes.fr.
– Le site du CNDP : www.cndp.fr/outils.doc.

M. Duszynski

1er SUJET CORRIGÉ

Une histoire à quatre voix

ÉNONCÉ

Ce sujet, créé par l'auteur, s'appuie sur *Une histoire à quatre voix* d'Anthony Browne, Kaléidoscope, L'École des Loisirs, 1998 (titre original : *Voices in the Park*).

CORRIGÉ

Pourquoi ce choix ? *Une histoire à quatre voix* d'Anthony Browne est un texte intéressant à plus d'un titre.

Commentaire

1. C'est un album illustré qui s'inscrit dans une histoire…

Anthony Browne reprend un argument qu'il avait développé vingt ans plus tôt dans *A Walk in the Park* (en 1977). C'était l'un de ses premiers albums, puisque Anthony Browne, anglais, auteur et illustrateur, publie son premier album pour enfants en 1976.

Le thème est le récit d'une promenade au jardin public de deux trios de promeneurs que tout semble devoir opposer. Pourtant, les enfants finissent par se rencontrer pour jouer, tandis que leurs chiens batifolent. Seuls les adultes restent étrangers l'un à l'autre et, au moment de rentrer chez soi, chaque famille retrouve son univers intact. Le parc est un espace de transition, une zone intermédiaire entre les quartiers aisés et les HLM : à l'image de la relation qui s'ébauche entre les deux enfants, la promenade au parc est le moment de tous les possibles.

Dans l'album paru en 1977 (chez Duculot), la narration est univoque et le texte est écrit à la troisième personne, au présent. Dans le contexte britannique de cette époque (début de la crise économique), la portée politique et presque visionnaire de ce récit est évidente. Les personnages vont évoluer avec le temps : M. Forgeron, modeste artisan, devient en 1999 un personnage de chômeur. Mais l'originalité de l'écriture d'Anthony Browne, pour *Une histoire à quatre voix*, tient avant tout à son choix narratif. En effet, ce même moment de promenade est rendu successivement par la voix de quatre personnages-narrateurs.

Leurs voix se complètent, même si elles ne sont pas nécessairement à l'unisson, puisque chacune rend compte du point de vue subjectif d'une personnalité sur sa promenade.

L'originalité de l'illustration est familière aux lecteurs d'Anthony Browne : il peint ses personnages sous les traits durs ou attendrissants de gorilles (il s'en explique dans son discours à l'occasion de la remise du prix Hans Christian Andersen 2000 : « Les gorilles ne sont pas les créatures effrayantes et agressives que nous avons imaginées par le passé. Ils sont végétariens, doux, avec un grand sens de la vie de famille... » ; voir dans *La Revue des livres pour enfants,* n° 197, 2001, p. 105) ; les enfants ont l'apparence de chimpanzés.

2. ... avec un procédé majeur : la focalisation interne...

C'est le procédé narratif selon lequel l'intrigue est vue par les yeux du personnage. Donc pas de narrateur omniscient ici, dont le point de vue dépasserait celui de chacun des personnages. L'énonciation se fait à la première personne :

« J'avais besoin de prendre l'air, alors moi et Réglisse, on a emmené le chien au parc. »

Par conséquent, le lecteur n'en sait pas plus sur les événements, que l'information délivrée par chaque personnage, tour à tour.

Mais la focalisation interne donne aussi un point de vue indiscret sur le personnage : si elle rend compte, bien entendu, des événements, au-delà, elle dessine de façon intime les personnages, psychologiquement et socialement.

• **Leurs valeurs :** c'est particulièrement dans le discours des adultes que transparaît une conscience de classe exacerbée.

« Je me suis installé sur un banc et j'ai consulté les offres d'emploi. Je sais que c'est une perte de temps, mais on a tous besoin d'un petit fond d'espoir, non ? », se dit le père. Cette remarque est empreinte de toute la nuance et de la délicatesse dont est capable Anthony Browne : elle exprime à la fois le doute et l'espoir.

Chez la mère de famille, le discours social se limite à une série de jugements de valeur, orientés par un sentiment de supériorité et le rejet de tout ce qu'elle ne connaît pas (ou ne veut pas connaître). Les adjectifs qui émaillent ses paroles sont tous connotés négativement : « vulgaire », « misérable », « sale », « horribles », « mauvais ». Son fils, Charles, n'est pas encore victime des préjugés de sa classe sociale. Il joue le jeu de la rencontre avec Réglisse, malgré sa réticence première : « C'était une fille, malheureusement, mais j'y suis quand même allé. »

• **Leurs façons de parler :** comme tous les enfants solitaires parce qu'isolés des autres, Charles possède un langage intérieur qui fait presque entendre une double voix. Un dialogue se crée en lui, pour faire entendre la trame de ses pensées et des auto-commentaires (« J'étais une fois de plus tout seul », « Elle avait de la chance, elle »), comme ces adverbes soulignés plus haut, qui disent la déception de jouer avec une fille, puis la résignation.

La fillette, Réglisse, est tournée vers les autres. Une lecture indicielle nous permet de remarquer que, tandis que Charles emploie les mots « je » et « la fille » jusqu'à la découverte du prénom de l'autre, Réglisse use d'un « on » (sens de la communauté). Sa tendresse pour les autres transparaît dans l'usage du surnom affectif « Charlie » et dans ses commentaires attentifs aux autres : « il avait l'air triste », « papa n'avait vraiment pas le moral ».

Le niveau de langue de la mère est marqué par l'emphase ; son récit s'effectue au passé simple, il passe par tous les types de phrase, multiplie les compléments de phrase hyperboliques : « m'ignora complètement », « J'ai crié son nom pendant une éternité ».

3. … qui complexifie le rôle du lecteur

Le texte d'Anthony Browne exige une lecture collaborative, c'est l'un des intérêts de cet album pour des activités en classe. Seul le lecteur, au terme du texte, connaît l'ensemble de la « scène du parc ». En effet, la totalité des éléments n'est connue que de lui seul : une connivence peut s'instaurer entre le lecteur et le texte grâce à ces petits secrets partagés ça et là avec les personnages. Plusieurs adresses sont lancées au lecteur, créant un dialogue fictif : « on a tous besoin d'un petit fond d'espoir, non ? » dit le père, « drôle de nom, je sais », dit le fils, et Réglisse commente ainsi l'attitude de la mère : « la pauvre pomme ». Pourtant, bien que les pensées des personnages soient dévoilées, une lourde part de non-dit demeure (la souffrance du père, les sentiments des enfants…) qui est exprimée par les décors, l'illustration.

4. Une relation texte-image complexe

L'illustration d'Anthony Browne exige du lecteur une lecture interprétative de l'image (c'est vrai également pour l'album *Le Tunnel* ; mais si dans *Le Tunnel*, le sens, la portée métaphorique du texte ne peuvent être perçus sans la lecture de l'image, dans *Une histoire à quatre voix*, l'image ajoute du sens à ce texte qui peut être compris de façon autonome). De ces paysages browniens, on pourrait dire que « L'homme y passe à travers des forêts de symboles / Qui l'observent avec des regards familiers » (Baudelaire, « Correspondances », in *Les Fleurs du mal*). Le paysage est symboliste en ce qu'il exprime l'état d'esprit des personnages. Le cri (inspiré du tableau *Le Cri* d'E. Munch) qui déchire les arbres et jalonne le parcours de trois des personnages (la mère, le père et le fils) exprime la détresse intérieure, la peur existentielle ou plus ponctuelle de chacun d'entre eux. Pour Charles, c'est la descente du toboggan qui s'accompagne du reflet d'un cri entre ses jambes.

Ce parc, par la magie des couleurs d'Anthony Browne, se métamorphose pour chacun des personnages. Il devient la vision personnelle que chacun d'eux porte sur le monde. Dès lors, pour la mère, se font jour des images de flamme et d'embrasement : elle quitte en effet le parc sous le coup de la colère, puisque son fils a échappé à sa surveillance. Tandis que la fillette évolue dans un univers très fantaisiste digne d'*Alice au pays des merveilles*. Cet univers mental se caractérise par une saison : à la mère correspond l'automne, au père l'hiver, au fils Charles le printemps et à Réglisse l'été. Mais globalement, l'atmosphère drôle et poétique prédomine.

Au terme de cette lecture, le parc apparaît comme un espace de passage. Un espace où l'on va pour se régénérer, par désir, dans le cas du père et sa fille ; ou par rituel, par devoir, comme pour la mère et son fils (« comme d'habitude »). Mais cet espace est un espace de transformations et les personnages n'en reviennent pas exactement comme ils y sont entrés.

Pour l'exposé

– Sélectionnez le passage à lire : ce texte se prête parfaitement à une lecture expressive. Il serait intéressant de lire le texte de deux des personnages en travaillant sur l'intonation :

« Albert est toujours extrêmement impatient qu'on le détache. Il est allé droit vers une magnifique chienne et a reniflé son derrière (il fait toujours ça). Bien sûr, elle s'en fichait, la chienne, mais sa maîtresse était hyper fâchée, la pauvre pomme. »

– Réfléchissez à des activités autour de cet album : l'entrée dans ce texte n'est pas toujours facile pour des élèves de début de cycle 3, mais cette construction complexe passionne vite les élèves. La principale résistance est évidemment de comprendre le procédé d'écriture : qui est « Réglisse » dont parle le deuxième personnage ? Qui est ce « je » que l'auteur ne présente pas explicitement ? L'hypothèse émise avec le garçon va se confirmer avec la voix du dernier personnage. Des activités de lecture-écriture, comme l'invention d'une cinquième voix sont également possibles.

Une lecture expressive pourra rendre compte de la compréhension approfondie du texte par les élèves, une fois que lecture littérale et interprétation auront été menées.

Pour travailler sur le procédé de focalisation interne « multiple » : *Petit Renard perdu*, de L. Espinassous et C. Routiaux, Milan ; *Chassé-Croisé* de G. Guéraud, éditions du Rouergue ; *Verte* de Marie Desplechin, L'École des Loisirs.

Lire l'œuvre d'Anthony Browne

Outre son intérêt intrinsèque qui attisera sans aucun doute votre curiosité, l'œuvre d'Anthony Browne est plutôt bien connue des examinateurs (ils ne manqueront pas de tester votre culture) : vous avez toutes les raisons de vous y plonger. De façon générale, si vous choisissez un auteur ou une œuvre très connus, certaines questions de l'entretien viseront inévitablement à vérifier vos connaissances.

Bibliographie

Pour présenter *Une histoire à quatre voix*, il faut connaître la grande figure d'enfant (-chimpanzé) chez Anthony Browne : Marcel. L'auteur lui a consacré toute une série d'albums : *Marcel le Champion, Marcel la Mauviette, Marcel le Rêveur, Marcel le Magicien.*

Par ailleurs, les titres majeurs d'Anthony Browne sont : *Tout change, Le Tunnel, À Calicochon, Anna et le Gorille, Des invités bien encombrants.*

Voici quelques références incontournables :

– Anthony Browne, discours pour le prix H.C. Andersen, *La Revue des livres pour enfants*, n° 197, février 2001, pp. 105-110.

– Christian Bruel (2001), *Anthony Browne*, éditions Être. Cet ouvrage présente une bibliographie très détaillée de l'auteur pp. 306-309.

– *La Revue des livres pour enfants*, « De l'homme au singe : l'évolution d'Anthony Browne », n° 185, février 1999, pp. 29-33.

Sites Internet

Voici quelques sites Internet où trouver des informations spécifiques sur Anthony Browne et son œuvre :

– www.ecoledesloisirs.fr/index.htlm ; cliquer sur « auteurs ».

– http://asp.ricochet-jeunes.org/ie/biblio.

– www.achuka.com.uk/absg.htm (site en anglais).

M. Duszynski

2e SUJET CORRIGÉ

La bande dessinée

ÉNONCÉ

Ce sujet, créé par l'auteur, s'appuie sur l'album *Auschwitz* de Pascal Croci, Emmanuel Proust éditions, collection « Atmosphères », 2002 (4e édition).
La bande dessinée, élément de littérature de jeunesse aux confluences de l'histoire et des arts visuels.

CORRIGÉ

Commentaire

1. Un choix risqué mais potentiellement efficace

Bien que la bande dessinée ne soit pas expressément listée dans le programme du nouveau CRPE, il semble difficile de faire l'impasse sur cette modalité de l'expression littéraire pour la jeunesse, tant sa production actuelle est variée et de qualité, et son attrait toujours vif chez les enfants. Cette dernière caractéristique ne doit pas dissimuler cependant une certaine difficulté d'accès – liée tant aux codes particuliers utilisés qu'aux divers mondes explorés – qu'une approche pédagogique doit aider à dépasser sans scolariser à outrance un rapport au lire fondé sur le plaisir et la connivence.

L'originalité du choix d'un tel support pour la deuxième partie de l'épreuve d'entretien ne peut suffire à elle seule à assurer au candidat la bienveillance du jury. Ce dernier, en effet, peut être assez loin des références propres à la bande dessinée, s'interroger sur son rapport effectif à la « grande » littérature (statut que la littérature de jeunesse a toujours du mal à conquérir malgré les incitations officielles) et attendre du candidat qu'il soit à même de justifier un tel choix, aussi bien pour l'épreuve elle-même que dans une pratique de classe.

La difficulté de cette double tâche ne doit pas cependant détourner le candidat d'utiliser un tel support. Elle doit seulement l'alerter sur un niveau d'exigence encore plus grand et sur la nécessité de connaissances particulièrement solides et communicables. Appuyée sur de telles bases, l'originalité pourra être « payante ».

Reste alors l'écueil de la lecture à haute voix, commun aux autres supports, tant il est vrai qu'extraire 20 lignes d'un album de jeunesse peut être difficile et semble exclure, *a priori*, les albums muets particulièrement exploités aux cycles 1 et 2, les poésies contemporaines parfois fort brèves (je pense à celles de Claude Roy ou de Guillevic, souvent sollicitées par les maîtres de l'école primaire), la bande dessinée – dont il est question ici – pour ne proposer comme « modèle » de littérature de jeunesse que les romans ou les albums complexes. Une conception réductrice dont on ne peut encore savoir comment elle sera entendue de fait par les jurys…

Dans le cas présent, une manière de s'en sortir est de choisir d'oraliser un extrait du dossier situé à la fin de l'album. Plusieurs passages peuvent se prêter à l'exercice : dans l'entretien donné par l'auteur, le passage consacré au dessin (« Le dessin : éviter l'esthétisme ») situe de manière précise sa tentative d'éviter tout voyeurisme (p. 83) ; dans les entretiens avec des témoins, celui de Charles Baron est particulièrement efficace et le mieux à même de « parler » aux enfants (p. 85) :

« La nuit est là, chichement trouée par des lampes camouflées. Subitement, comme déchirée par un feu gigantesque, elle disparaît absorbée par une lumière crue, intense : tous les projecteurs sont allumés et dirigés sur la route qui borde le camp. D'au-delà du mirador central, porte de la mort, arrive un groupe qui devient net très rapidement : au centre des enfants (peut-être 10 à 12 ans d'âge) vêtus de longues chemises de nuit blanches descendant jusqu'au sol et dissimulant leurs pieds ; autour d'eux des SS en grand uniforme vert de parade pointant leurs armes sur ces misérables "sous-hommes", très certainement les survivants des arrivants de fin août. Lentement, bien lentement, l'abominable cortège dépasse le long bâtiment en briques, marchant devant nous pour contourner les barbelés. Cauchemardesque défilé dont les objets, les organisateurs et les témoins savent qu'il n'a qu'un but : faire mourir de la plus horrible façon, une lente asphyxie dans une chambre à gaz conçue à cet effet. À mes côtés, des officiers soviétiques reniflent ; l'un d'entre eux pleure silencieusement en répétant sans cesse : "On dirait des anges… On dirait des anges…" Des anges, oui, mais pour l'enfer. »

Une telle lecture ne s'improvise pas le jour de l'examen. Sa préparation doit être minutieuse : segmentation en groupes de souffle ; travail sur l'intonation, le débit, le rythme, les liaisons. Il s'agit d'éviter ici toute théâtralisation : le thème ne s'y prête pas. Une lecture à voix retenue, neutre, presque monocorde, doit permettre d'exprimer toute la force du témoignage sans jouer le pathétique et sans donner au jury l'impression que l'on cherche à le « manipuler ».

2. Un album de jeunesse difficile mais essentiel

L'illustration de la Shoah en cours d'histoire par des documents visuels est délicate : les images d'archives (films et photographies) peuvent difficilement être montrées à de jeunes enfants ; les images « reconstituées » (films de fiction – *Le Pianiste, Amen* ou *La vie est belle* – ou photographies recadrées) demandent des précautions historiques techniques difficiles à comprendre et qui peuvent faire écran à ce que l'on souhaite faire passer comme « message » ; le grand film de référence (*Shoah* de Claude Lanzmann), même sous forme d'extraits adaptés, est peu « parlant » pour les enfants du primaire.

Quelques livres paraissent mieux adaptés au jeune public : *Le Journal* d'Anne Franck, bien sûr, ou *Inconnu à cette adresse* de Kressman Taylor, ou les anthologies *Paroles de la Shoah* chez Garnier-Flammarion ou encore *Paroles d'étoiles* chez Librio.

Mais le problème de l'image reste entier. On peut faire le choix de dire et de ne pas montrer. On risque alors de permettre une construction imagée, imaginaire, fantasmée dont l'enfant aura du mal à sortir et qui fera obstacle à une construction historique fiable. Or le **devoir d'histoire**, au-delà du devoir de mémoire (qui, pour les victimes, est un **droit à la mémoire**) alors que les derniers témoins disparaissent, devient essentiel.
Ou bien on fait le choix de montrer, et se pose la question du choix de ce que l'on montre : l'album de Pascal Croci qui, dès la couverture, en toute honnêteté, se présente comme une bande dessinée sur Auschwitz, nous semble un outil possible d'éducation à la Shoah, susceptible d'être un support visuel laissant peu de place à une reconstruction fantasmée, et permettant un accompagnement de l'adulte, médiateur nécessaire, dans tous les cas, à une approche grave mais point trop perturbante de cette difficile période de notre histoire commune.

3. Un choix conforme aux programmes officiels

• Littérature

Si elle a bien évidemment sa place dans les programmes (*Qu'apprend-on à l'école élémentaire ?*, 2004) concernant les arts visuels comme support à exploiter (p. 127) ou comme « réserve » de codes de représentation (p. 251), la bande dessinée occupe une place dans les documents d'accompagnement consacrés à la littérature au cycle 3, repris dans ces programmes, comme élément d'un équilibre « des différents genres littéraires et éditoriaux habituellement adressés aux enfants » (p. 310). C'est un support spécifique, articulant textes et images, dont « il convient de découvrir les relations [...] en prenant conscience des diverses modalités de cette relation dans la construction du sens de l'œuvre : effets de redondance, complémentarité, juxtaposition, récits parallèles, divergence, etc. » (pp. 313-314). Et, dans la liste de référence des œuvres de littérature de jeunesse pour le cycle 3 (révision 2004), non exclusive d'autres choix faits par les maîtres, ce ne sont pas moins de 26 titres de bandes dessinées qui sont retenus (pp. 323-324).

• Histoire

Dans la version publiée des programmes, « l'extermination des Juifs par les nazis : un crime contre l'humanité » est le deuxième « point fort » retenu concernant le XXe siècle (Histoire, cycle 3, p. 209). Le document d'accompagnement, 2002, précise (p. 17) : « Pour la première fois dans l'histoire du monde, des hommes, des femmes et des enfants doivent mourir pour la seule raison qu'ils appartiennent à une culture et à une religion considérées comme une race. C'est ainsi que plus de cinq millions de Juifs vont disparaître dans les camps d'extermination nazis. »
S'agissant des sources et des documents exploitables, le même texte précise : « Les sources sont considérables. Le maître attirera donc plutôt l'attention sur les formes nouvelles d'archives : actualités cinématographiques, reportages photographiques, entretiens oraux, entre autres de déportés et de résistants, Internet. »

4. Une construction en totale cohérence avec la thématique abordée

« Quelque part en ex-Yougoslavie... Le vieux Kazik et sa femme se souviennent d'Auschwitz, quand en mars 1944, ils découvrent que la barbarie revêt forme humaine : celle du bourreau nazi.

Première bande dessinée réaliste sur la Shoah, ce récit bouleversant, directement inspiré des témoignages des survivants des camps d'Auschwitz-Birkenau, raconte le quotidien du camp d'extermination.

L'auteur ne cherche pas à résumer la solution finale ni à développer de thèse historique, mais souhaite sensibiliser les nouvelles générations au devoir de mémoire. » (4e de couverture.)

La 1re édition de l'album dont il est question ici, *Auschwitz* – une bande dessinée de Pascal Croci –, est parue en 2000, avant donc le battage médiatique autour du soixantième anniversaire de la libération du camp, et a été conçue par son auteur simultanément aux massacres dans l'ex-Yougoslavie. Ces deux horizons historiques, la Shoah et l'impuissance de l'Europe à se dresser contre des massacres de nouveau perpétrés à ses portes, bornent l'album dont les 68 planches en dégradés de gris enchâssent deux récits en une structure close qui ajoute à la thématique générale de l'enfermement selon la construction présentée p. 159 (attention, la numérotation des planches et la pagination diffèrent) de manière schématisée (schéma repris, modifié et complété par Sylvie Lesné et Patrick Clastres, *Dessiner l'indicible*, Scéren, coll. « La BD de case en classe », 2005).

Cette construction très réfléchie renforce le sentiment d'oppression qui saisit le lecteur devant des planches parfois douloureuses à regarder et rend explicites, à la fois l'inéluctable disparition des Juifs d'Europe, l'inacceptable reproduction d'horreurs similaires (sinon identiques) cinquante ans plus tard, et l'improbable capacité des hommes à ne pas retomber dans un tel gouffre.

5. Un extrait, élément illustratif du fonctionnement d'un système

Le temps imparti pour l'épreuve [exposé : 10 minutes – dont le temps de lecture ; entretien : 15 minutes] ne permet pas une présentation exhaustive de l'album, de ses attendus historiques et artistiques ou de ses potentialités pédagogiques. Il semble préférable de centrer l'exposé sur une planche particulière, de la situer dans l'économie générale de l'album, d'en montrer la cohérence interne avec l'ensemble de l'œuvre, d'en proposer une analyse fine et de la mettre en lien avec des éléments de culture. Cette démarche déborde le seul support « bande dessinée » et nous paraît convenir de manière très générale à l'esprit de cette nouvelle épreuve.

D'autres entrées seraient possibles. Dans *Dessiner l'indicible*, S. Lesné et P. Clastres proposent un travail sur la 1re de couverture, la construction générale du récit, la typologie des personnages ou les instances narratives.

L'exemple retenu ici concerne les planches 39 à 41 (non numérotées – et nous verrons que cela a un sens –, elles sont paginées de 46 à 48). Ces trois planches font partie du récit de Kazik qui arrive à Auschwitz en mars 1944. Après la violence incompréhensible de l'arrivée au camp, l'installation dans une quotidienneté non maîtrisable, un effet de zoom sur les familles tchèques en provenance de Theresienstadt, arrive une séquence qui montre Kazik choisi pour faire partie du Sonderkommando, l'équipe chargée de l'évacuation des personnes gazées et de leur crémation, et dont les membres sont éliminés périodiquement pour préserver le secret.

Cette séquence commence à l'exact milieu de l'ouvrage, aux planches 33-34, par un rêve qui permet la transition vers un monde encore plus inimaginable, le dernier cercle de l'Enfer imaginé par Dante et mis en peinture par Bosch.

<table>
<tr><td colspan="4">1re de couverture :
dessin en dégradés de brun, cadrage en gros plan du quart inférieur gauche d'un visage ; titre en jaune et en capitales dans le quart inférieur bas : Auschwitz ; sous-titre en blanc : une bande dessinée de Pascal Croci</td></tr>
<tr><td colspan="4">2e de couverture et recto de la première fausse-garde blanche
verso de la fausse-garde noire</td></tr>
<tr><td colspan="4">page de titre blanche
titre et sous-titre dans le tiers supérieur ; citation dans le tiers inférieur
verso : références éditoriales</td></tr>
<tr><td>prologue</td><td>forme généralisante par un narrateur omniscient</td><td>aujourd'hui</td><td>planche 1 (p. 7)</td></tr>
<tr><td colspan="4">planche noire en page paire</td></tr>
<tr><td>récit « principal »</td><td>forme dialoguée</td><td>ex-Yougoslavie, 1993</td><td>planches 2 et 3 (pp. 9 et 10)</td></tr>
<tr><td>1er récit inclus</td><td>planche 4 : le souvenir est introduit en « je » puis pris en charge par un narrateur assimilable à Kazik</td><td>Auschwitz, mars 1944 : souvenirs de Kazik</td><td>planches 4 à 48 (pp. 11 à 55)</td></tr>
<tr><td>récit « principal »</td><td>forme dialoguée</td><td>ex-Yougoslavie, 1993</td><td>planche 49 (p. 56)</td></tr>
<tr><td>2e récit inclus</td><td>planche 50 : le souvenir est introduit en « je » puis pris en charge par un narrateur assimilable à Cessia</td><td>Auschwitz, novembre 1944 : souvenirs de Cessia</td><td>planches 50 à 64 (pp. 57 à 71)</td></tr>
<tr><td>récit « principal »</td><td>forme dialoguée puis clôture par un narrateur omniscient</td><td>ex-Yougoslavie,
26 octobre 1993</td><td>planches 65 à 67 (pp. 72 à 74)</td></tr>
<tr><td colspan="4">planche noire en page impaire</td></tr>
<tr><td>épilogue</td><td>forme généralisante par un narrateur omniscient</td><td>partout, aujourd'hui</td><td>planche 68 (p. 76)</td></tr>
<tr><td colspan="4">deux planches noires en page impaire puis paire</td></tr>
<tr><td colspan="4">le dossier de l'album pages 79 à 87 (non paginées)</td></tr>
<tr><td colspan="4">remerciements
informations éditoriales</td></tr>
<tr><td colspan="4">recto de la seconde fausse-garde noire
3e de couverture et verso de la seconde fausse-garde blanche</td></tr>
<tr><td colspan="4">4e de couverture :
cartonnage marron, liseré et maison d'édition en jaune en bas
résumé de l'« histoire » ; présentation de l'auteur avec photo N&B</td></tr>
</table>

Les planches 39-40, qui forment une double page, se présentent chacune sous la forme de quatre bandes occupant toute la largeur de la page dont les transitions sont assurées par trois « bulles » à cheval sur les bandes blanches de séparation. Les dimensions de ces bandes se répondent en chiasme d'une page à l'autre, réitérant la structure générale de l'album (39 A = 40 D ; 39 B = 40 C ; 38 C = 40 B et 39 D = 40 A).

Le motif de ces huit cases est celui d'un ciel d'orage, vide de toute présence humaine, dont le contexte et le texte (la référence au gaz zyklon), conduit à réactiver le souvenir des nuages formés par la fumée s'échappant des crématoires, issue fatale de chacun entrant dans le camp (*cf.* planche 13 : « – Ici, on entre par la porte, et on sort par la cheminée... »). Ce motif, qui pourrait être anodin, n'était cette réactivation, est le support visuel des « bulles » hors cadres, de formes rectangulaires irrégulières aux pointes aiguës, qui portent un texte d'une violence inouïe : 39 A-B : « Là où le zyklon avait été versé, c'était vide. À l'emplacement des cristaux, il n'y avait personne... » ; 39 B-C : « [...] Les gens étaient blessés, souillés, sanglants, saignant des oreilles, du nez; Ils s'étaient débattus, combattus... » ; 39 C-D : « Certains gisaient sur le sol, à cause de la pression des autres, ils étaient totalement méconnaissables... » ; 40 A-B : « Des enfants avaient le crâne fracassé, vomissures, saignements du nez, des oreilles... » ; 40 B-C : « ... Sang menstruel, aussi, peut-être... » ; 40 C-D : « Non ! Pas peut-être, sûrement ! »

L'essentiel de la violence est **dite**. Sa **mise en image**, à la planche suivante 41, à case unique, en visualisant un monceau de cadavres aux yeux vides et aux bouches largement ouvertes, fonctionne comme un exutoire, permet une catharsis, élément essentiel, tout à la fois, pour éviter le voyeurisme indécent et ne pas choquer de jeunes lecteurs. En quelque sorte, ces trois planches fonctionnent de manière autonome (ce qui explique qu'elles ne soient pas numérotées), tableau dans le tableau, mise en abyme de l'indicible.

L'articulation textes/images dont parlent les programmes officiels, à l'œuvre dans ces trois planches, se fait ici à plusieurs niveaux :

– planches 39-40 *versus* planche 41 : le passage d'une double planche à la construction similaire en quatre cases dont les rapports de dimensions doivent beaucoup au nombre d'or, à une planche à case unique inscrit le travail de Pascal Croci dans la spécificité séculaire des arts picturaux : référence à un « code » pictural classique, image pleine page qui réfère aux œuvres baroques, aux grotesques et aux vanités ;

– planches *versus* bulles : ne pas montrer l'horreur mais offrir un « cadre » pour la dire ; montrer l'horreur qui vient d'être dite dans une présentation générale qui masque les détails sordides évoqués ;

– traitement par estompage *versus* traitement au trait qui reprennent formellement les deux aspects précédents.

Ces quelques éléments montrent combien le travail spécifique sur la technique de la bande dessinée (vide/plein, général/détail, plan large/plan focalisé, plan paysage/contre-plongée, etc.), parce qu'il accompagne la narration, sans être ni redondant ni simplement illustrateur, permet une lecture plus fine, plus riche, faisant entrer en résonance textes et images qui se répondent, se démarquent ou s'opposent.

Ce travail de lecture, que permet l'approche de la littérature par les albums de jeunesse, dont la bande dessinée, reconduit et reproduit tout au long de la scolarité primaire et au-delà, peut mener nos élèves à mieux prendre en compte la dimension proprement culturelle de tout acte humain, fût-il dérangeant, repoussant ou révoltant.

Au-delà de l'épreuve du concours (mais le candidat risque d'être interrogé sur cet aspect des choses), la mise en images de la Shoah doit être réfléchie. Le discours le plus habituel est que l'image, par sa plus grande immédiateté, est plus à même de marquer le jeune enfant que l'écrit qui impose la distance. Si, dans l'exemple présent, cet argument peut être retourné (les textes cités des planches 39 et 40 nous paraissent autrement plus violents que leur « représentation »), il nous semble qu'il y a lieu de s'interroger sur la nature des documents proprement historiques « montrables » aux plus jeunes. Soit on considère que les élèves de cycle 3 sont trop jeunes pour être confrontés à la représentation visuelle de la Shoah et on risque de présenter cette dernière comme une « histoire » parmi d'autres, soit on prend le risque d'un accompagnement fort et respectueux afin d'aider les plus jeunes à prendre conscience de l'unicité de faits humains avérés.

Où l'on perçoit que la littérature de jeunesse est un outil précieux de co-naissance au monde et à soi-même…

Bibliographie

• Sur la Shoah

– Martin Gilbert (2000), *Jamais plus – Une histoire de la Shoah*, Tallandier (trad. française : 2001).

– Alain Jaubert (1984), *Auschwitz : l'album de la mémoire*, éditions Montparnasse (DVD : 2005).

– Claude Lanzmann, *Shoah* (extraits), coll. « Éden Cinéma » (version originale complète : 1985, texte intégral, Gallimard, Folio, 1997) accompagné d'un fascicule de Jean-François Forges (2002), *Shoah de Claude Lanzmann : le cinéma, la mémoire, l'histoire*, CNDP.

– Carles Torner (2001), *Shoah : une pédagogie de la mémoire*, Les Éditions de l'atelier.

– Annette Wieviorka (2005), *Auschwitz, 60 ans après*, Robert Laffont.

• Sur la BD

– Sylvie Lesné et Patrick Clastres (2005), *Dessiner l'indicible*, Scéren, coll. « La BD de case en classe ».

– Didier Quella-Guyot (2004), *Explorer la bande dessinée*, Scéren, coll. « La BD de case en classe ».

– Paul Roux (1995), *La BD : l'art d'en faire*, CRDP.

Sites Internet

• Sur la Shoah

– http://www.yad-vashem.org : site du mémorial.

– http://www.memorial-cdj.org : site du centre de documentation juive contemporaine.

– http://www.anti-rev.org : site de lutte contre le négationnisme.

• Sur la BD

– http://expositions.bnf.fr/bd/index.htm : exposition présentée à Paris et à Angoulême en 2001 sur les maîtres européens de la BD.

– http://www.babd.net/ : panorama des différents aspects de la BD : les grandes lignes de son histoire, les différentes étapes de la création d'un album, le fonctionnement de son langage et de ses mécanismes de narration, une sélection de séries et d'albums, etc.
– http://www.labd.cndp.fr/ : base de données sur la bande dessinée (albums, documentaires, magazines et fanzines, pédagogie, sites, vidéos...) et sur l'actualité des parutions (avec sélection de BD par tranches d'âge).

P. Oughanlian

Réalisation : *Linéale Production*
Achevé d'imprimer : septembre 2006
Imprimerie France Quercy, 46090 Mercuès
Dépôt légal : septembre 2006
N° d'impression : 62254/
N° d'éditeur : 7791

Imprimé en France